शाइरी के नये दौर

पहला दौर

शाइरे-इन्क़िलाब 'जोश' मलीहाबादी का
३५०० पृष्ठों से चुना गया
श्रेष्ठ कलाम एवं जीवन-परिचय

AF755241

शायरी के नये दौर

(पहला दौर)

अयोध्याप्रसाद गोयलीका

भारतीय ज्ञानपीठ

वाणी प्रकाशन : भारतीय ज्ञानपीठ की पुस्तकों
के एकमात्र प्रकाशक एवं वितरक

सजिल्द तीसरा संस्करण : 2016
सजिल्द चौथा संस्करण : 2023

लोकोदय ग्रन्थमाला : ग्रन्थांक 72

प्रकाशक
वाणी प्रकाशन ग्रुप
4695, 21-ए, दरियागंज, नयी दिल्ली-110 002
फ़ोन : 011-23273167, 23275710
ईमेल : sales@vaniprakashan.in

ISBN : 978-81-263-0111-6

शायरी के नये दौर

पहला दौर

(शायरी)

अयोध्याप्रसाद गोयलीका

© अयोध्याप्रसाद गोयलीका

Shairi Ke Naye Daur-1
Pahia Daur
(Urdu Poetry)
by Ayodhya Prasad Goyaliya

मुद्रक: आर.टेक ऑफ़सेट प्रिंटर्स, दिल्ली-110 032

Price : INR. 695

समर्पण

श्रद्धेय राहुलजी,

उच्च शिखर पर स्वयं ही नहीं बैठे, अपितु तलेहटी में भटकते हुओं को भी उबारते रहते हैं। आपकी महानता, मानवता और विद्वत्ता के प्रति 'शाइरी के नये दौर' के समस्त दौर श्रद्धा-भक्ति पूर्वक समर्पित।

विनीत

अ. प्र. गोयलीय

१ मई १९५८ ई.

शाइर की बख़्शिशें[1]

ज़माने को औजे-नज़र[2] बख़्शता हूँ
जो झुकता नहीं है, वह सर[3] बख़्शता हूँ

दिले-ख़स को[4] देता हूँ बिजली की शोख़ी
सदफ़ को[5] मिज़ाजे-गुहर[6] बख़्शता हूँ

---

१. शाइरी की देन, २. दृष्टि की विशालता, ३. स्वाभिमानी मस्तक,
४. हृदय रूपी तिनके को, ५. सीप को, ६. मोती देने की शक्ति।

मैं ऐ 'जोश'! इस दौरमें हूँ वह शाइर
अँधेरेमें जिस तरह शम-ए- फ़रोज़ाँ[1]
हरीफ़ोंके[2] आगे मेरी शाइरी है,
कि है पेश तौरातें[3] - ओ - इञ्जीलें[4] क़ुरआँ[5]

दानाए - रमूज़े-ई-ओ-आँहूँ[6] ऐ दोस्त!
मौलाए-अकाबिरे-जहाँ[7] हूँ, ऐ दोस्त!
क्यों अहले-नज़र[8] पढ़ें न मेरा कलमा[9]
मैं शाइरे-आख़िर-उल-ज़माँ[10] हूँ ऐ दोस्त!

हम पेशा - ओ - हमराज़से[11] लड़ बैठते हैं,
दिल-परवरो[12]-दमसाज़से[13] लड़ बैठते हैं,
अल्लाहो-शहंशाहका[14] क्या ज़िक्र ऐ 'जोश'!
हम दिलबरे-तन्नाज़से[15] लड़ बैठते हैं।

---

१. प्रकाशमान दीपक, २. प्रतिद्वन्द्वियोंके, ३. वह आसमानी किताब जो हज़रत मूसापर नाज़िल हुई, ४. ईसाई-धर्म-ग्रंथ, ५. कुरआन, ६. सब जानने योग्य बातोंसे भिज्ञ, ७. संसारके महापुरुषोंका नेता, ८. दृष्टिवाले, ९. ईमान लायें, गीत गायें, १०. वर्तमान युगका अन्तिम महान् शाइर, ११. समान जीविकावालों और अन्तरंग इष्ट-मित्रोंसे, १२. मित्रों, १३. साथी, १४. खुदा और बादशाहका, १५. गर्वीली प्रेयसीसे भी।

मैं ज़मींपर मुसहफ़े-एहसासकी[1] तफ़्सीर[2] हूँ
इश्क़की तनवीर[3] ख़्वाबे-हुस्नकी ताबीर[4] हूँ
जो दो आ़लमकी हदें जकड़े हैं, वोह ज़ंजीर हूँ
मैं सितारोंकी ज़बाँ हूँ, चाँदकी तक़रीर हूँ

मेरी नज़्में-रोशनी हैं, क़ल्बे-हक़-आगाहकी[5]
यह सुनहरी कुंजियाँ हैं, क़स्ने-महरो-माहकी[6]

शहद मेरी गुफ़्तगू है, साँस है, मेरी गुलाब
नुत्क़से[7] मेरे नुमायाँ[8] है तख़ैय्युलका[9] शबाब[10]
पैकरे-ख़ाकी[11] हूँ लेकिन वह तिलिस्मे-आबो-ताब[12]
जिसके हर ज़र्रेमें[13] गर्दिश[14] कर रहा है आफ़ताब[15]

डालता हूँ परतवे-गुलशन[16] ख़सो-ख़ाशाकपर[17]
अर्शकी[18]-मुहरें लगाता हूँ जबीने-ख़ाक[19] पर

१. ज्ञान, चेतनारूपी ग्रन्थकी, २. टीका, भाष्य, ३. रोशनी, चमक, प्रकाश, ४. सौन्दर्य-स्वप्नका परिणाम, नतीजा, ५. वास्तविकताके ज्ञानीके हृदयकी, ६. सूर्य-चाँदके महलोंकी, ७. वाणीसे, ८. प्रकट, ९. कल्पनाका, १०. यौवन, ११. मिट्टीका बना, १२. चमक-दमक, १३. अणुमें, १४. घूमना, १५. सूर्य, १६. उद्यानकी परछाईं, १७. घास-पात पर, १८. आसमानकी, १९. पृथ्वीके मस्तक पर।

वारिसे-कौनैन[१] हूँ मेरा कोई सानी नहीं,
मेरे क़दमोंपै झुकी रहती है, फ़ितरतकी जबीं[२]
मुसकराती है, ग़रूरे-अर्शपर[३] मेरी ज़मीं
ज़ालिमो-सरकश[४] अनासिर[५] हैं मेरे ज़ेरे-नगीं[६]

रक़्स[७] करता है, निज़ामे-दहर[८] मेरे साज़ पर
कारवाने-रूह[९] चलता है, मेरी आवाज़ पर

मशअलोंको[१०] जब बुझा देगी हवा आफ़ाक़में[११]
यह कँवल रोशन रहेगा आँधियोंके ताक़में[१२]

—फ़िक्रो-निशात

चूमने मेरी जबींको[१३] आस्माँ आता है 'जोश'।
इस ज़मींको सिज्दा करने[१४] आस्माँ आता है 'जोश'!
वह है मेरा काब-ए-रिन्दी, जहाँ बक़्ते-ग़ुरूब[१५]
रोज़ हज करने गिरोहे-क़ुदसिया आता है[१६] 'जोश'!

१. दोनों लोकका अभिभावक, २. क़ुदरतका मस्तक, ३. आसमानके घमण्डपर, ४. अत्याचारी, गुण्डे, ५. मिट्टी-पानी, ६. नेतृत्वमें, रोब-दाबके आगे, ७. थिरकता है, ८. संसारकी व्यवस्था, ९. आत्माओंका यात्रीदल, १०. मसालोंको, ११. दुनिया, १२. आलेमें १३. मस्तकको, १४. माथा टेकने, १५. मेरा मदिरालय रूपी काबा वह है, जहाँ सूर्यास्तके बाद, १६. फ़रिश्तों अथवा वली अल्लाहोंके समूह हज़ करने आते हैं।

मेरे औजे-शाइरीके झुट-पुटेकी दीदको[१]
आस्माँनोंसे जमाले-कहकशाँ[२] आता है 'जोश' !
मैं हूँ वह परवानए-फ़ानूसगीरो-शमअ़सैद[३]
जिसपै गिरने शोलए-हुस्ने-जवाँ[४] आता है 'जोश' !

मैं वह क़स्सामे-जवानी[५] हूँ कि जिसकी राह में
हुस्ने-ख़ूबाँ कारवाँ-दर-कारवाँ[६] आता है 'जोश' !
मेरे साग़र-ज़ाद मैख़्वारोंकी ख़िदमतके लिए[७]
मुग़बचोंसे पेश्तर पीरे-मुग़ाँ आता है 'जोश'[८] !

मेरे क़स्रे-शाइरीमें[९] गुनगुनानेके लिए
इंसो-जाँ क्या हैं[१०] ख़ुदा-ए-इंसो-जाँ[११] आता है 'जोश'
मेरे दरियाए-तख़ैय्युलसे रवानी माँगने[१२]
बहरे-वक़्तो-चश्मए-उम्रे-रवाँ आता[१३] है 'जोश' !

—सरूद-ओ-ख़रोश

---

१. मेरी शाइरीके चमत्कारको देखनेके लिए, २. आकाश-गंगाका सौन्दर्य, ३. फ़ानूसका बन्दी पतंगा, ४. युवा सौन्दर्य्य रूपी दीप (भाव यह है कि जोश ऐसे आशिक़ हैं, जिनपर स्वयं सुन्दरियाँ मोहित होती रही हैं,) ५. जवानी बाँटनेवाला, ६. सुन्दरियोंके गिरोह-के-गिरोह, ७. मेरे साथ पीनेवालोंकी सेवामें, ८. शराब तक़सीम करनेके लिए छोकरोंके बजाय स्वयं मदिरालयका स्वामी, ९. कवितारूपी हृदय-महलमें, १०. मनुष्य और समस्त प्राणी, ११. मनुष्यों और प्राणियोंका ख़ुदा, १२. कल्पनारूपी दरियासे बहाव माँगनेको, १३. स्वयं समयरूपी नदी और आयुरूपी स्रोता ।

विषय-सूची

'जोश'के जिस ग्रंथसे जो नज़्म ली गई है, उस ग्रन्थका नाम उस नज़्मके आगे अंकित है।

मानव-धर्म और देशभक्ति

आर्थिक एवं सामाजिक

प्रेरणात्मक एवं स्फूर्तिदायक

सौन्दर्य और प्रेम

प्रकृति-सुषमा एवं शब्द-चित्र

मदिरालय

रुबाइयात और गीत

परिचय एवं आलोचना

सहायक ग्रन्थ-सूची

ग्रन्थ-नाम	प्रकाशक	पृ० सं०
१. जुनून-ओ-हिकमत	मकतबा उर्दू लाहौर	२६२
२. शोला-ओ-शबनम	,,	३५६
३. सैफ़-ओ-सुबू	,,	२८८
४. फ़िक्र-ओ-निशात	,,	११६
५. आयात-ओ-नग़मात	,,	३४८
६. रूहे-अदब	,,	१६०
७. हर्फ़-ओ-हिकायात	,,	२२०
८. सुम्बुल-ओ-सलासल	कुतुबखाना ताज आफ़िस, बम्बई	३८८
९. अर्श-ओ-फ़र्श	,,	२७२
१०. नक्श-ओ-निगार	कुतुबखाना आफ़िस, दिल्ली	१८८
११. सुरूद-ओ-खरोश	मुंशी गुलाबसिंह एण्ड संस, दिल्ली	२६८
१२. समूम-ओ-सबा	,,	४००
१३. रामिश-ओ-रंग	क़ौमी दारुल-इशाअत, बम्बई	२६२

मानव-धर्म और देशभक्ति

द–२

दीने-आदमीयत[1]

'जोश' साहब मुस्लिम-कुलमें उत्पन्न हुए। मुस्लिम संस्कृतिमें उनका लालन-पालन हुआ। प्रारम्भसे ही मुस्लिम-धर्मकी शिक्षा-दीक्षा दी गई। मुस्लिम आचार-विचारके अर्सेतक अनुयायी रहे, परन्तु होश सम्हालते-सम्हालते मज़हबी-बन्धनोंसे भाग निकले और मानव-धर्ममें दीक्षित हो गये। अब उनका मानवता ही दीन और ईमान हो गया। जोशका विश्वास है कि मानवतासे श्रेष्ठ संसारमें कोई वस्तु नहीं। यहाँ ७३ अशआरमें-से ४२ अशआर दिये जा रहे हैं—

जब कभी भूलेसे अपने होशमें होता हूँ मैं
देर तक भटके हुए इन्सानपर रोता हूँ मैं

....

यह मुसलमाँ है, वह हिन्दू, यह मसीही[2], वह यहूद[3]
इसपर यह पाबन्दियाँ हैं, और उसपर यह क़यूद[4]
शैख़ो-पण्डतने भी क्या अहमक़ बनाया है, हमें
छोटे-छोटे तंग ख़ानोंमें बिठाया है, हमें
क़स्रे-इन्सानीपै[5] ज़ुल्मो-जुहल[6] बरसाती हुई
झंडियाँ कितनी नज़र आती हैं, लहराती हुई
कोई इस ज़ुल्मतमें सूरत ही नहीं है, नूरकी[7]
मुहर हर दिलपै लगी है, इक-न-इक दस्तूरकी[8]
घटते-घटते महरे-आलम ताबसे तारा हुआ
आदमी है, मज़हबो-तहज़ीबका मारा हुआ

---

१. मानवधर्म, २. ईसाई, ३. यहूदी, ४. बन्धन, ५. मानवताके महलोंपर, ६. अत्याचार, मूर्खता, ७. प्रकाशकी, ८. जातीय या मज़हबी रिवाज़ोंकी।

कुछ तमद्दुनके[1] ख़लफ़[2] कुछ दीनके[3] फ़र्ज़न्द[4] हैं
क़ुलज़मोंके[5] रहने वाले बुलबुलोंमें[6] बन्द हैं,
क़ाबिले-इबरत[7] है, यह महदूदियत[8] इन्सानकी
चिट्ठियाँ चिपकी हुई हैं, मुख़्तलिफ़[9] अदयानकी[10]
फिर रहा है, आदमी भूला हुआ भटका हुआ
इक-न-इक लेबिल हर इक माथेपै है लटका हुआ
आख़िर इन्साँ तंग साँचोंमें ढला जाता है क्यों ?
आदमी कहते हुए अपनेको शर्माता है क्यों ?
क्या करे हिन्दोस्ताँ, अल्लाहकी है यह भी देन
चाये हिन्दू, दूध मुस्लिम, नारियल सिख, बेर जैन
अपने हमजिन्सोंके[11] कीनेसे[12] भला क्या फ़ायदा
टुकड़े-टुकड़े होके जीनेसे भला क्या फ़ायदा ?

....

वह 'ख़ुदा' जो आदमीसे चाहता है, बन्दगी
तिश्नगी[13] जिसको बहुत है, ख़ुशनुमा[14] अल्फ़ाज़की
फ़ातहाका[15] नानोहलवा[16] आये दिन खाता है, जो
उँगलियोंपर रोज़ अपना नाम गिनवाता है जो
सरनगूँ[17] रहता है, जो अहले-फ़ितनके[18] सामने
जिसकी कुछ चलती नहीं है, अहरमनके[19] सामने

---

१. संस्कृतिकी, २. सन्तान, ३. मज़हबके, ४. औलाद ५. गहरे दरियाके, मिस्रके समीपका समुद्र, ६. पानीके बुलबुलोंमें, ७. सबक़ सीखने योग्य है, ८. संकीर्णता, ९. भिन्न-भिन्न, १०. मज़हबोंकी (दीनका बहुवचन), ११. समान मनुष्योंसे, १२. द्वेषसे, १३. प्यास, तृष्णा, १४. स्तुति, गुण-गानकी, १५. चढ़ावेका, १६. नमकीन-मीठा, १७–१८. शोहदों-मक्कारोंसे झुकता है, १९. शैतानोंके ।

रौंदता रहता है, जिसकी ख़ैरको इब्लीसे-'शर'[1]
चाबते हैं, जिसके नादारोंके[2] भेजे अहले-ज़र[3]
गुर्ग-सीरत[4] डाकुओंको ताज पहनाता है जो
मोमिनोंको[5] काफ़िरोंसे[6] भीक मँगवाता है जो
'मुझको पूजो', 'मुझको चाहो' की सदा[7] देता है जो
जो न चाहे उसको दोज़ख़की सज़ा देता है, जो
हुक्म है जिसका कि यूँ उँगली हिलाना चाहिए
जब जम्हाई आये तो चुटकी बजाना चाहिए

....

मरके जलना या किसी दरियामें बहना चाहिए
छींक जब आये, मुआअ़न[8] 'अल्हमद'[9] कहना चाहिए
जो अगर यूँ ख़म[10] न हो गर्दन तो करता है, भसम
यूँ जबींको[11] टेक दो, तो माइले-जूदो-करम[12]
यूँ हों माथेपर लकीरें तो दुआ हो मुस्तजाब
मुँह फुलाकर यूँ अगर तूंबी बजाओ तो सवाब[13]
इस तरह ज़ुल्फ़ें बनाने, यूँ कतरनेमें सवाब
इस तरह उलटे लटककर याद करनेमें नजात[14]
जिसके आगे रक़्स[15] करना गुनगुनाना है हराम
जिसके आगे क़ह-क़हा क्या मुसकराना है हराम

---

१. एक शैतान, २. निर्धनोंके, ३. धनिक, ४. भेड़िया-जैसी शक्लवाले, ५. धार्मिकोंको, ६. अधार्मिकोंसे, ७. घोषणा, आवाज़, ८. तुरन्त, फ़ौरन, ९. सूरहे फ़ातहा, क़ुरानका पहला लफ्ज़, १०. टेढ़ी, झुकी, ११. माथेको, १२. ईश्वरकी दयाके पात्र, १३. पुण्य, १४. मुक्ति, १५. नृत्य ।

जिसके आगे काँपना आँसू बहाना है, सवाब
जिसके आगे गिड़गिड़ाना, सर झुकाना है सवाब

....

मस्त होता है, जो यूँ इन्सानकी तहसीन[१] पर
फ़न उठाकर झूमता है, नाग जैसे बीन पर
फ़ितरते - इन्साँका ख़ालिक़[२] होके भी जो सुबहोशाम
बेख़ता इन्सानसे लेता है, क्या-क्या इन्तक़ाम[३]
गाह[४] आता है, यहाँ तूफ़ानपर होकर सवार
गाह ग़ुस्सेमें हिलाता है, ज़मींको बार-बार
जो अगर ख़ुश है तो देता है, बशरको[५] अंगबीं[६]
डालकी तोड़ी खजूरें, कोरे पिण्डेकी हसीं[७]
और अगर बिगड़ा तो छुप जाता है चेहरा झागमें
आदमीको झोंक देता है दहकती आगमें
गाह होता है, मिसर, इनआमपर एहसानपर
पीसता है दाँत रह-रहकर कभी इन्सानपर
जिसने लाखों राहबर[८] भेजे हिदायतके[९] लिए
रौंद डाला जिसने इस कसरतको वहदत[१०] के लिए
ख़ून गो सौबार उसके आस्ताँ[११] पर बह गया
फिर भी जो अपने मिशनमें फेल होकर रह गया

---

१. वाहवाहीपर, स्तुतिपर, २. मनुष्य-स्वभावका निर्माता, ३. बदला, ४. कभी, ५. इन्सानको ६. शहद, ७. अछूती सुन्दरियाँ, ८. पैग़म्बर, रसूल, ९. आदेश देनेके १०. एक ईश्वरवादके प्रचारके, ११. मज़हबोंके नामपर अनेक रक्त-पात हुए, फिर भी ख़ुदा सफलता प्राप्त न कर सका ।

जिसकी किश्ती जूए-सरताबीकी[1] रौमें[2] बह गई
जिस ख़ुदाकी ज़र्बे-आख़िर[3] भी उचटकर रह गई
चार-दिन जो शाद[4] है और चार दिन नाशाद है,
यह 'ख़ुदा' तो आदमीके ज़हनकी ईजाद[5] है,
सख़्त हैराँ हूँ यह कैसा वहमका तूफ़ान है,
ऐ अज़ीज़ो यह ख़ुदाके भेसमें इन्सान है,
मुद्दतें गुज़रीं कि अक़्ले-अंजुमन[6] मदक़ूक़[7] है,
दोस्तो ! ऐसा ख़ुदा, ख़ालिक़[8] नहीं मख़लूक़[9] है,

....

उठ खड़े हों, आओ तकमीले-इबादतके[10] लिए
इक नया नक़्शा बनायें आदमीयतके लिए
आओ महफ़िलमें जलायें भी बसद शाने-फ़राग़[11]
नौ-ए-इन्सानीकी मजमूई उख़ुव्वतका[12] चराग़
और कुछ हाजत नहीं है, दोस्तीके वास्ते
आदमी होना है, काफ़ी, आदमीके वास्ते
आओ वह सूरत निकालें, जिसके अन्दर जान हो
आदमीयत दीन हो, इन्सानियत ईमान हो,
मैं शराबे-वहम आबाईका[13] मतवाला नहीं
आदमीयतसे कोई दहरमें[14] बाला[15] नहीं

१–२. नदीके बहावमें, ३. अन्तिम चोट, ४. प्रसन्न, ५. मानव-आविष्कार, ६. ज्ञानगोष्ठी, ७. क्षयपीड़ित, ८. ईश्वर, ९. जनता, १०. उपासनाकी पूर्णताके लिए, ११. मुक्ति-दीप, १२. सामूहिक भ्रातृ-प्रेमका, १३. परम्परागत रूढ़िरूपी शराबका, १४. संसारमें, १५. श्रेष्ठ।

दर्से-आदमीयत

[१६४६ ई०] ३५ में-से ६

....

कि आओ सुए – मंज़िले-मंज़्लत[1]
पये-रौनक़े – दीने-इन्सानियत[2]
मुहब्बतका इस पीरसे[3] दर्स[4] लो
ख़सो-ख़ारसे[5] भी मुहब्बत करो
मुहब्बतके सीनोंमें गुंचे[6] खिलाओ
शरारोंको[7] काटो सितारे उगाओ
मसावाते-इन्साँको[8] खातिर मरो
दरे-आदमीयत पै[9] सज्दे[10] करो
न हिन्दू शरीफ़ और न मुस्लिम शरीफ़
यह सब हैं[11] जलीलो-दनी[12]-ओ-कसीफ़[13]

---

१. आदर-सत्काररूपी पड़ाव (मंज़िल) की तरफ़, २. मानव-धर्मकी जहाँ रौनक़ है, ३. वयोवृद्धसे, ४. पाठ, ५. तिनकों और काँटोंसे, ६. कलियाँ, ७. चिनगारियोंको; ८. सभी मनुष्योंके समानाधिकारके लिए, ९. मानवता-द्वारपर, १०. मस्तक झुकाओ, ११. पतित, १२. कमीने, १३. ग़लीज़, गन्दे ।

न मन्दिर सुहाना, न मस्जिद हसीं[1]
दरे-आदमीयत[2] है मिहरे-मुबीं[3]
कोई चीज़ इन्साँसे बाला[4] नहीं
हर इक शै[5] गुमा[6] सिर्फ़ इन्साँ यक़ीं[7]

न हिन्दू, न [8]गबरू,-मुसलमाँ बनो
अगर आदमी हो तो इन्साँ बनो
न इन्साँ बनोगे तो गल जाओगे
ख़ुद अपने जहन्नुममें जल जाओगे

---

१. सुन्दर, २. मानवताका द्वार, ३. प्रकाशमान सूर्य, ४. श्रेष्ठ, उच्च, ५. प्रत्येक भौतिक वस्तु, ६. वहम, मिथ्या, ७. केवल मनुष्यता सत्यं एवं सुन्दरम् है, ८. अग्निपूजक।

नारा-ए-शबाब

मज़हबी बूढ़े लीडरोंकी दक़ियानूसी, पुरानी बातोंके विरुद्ध कहते हुए अन्तमें कहते हैं—

तेरे झूठे कुफ़्रो-ईमाँको[1] मिटा डालूँगा मैं,
हड्डियाँ इस कुफ़्रो-ईमाँकी चबा डालूँगा मैं,
वलवले[2] मेरे बढ़ेंगे नाज़ फरमाते[3] हुए
फ़िरक़ाबन्दीका[4] सिरे-नापाक[5] ठुकराते हुए
डाल दूँगा तरहे-नौ[6] अजमेर और परयागमें[7]
झोंक दूँगा कुफ़्रो-ईमाँको दहकती आगमें
[8]कौसरो-गंगाको इक मरकज़पै[9] लानेके लिए
इक नया संगम बना दूँगा ज़मानेके लिए
एक दीने-नौकी[10] लिक्खूँगा किताबे-ज़र-फ़िशाँ[11]
शब्त[12] होगा जिसकी ज़रीं[13] जिल्दपर हिन्दोस्ताँ
इस नये मज़हबपै सारे तफ़रके[14] वारूँगा मैं
तुझ पै फ़िर गरदन हिलाके क़हक़हे मारूँगा मैं

---

१. धर्म-अधर्मको, २. जोश-उत्साह, ३. अभिमानपूर्वक, अठखेलियाँ करते हुए, ४. साम्प्रदायिकताका, ५. अपवित्र मस्तक, ६. नई प्रणाली, ७. प्रयागमें, ८. जन्नती नदी, ९. केन्द्रित करनेके लिए, १० नवीन धर्मकी, ११. स्वर्णाक्षरोंमें, १२. अंकित, १३. सुनेहरी, १४. भेद-भाव।

फिर उठूँगा अब्रके[1] मानिन्द बलखाता हुआ
घूमता, फिरता, गरजता, गूँजता, गाता हुआ
ख़ूनमें लिथड़ी बिसातें कुफ़्रो-दीं[2] उलटे हुए
फ़ख़्रसे सीनेको ताने आस्तीं उलटे हुए
चलवलोंसे बर्क़के मानिन्द लहराया हुआ
मौतके सायेमें रहकर, मौत पर छाया हुआ

१. बादलके, २. धर्म-अधर्मकी बिसात (शतरंजके बोर्डको बिसात कहते हैं)।

देश-भक्ति

'जोश' साहब मानव-धर्मके उपासक होते हुए देशभक्त भी हैं। विश्वके समस्त मानवोंको एक कुटुम्बी मानते हुए भी वे उन शोषकों और शासकोंके प्रबल शत्रु हैं जो दूसरोंके अधिकारोंका शोषण करते हैं और अन्य राष्ट्रोंको बलात् अपने आधीन रखना चाहते हैं। उनका मानव-प्रेम किसी अन्य राष्ट्रके संकेतपर निर्भर नहीं। विश्व-बन्धुत्वके साथ-साथ उनका हृदय अपने देश-प्रेमसे भी ओत-प्रोत है। अपने मातृ-देशके प्रति भी वे अपना कुछ कर्त्तव्य समझते हैं। न तो वे इस तरहके विश्व-बन्धुत्वके अनुयायी हैं कि अपने देशको आग लगाकर दूसरे राष्ट्रोंका अँधेरा मिटायें और न वे ऐसी अन्ध देशभक्तिके समर्थक हैं जो दूसरोंपर आक्रमण करके उनकी सुख-शान्तिको छिन्न-भिन्न करनेका प्रयास करते रहते हैं। स्वयं फ़र्माते हैं—"मैं नौ-ए-इन्सानीको एक ख़ान्दान समझता हूँ और देखना चाहता हूँ कि वतनियतके उस नापाक तख़ैय्युल (विचार) को जो ख़ुदग़रज़ी, तंगनज़री (संकीर्णता), मुनाफ़रत (द्वेष-भाव) और इब्ने-आदम (मनुष्यों) की तक़सीम चाहता है। इन्तहाई हिक़ारतकी नज़र (घृणाकी दृष्टि) से देखता हूँ। लेकिन इस क़द्र वतनियत मेरा ईमान है कि अपने घरको ग़ासिबों (दूसरोंके हक़ ज़बर्दस्ती हड़प करने वालों) की दरिन्दगी (पशुता) से महफ़ूज़ (सुरक्षित) रखा जाये।"

जोशकी देश-प्रेम सम्बन्धी चन्द नज़्म दी जा रही है—

वतन

....

पहिले जिस चीज़को देखा वह फ़ज़ा[1] तेरी थी
पहिले जो कानमें आई वह सदा[2] तेरी थी
पालना जिसने हिलाया वह हवा तेरी थी
जिसने गहवारेमें[3] चूमा वह सबा[4] तेरी थी
अव्वलीं रक़्स[5] हुआ मस्त घटामें तेरी
भीगी हैं, अपनी मसें आबो-हवामें तेरी

ए वतन ! आजसे क्या हम तेरे शैदाई[6] हैं ?
आँख जिस दिनसे खुलीं तेरे तमन्नाई हैं,
मुद्दतोंसे तेरे जलवोंके तमाशाई हैं,
हम तो बचपनसे तेरे आशिक़ो-सौदाई हैं,
भाई तिफ्लीसे[7] हर-इक आन जहाँमें तेरी
बात तुतलाके जो की भी तो ज़बाँमें तेरी

हुस्न तेरे ही मनाज़रने[8] दिखाया हमको
तेरी ही सुबहके नग़मोंने[9] जगाया हमको
तेरे ही अब्रने[10] झूलोंमें झुलाया हमको
तेरे ही फूलोंने नौशाह[11] बनाया हमको
खन्द-ए-गुलकी[12] ख़बर तेरी जवानी आई
तेरे बाग़ोंमें हवा खाके जवानी आई

---

१. दृश्यावलि, वातावरण, २. आवाज़, ३. पालनेमें, ४. हवा, ५. नृत्य, ६. दीवाने, प्रेमी, ७. बचपनसे, ८. प्राकृतिक दृश्योंने, ९. गीतोंने, १०. बादलोंने, ११. दूल्हा, १२. फूलोंके मुसकानकी ।

तुझसे मुँह मोड़के मुँह अपना दिखायेंगे कहाँ ?
घर जो छोड़ेंगे तो फिर छावनी छायेंगे कहाँ ?
बज़्मे-अग़ियारमें[1] आराम यह पायेंगे कहाँ ?
तुझसे हम रूठके जायें भी तो जायेंगे कहाँ ?
तेरे हाथोंमें है, क़िस्मतका नविश्ता[2] अपना
किस क़दर तुझसे भी मज़बूत है रिश्ता अपना

हम ज़मींको तेरी नापाक न होने देंगे
तेरे दामनको कभी चाक न होने देंगे
तुझको, जीते हैं, तो ग़मनाक न होने देंगे
ऐसी अक्सीरको यूँ ख़ाक न होने देंगे
जी में ठानी है, यही जी से गुज़र जायेंगे
कम-से-कम वादा यह करते हैं, कि मर जायेंगे

१. शत्रुकी महफ़िलमें, २. भाग्य-लेख ।

हैफ़-ऐ हिन्दोस्ताँ !

ग़ैरकी ख़िदमत गुज़ारी, बाहमी[1] .ख़ूँ-रेज़ियाँ[2]
दोपहरकी धूप सरपर और यह .ख़्वाबे-गराँ

हैफ़ ऐ हिन्दोस्ताँ ! सद हैफ़ ऐ हिन्दोस्ताँ !

बेज़रोंकी[3] डूबती आँखोंमें फ़ाक़ोंके नक़ूश[4]
अहले-दौलतकी जबीनोंपर[5] शक़ावतके[6] निशाँ

हैफ़ ऐ हिन्दोस्ताँ ! सद हैफ़ ऐ हिन्दोस्ताँ !

गोसफ़न्दोंकी[7] सियादतमें[8] हो शेरोंकी कछार
बूमके[9] ज़ेरे-नगीं[10] शहबाजका[11] हो आशियाँ[12]

हैफ़ ऐ हिन्दोस्ताँ ! सद हैफ़ ऐ हिन्दोस्ताँ !

---

१. परस्पर, २. मार-काट, ३. निर्धनोंकी, ४. आसार, ५. धनिकोंके माथोंपर, ६. दुर्भाग्यके चिह्न, ७. दुम्बोंकी, भेड़ोंकी, ८. नेतृत्वमें, सरदारीमें, ९. उल्लूके, १० निगरानी, ११. बाज़का, १२. घोंसला ।

ज़वाले-जहाँबाई

[४६ में-से ६]

असहयोग-आन्दोलनके फलस्वरूप जब कारागार भरे जाने लगे तब—

....

नहाती हैं लहूमें जब बहारें हुब्बे-क़ौमीकी[1]
तो होता है, शगुफ़्ता[2] लालज़ारे-हुब्बे-इन्सानी
हज़ारों आस्माँ जब सरपै ज़ालिम तोड़ चुकता है,
उठाता है, कहीं झुँजलाके तब मज़लूम[3] पेशानी[4]
असीरोंकी[5] तड़प बिजली गिरा देती है ज़िन्दाँ पर[6]
क़फ़सके[7] हक़में इक शोला[8] है तायरकी[9] पुरअफ़्सानी[10]
मचलता है गदाके[11] दिलमें आज़ादीका जब शोला
लरज़ उठता है, फुँक जानेके डरसे ताजे-[12] सुलतानी
गुज़र जाती है, जब उफ़्तादगीमें[13] जू-ए-ख़ूँ[14] सरसे
कहीं जब तुख़्मको[15] मिलता है, फ़रमाने-गुल-अफ़्शानी[16]
न घबरा क़ैदो-पाबन्दीसे, पाबन्दी वह दौलत है,
कि बन जाता है, दुर्रे-बे-बहा[17] इक बूँद भर पानी

१. देश-प्रेमकी, २. खिल उठता है, ३. अत्याचार-पीड़ित, ४. मस्तक, ५. क़ैदियोंकी, ६. कारागारपर, ७. क़ैदख़ानेके, ८. चिनगारी, ९. पक्षीकी, १०. बोल, ११. निर्धनके, फ़क़ीरके, १२. शाही-ताज, राजमुकुट, १३. नम्रतामें, १४. रक्त-धारा, १५. बीजको, १६. फूलोंकी मुसकान, १७. बेशक़ीमती, अमूल्य मोती।

ग़ुलामोंसे ख़िताब

ऐ हिन्दके ज़लील[1] ग़ुलामाने-रू-सियाह[2]
शाइरसे तो मिलाओ ख़ुदाके लिए निगाह

....

तुझपर मेरे कलामका होता नहीं असर
चौंका रहा हूँ कबसे मैं शाने झिंजोड़कर[3]
हालाँ कि मेरा शेर है, वह हर्फ़े-तुन्दो-तेज़[4]
तूफ़ाँ बदोशो-साइक़ा[5], पैमा-ओ-हश्रख़ेज़[6]
ज़िदपर जो आये बातमें पत्थरको तोड़ दे
सिर्फ़ इक सदासे गुम्बदे-बेदरको[7] तोड़ दे

आहनके[8] जौहरोंसे टपकने लगे शराब
पीरीकी[9] हड्डियोंमें मचलने लगे शबाब[10]
तुझको यक़ीं[11] न आयगा ऐ दाइमी ग़ुलाम[12]
मैं जाके मक़बरोंमें[13] सुनाऊँ अगर कलाम
ख़ुद मौतसे हयातके[14] चश्मे[15] उबल पड़ें
क़ब्रोंसे सरको पीटके मुर्दे निकल पड़ें

१. पतित, २. कलुषित मनुष्योंके ग़ुलाम, ३. कन्धे, ४. कोमल और कठोर, ५. तूफ़ान सहित बिजली, ६. क़यामतका संदेश-वाहक, ७. दरवाज़े रहित गुम्बदको, ८ लोहेके, ९. बुढ़ापेकी, १०. यौवन, जवानी, ११. विश्वास, १२. सदैवके पराधीन, १३. क़ब्रिस्तानोंमें, मृतकोंमें, १४. जीवनके, १५. सोते।

मेरे रजज़से[1] लरज़ा-बर-अन्दाम[2] है, ज़मीं
अफ़सोस तेरे कानपै जूँ रेंगती नहीं
तू चुप रहा ज़मीन हिली आसमा हिला
तुझसे तो क्या ख़ुदासे करूँगा मैं यह गिला

इन बुज़दिलोंके हुस्नपै शैदा[3] किया है, क्यों ?
नामर्द क़ौममें मुझे पैदा किया है, क्यों ?

१. शाइरीके छन्दोंसे, २. काँपती हुई, ३. अनुरक्त, आकर्षित।

आदमी दे ऐ ख़ुदा!

ऐ ख़ुदा! हिन्दोस्ताँको बख़्श[1] ऐसे आदमी
जिनके सरमें मग़ज़[2] हो और मग़ज़में ताबिन्दगी[3]

....

जिनकी रग-रग-में हज़ारों बिजलियाँ हों बेक़रार[4]
जिनके दिल मज़बूत हों, जिनकी उमंगें शोलाबार[5]
मौतको पूजें जो उम्रे-जाविदानीकी[6] तरह
ख़ून जो अपना बहा सकते हों पानीकी तरह

....

जो जियें तदबीरे-[7]तस्ख़ीरे-[8]जहाँके[9] वास्ते
और मरें भी तो फ़क़त हिन्दोस्ताँके वास्ते
जिनके आगे हों गरजती बदलियाँ [10]चंगो-रुबाब[11]
ज़िन्दगी क्या, खेलता हो मौतसे जिनका शबाब[12]

....

जिनके बरबतमें[13] दहकती ज़िन्दगीका राग हो
जिनके दिलमें वलवले हों, वलवलोंमें[14] आग हो

१. प्रदानकर, २. मस्तिष्क, ३. प्रकाश, ४. बेचैन, ५. आग्नेय, ६. अमर जीवनके समान, ७-८-९. विश्वको विजय करनेके प्रयासमें, १०-११. ढपली, वायलिन, १२. यौवन, जवानी, १३. एक बाजेका नाम, जिसे ऊद भी कहते हैं, १४. उमंगोंमें, उत्साहोंमें।

....

ना सज़ा[१] औहाम[२] कर सकते न हों जिनका शिकार
गाये-बाजेपर न हो जिनके अक़ायदका[३] मदार[४]
ऐ ख़ुदा ! हमको नज़ाए-[५]कुफ़्रो-ईमाँसे[६] बचा
अपने हिन्दूसे बचा, अपने मुसलमाँसे बचा
रूहकी रफ़अतसे[७] जो हों आस्मानी[८] आदमी

अलग़रज[९] मेरे वतनको ज़िन्दगी दे ऐ ख़ुदा !
आदमी दे, आदमी दे, आदमी दे, ऐ ख़ुदा !

---

१. अनुचित, अयोग्य, नालायक इन्सान, २. वहम, अन्ध विश्वास (भाव यह है, कि ऐसे मनुष्य हों जिनपर अयोग्य कार्य और अन्ध-विश्वास हावी न हो सकें), ३. विश्वास, यक़ीन, श्रद्धा, ४. भरोसा, दारमदार, ५–६. धर्म-अधर्मके झगड़ेसे, ७. आत्माकी विशाल उदारता, दिलके हौसले वाले, ८. देव-तुल्य, ९. भाव यह है, तात्पर्य यह है, कि।

वफ़ादाराने-अज़लीका पयाम

शाहंशाहे हिन्दोस्तांके नाम

यह नज़्म अष्टम ऐडवर्डके राज्याभिषेक पर लिखी गई थी। यहाँ ३२ अशआरमें-से १३ दिये जा रहे हैं। मुबारकबाद देते हुए हृदयगत भावोंको किस खूबीसे व्यक्त किया है—

ताज-पोशीका मुबारक दिन है, ऐ आलमपनाह !
ऐ ग़रीबोंके अमीर, ऐ मुफ़लिसों के बादशाह !
ऐ गदापेशोंके[1] सुल्ताँ, जाहिलोंके[2] ताजदार !
बेज़रोंके[3] शाह, दरियूज़ागरोंके[4] शहरयार[5] !
ऐ हमारे आलिमोंके[6] 'हामिये दीने मुबीं' !
दौरे-सैयदके अलीउलमर्द[7] अमीरुलमर्नी[8] !

ऐ रईसे-पाके-दिल ऐ शहरयारे-नेकनाम !
भूककी मारी हुई मख़लूकका लीजे सलाम
रास कल आती थी जैसे आपके माँ-बापको
यूँ ही रस्मे-ताजपोशी हो, मुबारक आपको
दिलके दरिया नुत्क़की बादीमें बह सकते नहीं
आपकी हैबतसे हम कुछ खुलके कह सकते नहीं

---

१. मंगतोंके, २. मूर्खोंके, ३. दरिद्रोंके, ४. हाथ पसारने वालोंके, ५. बादशाह, ६. मौलानाओंके, ७. मज़हबों, सरपरस्त, ८. सरसैयदके अनुयायियोंके संरक्षक।

लेकिन इतना डरते-डरते अर्ज़ करते हैं, ज़रूर
हिन्दसे वाक़िफ़ किये जाते नहीं शायद हुज़ूर
आपके हिन्दोस्ताँके जिस्मपर बोटी नहीं
तनपै इक धज्जी नहीं है, पेटको रोटी नहीं
ताजपोशीमें जो दी हैं भीकमें दो रोटियाँ
शुक्रिया उन रोटियोंका ऐ शहे-गरदूँ-निशाँ !

रोटियाँ लेकिन जो दी हैं, आपके ख़ुद्दामने[1]
आ सकेंगी क्या यह कलकी इश्तहाके[2] सामने
आजकी दो रोटियोंसे चैन हम पायेंगे क्या
खा भी लेंगे आज गर डटकर तो कल खायेंगे क्या
सिर्फ़ सड़कोंके चराग़ाँसे[3] नहीं चलता है काम
कुछ दिनोंकी रोशनीका भी किया है, एहतमाम[4] ?

आपके सर पर है, ताज ऐ-फ़ातहे-रुए-ज़मीं[5] !
और हम अहले-वफ़ाके पाँवमें जूती[6] नहीं

१. कर्मचारियोंने, २. भूखके, ३. रोशनी करानेसे, ४. प्रबन्ध, ५. पृथ्वी-विजेता, ६. सर पर ताज और पाँवको जूतीके इस्तेमालने क्या बात पैदा की है, वाह-वा !

आरज़ी हुकूमतके हल्फ़े-वफ़ादारीपर दो नारे

१–जेलके अन्दर, २–जेलके बाहर

अँग्रेज़ोंके शासन-कालमें जुलाई १९३७ ई० में जब कांग्रेसने प्रथम बार शासनकी बागडोर सम्भाली तो बहुत-से देशभक्तोंको कांग्रेसका यह अस्थायी पद-ग्रहण उचित नहीं मालूम हुआ। जोश साहबने अपने भाव इसप्रकार व्यक्त किये—

जेलके अन्दर

हाँ मैं बाग़ी[1] हूँ वह बाग़ी बर्क़ दोज़ो शोलाबाफ़[2]
साँस जिसकी डालती है, ताक़े[3]-क़िसरीमें[4] शिगाफ़[5]
हाँ वह बाग़ी हूँ, वह बाग़ी फ़ातहे[6]-मर्गो[7]-हयात[8]
काँपती है, अज़्मसे[9] जिसके बिनाये-कायनात[10]
हाँ वह बाग़ी हूँ, वह बाग़ी[11] मरकज़े-बर्क़ो[12]-शरार[13]
जिसके आगे छूटने लगती है, नब्ज़े-शहरयार[14]
हाँ वह बाग़ी हूँ कि सुनकर जिसका हर्फ़े-इन्क़लाब[15]
चुग़्द नौबत मी ज़िनद बर गुम्बदे अफ़रासियाब[16]
मौत गिर पड़ती है मेरे सामने खाकर पछाड़
मेरी ठोकरके तसव्वुरसे[17] लरज़ते हैं, पहाड़

---

१. विद्रोही, क्रान्तिकारी, २. बिजली और आगकी लपटों सहित, ३–४. शाहीमहलोंमें, ५. सूराख, दरार, ६–७–८. जीवन-मरण-विजेता, ९. इरादेसे १०. संसारकी नींव, ११–१२–१३. बिजली, आगका केन्द्र, १४. बड़े बादशाहोंकी नाड़ी, १५. इन्क़लाबका-नारा, क्रान्तिकारी विचार, १६. बादशाहोंके महलोंके गुम्बदों पर उल्लुओंकी भी नौबत बजानेका साहस हो जाता है, १७. विचार मात्रसे, ख्याल करनेसे।

आस्माँ ले करवटें, वह इनक़लाबी राग हूँ
जिसने लंकाको जला डाला था मैं वह आग हूँ
"रुख़सत ऐ ज़िन्दा[1] जुनूँ .ज़ंजीरदर[2] खड़काय है,"
मुज़दा[3] ताजो[4]-तख़्त[5] फिर ठोकर मेरी खुजलाय है

जेलके बाहर

अज़्मे[6]-संगीने-शिकस्ते[7]-बाबे-ज़िन्दाकी[8] क़सम
हुर्रियतके[9] जज़्बहाये[10]-शोला[11] अफ़साँकी[12] क़सम
नामवर अजदादके ख़ूने-शराफ़तकी[13] क़सम
अपनी खुद्दारीकी[14] सौगन्द, अपनी इज़्ज़तकी क़सम
हाँ क़सम खाता हूँ मैं टीपू-ए-आलीजाहकी[15]
हाँ क़सम खाता हूँ मैं क़ब्रे-बहादुरशाहकी
हाँ क़सम खाता हूँ मैं उस फ़ाक़ाकश[16] बंगालकी
रूह[17] जिसकी सो रही है, चादर डाले कालकी

---

१. ऐ कारागृह छुटकारा दे। २. मेरा उन्माद तेरे द्वारकी ज़ंजीर खड़का रहा है। अर्थात् मेरा स्वातन्त्र्य स्वभाव मुझे स्वतन्त्र होनेकी प्रेरणा दे रहा है। ३-४-५. ऐ बादशाही ताज और सिंहासन तुम्हें यह शुभ समाचार विदित हो कि तुम्हें ठोकर मारनेको मेरा दिल चाह रहा है। ६, ७, ८. जीवनके छिन्न-भिन्न परिच्छेद रूपी दृढ इरादोंकी सौगन्ध, ९. स्वतंत्रताके, १०, ११, १२. दिली जोश रूपी आगकी चिनगारियोंकी क़सम, १३. ख्याति प्राप्त पुरखाओंकी नेकी और सभ्यताकी सौगन्ध, १४. स्वाभिमानकी, १५. टीपू सुल्तानकी, १६. अकालपीड़ित १७. आत्मा।

आज भी हैं सुर्ख़ियाँ जिसमें दिलोंके दाग़की
हाँ क़सम खाता हूँ मैं जलियानवाले बाग़की
अज़्मे-रानीकी[१] क़सम, और रूहे-झाँसीकी क़सम
हाँ भगतसिंह और उस बाग़ीकी फाँसीकी क़सम

राज्य-भक्तिकी क़सम खाकर चन्द ओहदे लेनेवालोंके प्रति देखिए कितना तीखा व्यंग्य करते हैं—

हश्रतक[२] ख़ादिम रहूँगा देवे-इस्तबदादका[३]
जार्जकी औलाद दर औलाद दर औलादका
वालियाने-मुल्कसे[४] भी मैं न हूँगा बदकलाम
बापका चाकर रहूँगा और बेटेका ग़ुलाम
मिलके आक़ाओंका[५] भी यावर[६] रहूँगा हश्र तक
चुटकियाँ लेता है, मेरे ख़ूनमें जिनका नमक
आबे-ज़रसे[७] लिक्खेगी तारीख़[८] एक दिन आजका
आजसे हूँ बन्द-ए-बेदाम[९] तख़्तो-ताजका[१०]
क्यों न सिक्का हिन्दमें हो बेधड़क जारी मेरा
शाहके नुत्फ़ेसे[११] है, अह्दे-वफ़ादारी[१२] मेरा
फ़र्शे-पा-अन्दाज़े-शहको[१३] दैर[१४] होना था मेरा
शुक्र है यूँ ख़ात्मा बिलख़ैर होना था मेरा

१. झाँसीकी रानीके इरादोंकी, २. प्रलय तक, ३. भूतोंका, ज़ालिम रूहोंका ४. रियासतोंके राजाओंसे भी, ५. मिल-मालिकोंका, ६. सहायक, हिमायती, ७. सुवर्णके पानीसे, ८. इतिहास, ९. बिन पैसेका ग़ुलाम, १०. बादशाह और सिंहासनका, ११. शाहीवंशसे, १२. राजभक्तिकी प्रतिज्ञा, १३. बादशाहके चरणोंकी ज़मीनको, १४. मन्दिर ।

यह बात अगर सच है

[१९४५]

सैनफ्रान्सिस्कोमें भारतके प्रतिनिधि बनकर जब सर 'नून' और मुदालियर गये—

यह बात अगर सच है कि इस बज़्मे-जहाँमें
घोड़ोंके नुमाइन्दे हुआ करते हैं खच्चर
यह बात अगर सच है, कि इस दौरे-फ़लकमें
शेरोंके नुमाइन्दे हुआ करते हैं बन्दर
यह बात अगर सच है, कि इस दौरे-महनमें[1]
अम्बरका[2] नुमाइन्दा हुआ करता है, गोबर
यह बात अगर सच है, कि इस अहदे-ज़बूँमें[3]
शहबाज़का[4] होता है, नुमाइन्दा कबूतर
यह बात अगर सच है, कि इस औजे फ़िज़ाँ[5] पर
शाहींका[6] नुमाइन्दा हुआ करता है, मच्छर
....
तो ठोकके सीनेको मैं यह बात कहूँगा
भारतके नुमाइन्दे हैं, सर 'नून'-ओ 'मुदलैयर'

१. संसारमें, २. कस्तूरीका, ३. बुरे ज़मानेमें, ४. बड़े-बाज़का ५. आकाशपर, ६. बाज़का, ।

हिन्दू-मुस्लिम मुत्तहद नारा

जोश साहबने हिन्दू-मुस्लिम-इत्तहादपर बहुत अधिक कहा है। भारत विभाजनके दिनोंमें हुए साम्प्रदायिक हत्याकाण्डोंसे जो उनके हृदय को ठेस पहुँची; उसका कुछ आभास सितम्बर १९४७ में कही गई इस नज़्मसे मिलेगा। दोनों सम्प्रदायोंके आततायी गुण्डे संगठित होकर देखिए क्या नारा लगाते हैं ? कौन ऐसा वज्रहृदय होगा जो इन नारोंको सुनकर चीखने न लगेगा ?

ऐ नाज़रे-तबाही[१]-ओ-नक़्क़ादे गीरोदार[२]
हाँ इस तरफ़ भी एक नज़र बहरे किरदिगार[३]
हम .ज़ुल्मके हैं शाह[४], शक़ावतके ताजदार[५]
इनसान है तो डाल हमारे गलेमें हार

इबलीसियतका[६] मर्द है तो एहतराम[७] कर
हम हैं .ग़ुलामे - नादिरो - नीरो[८] सलाम कर

ऐ श.ख़्स हमको क़हरसे[९] क्या देखता है तू
हाँ हम हैं जौर पेशाओ-ख़ूँ ख़्वारो-ज़ीश्त .ख़ू[१०]
यह देख कुहनियोंसे टपकता हुआ लहू
बेटोंके सर उड़ाये हैं बापोंके रोबरू

गरजे हैं गेसुओंकी घटाओंके सामने
बच्चोंको भून डाला है माओंके सामने

---

१. तबाहियोंके देखनेवालो, २. लड़ाई-झगड़ोंके आलोचको, ३. ख़ुदा के वास्ते, ईश्वरके लिए, ४. बादशाह, ५. दुर्भाग्यके शाहन्शाह, ६. शैतानियतका, ७. आदर, ८. नादिरशाह और नीरो जैसे बादशाहोंके ग़ुलाम (अनुयायी) ९. टेढी नज़रोंसे, १०. रक्तलोलुप पेशेवर।

किस-किस मज़ेसे हमने उछाली हैं औरतें
साँचेमें बेहयाईके ढाली हैं औरतें
शहवतकी[1] भट्टियोंमें उबाली हैं औरतें
घरसे बिरहना[2] करके निकाली हैं औरतें

यह भी मज़े किये हैं हविस परवरीके बाद[3]
फाड़ा है शर्मगाहोंको[4] इस्मतदरीके[5] बाद

चुन-चुनके हमने खाये हैं कितने ही नौजवाँ
बच्चोंके जिस्ममें भी दरे[6] आई है यह सिताँ[7]
बूढ़ोंको भी मिली है न उस गुर्ज़से[8] अमाँ[9]
गुलचेहरा[10] औरतोंकी भी काटी हैं छातियाँ

दो कर दिया है चीरकर हमने यक़ीन कर
बच्चोंको उनकी माँओंकी गोदीसे छीनकर

क्या-क्या कुवारियोंको नचाया है धूमसे
क्या-क्या न अमरदोंको[11] रुलाया है धूमसे
बहनोंपै भाइयोंको कुदाया है धूमसे
बापोंको बेटियोंपै चढ़ाया है धूमसे

जब भी ज़िना[12] किया है तो क़ुर्बां इस आनपर
जौजाके[13] सरको रक्खा है शौहरकी[14] रानपर

---

१. कामुकताकी, २. नग्न, ३. काम-पिपासा शान्त करनेके बाद, ४. योनियोंको, ५. शील नष्ट करनेके बाद, ६. घुसकर, ७. भाला, तीरकी नोंक, ८. गदासे, ९. छुटकारा, १०. फूल जैसे मुखवाली, ११. लड़कोंको, १२. व्यभिचार, १३. पत्नीके, १४. पतिकी जाँघपर।

बूजहलकी[1] शराबसे छलकाके जामको
बट्टा लगा दिया है मुहम्मदके नामको
बख़्शा है ताज रावने-दोज़ख़ मक़ामको[2]
ज़िल्लतकी[3] घाटियोंमें गिराया है रामको
हक़का जिगर[4] है ख़ून तो दिल चाक-चाक[5] है
क़ुरआनपर है धूल तो गीतापै ख़ाक है

हाँ हम दनी[6] हैं, शूम[7] हैं, आशुफ़्ताकार[8] हैं
लोफ़र हैं, बदमआश हैं, बेएतबार हैं
शोहदे हैं, बेहया हैं, लफ़ंगे हैं, ख़्वार हैं
पाजी हैं, बदगुहर[9] हैं, दनी[10] हैं, चमार हैं
जिसमें ज़रा भी ख़ैर[11] हो तुफ़ ऐसे कामपर
हम थूकते नहीं हैं शराफ़तके[12] नामपर

हाँ बोस्ताने-ख़ैरके माली नहीं हैं हम[13]
पलभर भी शरके ज़ौक़से[14] ख़ाली नहीं हैं हम
जिसमें हो कुछ भी लोच वह डाली नहीं है हम
हमको यह फ़ख़्र[15] है कि हलाली[16] नहीं हैं हम

१. दुर्गन्ध-युक्त, अज्ञानताकी मदिरासे; २. नरकके रावनको मुकुट पहिना दिया है, ३. पतनोन्मुखी, ४. सत्यका हृदय, ५. टुकड़े-टुकड़े, ६. कमीने, अयोग्य, ७. मनहूस, कंजूस, ८. परेशान करनेवाले, ९. बदज़बान, १०. नीच, पतित, ११. अम्न और चैनसे जो काम बनते हों हमें पसन्द नहीं, १२. भले कामोंको तो हम कभी नहीं करते, १३. हम वे माली नहीं जो उद्यानकी भलाई चाहें, १४. उत्पातके कामोंसे, १५. अभिमान, १६. कमाने-खानेवाले, अपने वास्तविक पिताकी सन्तान।

हम वोह हयापरस्त[1], वोह ग़ैरतपसन्द[2] हैं
बहनों ही पै हैं बन्द, ना माओंपै बन्द[3] हैं
हम और मुल्को-क़ौमके सरदार क्या कहा ?
हम और क़िस्रे-हिल्मके मेमार[4] क्या कहा ?
हम और जिन्से हक़के[5] ख़रीदार क्या कहा ?
हम और हुर्रियत के सज़ावार[6] क्या कहा ?
आलमसे[7] कुछ ग़रज़ है, न आमीसे[8] काम है
बाबा हमें तो सिर्फ़ ग़ुलामीसे काम है
मजबूरियोंको तजके ख़रीदेंगे इख़्तयार[9] ?
पायेंगे दीन बेचकर[10] दुनियाका इक़्तदार[11]
दैरो-हरमको[12] छोड़के मानिन्दे अहले-नार
ईमानपरवरीका उठायेंगे सरपै बार
सर अपने लेंगे क़ौमकी इस हाय-हायको ?
और छोड़ देंगे ऊँटको तज देंगे गायको ?
जब तक कि दममें दम है चलायेंगे हम सिताँ[13]
घंटा इधर बजेगा तो होगी उधर अज़ाँ
रक्खेंगी मुल्को-क़ौमको बेअम्नो-बेअमाँ[14]
यह चोटियाँ सरोंकी यह चहरोंकी दाढ़ियाँ
क़ाबूमें यह फ़सादका भंगी न आयगा
जिस वक़्त तक पलटके फ़िरंगी न आयगा

१. उन हयावालोंके उपासक हैं, २. ग़ैरतवाले हैं, ३. जो बहन और माँ किसी को भी नहीं छोड़ते, ४. नम्रतारूपी भवनके निर्माता ५. सत्यरूपी वस्तुके, ६. स्वतन्त्रताके लिए जेल जायें, ७. जनतासे, ८. सर्वसाधारणसे। ९. पराधीनताकी विवशतासे बचनेके लिए सरकारी अख़्तियार लेंगे, १०. धर्म बेचकर, ११. अधिकार, १२. मस्ज़िद-मन्दिरको, १३. अस्त्र, १४. शान्तिसे दूर।

वक़्तकी आवाज़

महात्मा गान्धीके समान 'जोश' साहब भी हिन्दू-मुस्लिम ऐक्यके जीवन भर स्वप्न देखते रहे। आपने इस सम्बन्धमें बहुत-सी नज़्म कही हैं। हिन्दु-मुस्लिम उपद्रव जब अपनी चरम सीमाको पहुँच गये, तब आपने परस्परके संघर्षसे भारतवासियोंको विरत रखनेके लिए यह ६१ बन्दकी नज़्म नवम्बर १६४५ ई० में कही। यहाँ केवल २७ बन्द दिये जा रहे हैं। इस नज़्ममें आपने कल्पना की है कि भारत माताकी काँग्रेस और मुस्लिमलीग दो लड़कियाँ हैं और कम्युनिस्ट लड़का है। अपनी सन्तानको दिन-रात परस्पर तू-तू-मैं-मैं में उलझा देखकर भारतमाता कहती है—

सद हैफ़ वक़्ते-महर भी ग़ुस्सेमें भूत हो
माँके क़रीब आओ, अगर तुम सपूत हो,

बाज़ारे-हस्तो-बूदमें[1] अरज़ाँ[2] हो किसलिए ?
इस निर्ख़[3] शर्मनाकपै नाज़ाँ[4] हो किसलिए ?
वहशतका[5] सैल[6], बुग़्ज़का[7] तूफ़ाँ[8] हो किसलिए ?
इक-दूसरेसे दस्तो-गरेबाँ[9] हो किसलिए ?
आओ सुनो भी मादरे-हिन्दोस्ताँकी बात
बेग़ वही शरीफ़ है माने जो माँकी बात

---

१. जीवन और अस्तित्व रूपी हाटमें, २. सस्ता, कम क़ीमत, ३ भाव, ४. घमण्डी, ५. उन्माद, पागलपनका, ६. बहाव, ७. ईर्ष्या-द्वेषका, ८. तूफ़ान, ६. कुरता या कमीज़का गला एक दूसरेका पकड़े हुए।

वह कह रही है "दिलमें कुदूरत[1] न चाहिए
अच्छे तो क्या बुरोंसे भी नफ़रत न चाहिए
कहता है, कौन फूलसे रग़बत[2] न चाहिए
काँटेसे भी मगर तुझे वहशत[3] न चाहिए
काँटेकी रगमें भी है, लहू सब्ज़ाज़ारका[4]
पाला हुआ है, वह भी नसीमे-बहारका[5]
और तुम कि भाइयोंसे हो [6]मसरूफ़े-गीरोदार[7]
क्या ज़िक्र[8] ख़िज़ाँको[9] दोगे कि हो दुश्मने-बहार
क्या खाके बन सकेगा भला वोह रफ़ीक़े[10]-ख़ार[11]
जिसकी ख़ुशीका गुलके मसलने पै हो मदार[12]
वारी[13], यह ग़ुस्सा थूक दो, यह ताव[14] छोड़ दो
आपसका बन पड़े तो यह लतियाव[15] छोड़ दो

....

हर क़ौमकी निगाहसे गो गिर रहे हो तुम
मूँछों पै ताव देते मगर फिर रहे हो तुम
ग़ुल, शोर धींगा-मुश्तियाँ, लठ-पौंगा, मार-धाड़
गलियाव, लाम-काफ़, धमा-चौकड़ी, लताड़,
पथराव, दाव-पेंच, उछलकूद, धर-पछाड़
देखो तो अपनी सूरतें सर झाड़, मुँह पहाड़

---

१. मैल, नफ़रत, नाराज़गी, २. स्नेह, आकर्षण, तवज्जह, ३. घबराहट, अनमनापन, उदासीनता, ४. हरी-भरी ज़मीनका, ५. वसन्त ऋतुका शीतल, मन्द और सुगन्धित वायुका, ६. व्यस्त, लीन, ७. पकड़-धकड़, जंग, ८. शिकस्त, नुक़सान, ९. पतझड़को, १०. मित्र, ११. काँटा, १२. निर्भरता, १३. क़ुरबान जाऊँ, न्योछावर होऊँ, १४. क्रोध, १५. लात-घूँसाबाज़ी, परस्परकी मुठभेड़।

आँखोंका पानी मर गया, तो क्या डरेगा कोई
जब मुँहपै लोई फेरली, फिर क्या करेगा कोई
क्या तुमको ? नाव क़ौम की डूबे कि पार हो
तुम मावराए-फ़िक्रे - ख़िज़ाँ - ओ - बहार[1] हो
तुम जीत जाओ, ख़्वाह दो आलमको हार हो
तुम अपनी माँके हाय वह तीमारदार[2] हो
परवा भी जिनको चाराए[3]-आज़ारकी[4] नहीं
सिर्फ़ अपनी जिनको फ़िक्र है, बीमारकी नहीं
तुमको तो ख़ैरसे है यही फ़िक्र सुबहो-शाम
बस पाँचवें सवारोंमें छप जाय अपना नाम
ऊँची हो अपनी बात छलक जाय अपना जाम
तुम अपने हलवे-माँडेसे रखते हो सिर्फ़ काम
तुम मनचलोंको तो है फ़क़त लीडरीकी धुन
मुल्हद[5] हो, फिर भी रहती है पैग़म्बरीकी[6] धुन

....

मेरे तो बस हैं, तीन चमकते हुए नगीं
इक काँगरेस कि है, वह पलौठीकी[7] नाज़नीं[8]
और लीग[9] उसकी पीठकी बच्ची क़मरजबीं[10]
और कम्युनिस्ट है, मेरा फ़रज़न्द[11] नुक्ताबीं[12]
साँचेमें रोशनीके हैं गोया ढले हुए
मेरे ही दूधसे हैं तीनों पले हुए

....

१. पतझड़ और बहार लानेमें समर्थ, २. परिचर्य्या करनेवाली, ३. इलाज, ४. रोगकी, ५. अधार्मिक नेता, ६. ईश्वरीय दूतकी, ७. प्रथम जापेकी, ८. कोमल ९. मुसलिमलीग, १०. चन्द्रमुखी, ११. पुत्र, १२. नाज़ुक ख़याल, बारीकी देखनेवाला ।

जो 'जोश' अपनी राष्ट्रीयताके लिए और देशभक्तिके लिए प्रसिद्ध थे। जिनका दामन मज़हबी-रंगसे सदैव स्वच्छ रहा। आश्चर्य है कि वही जोश पाकिस्तानका समर्थन करते नज़र आते हैं। आपको यह वहम हो गया था कि कांग्रेस मुस्लिम लीगका और कम्युनिस्टोंका हक़ हड़प कर रही है और व्यर्थमें उन्हें परेशानकर रही है। अतः भारत मांके मुँहसे कहलवाते हैं—

हाँ बेटा काँगरेस ज़रा इस तरफ़ तो आ,
यह क्या मैं सुन रही हूँ कई दिनसे चुख़-चुख़[1]
छोटोंका तुझको पास[2] मेरी जाँ नहीं रहा
हाँ-हाँ बड़ोंका है यही दस्तूर मरहबा[3]!
साबुत तेरे पतंगका पेटा नहीं रहा
क्या तुझको माँका ध्यान भी बेटा नहीं रहा?

....

ख़ुद सोच क्या मिलेगा तुझे इसको कोसके?
तूने बड़ा किया है, जिसे पाल-पोसके

....

तू यूँ तो ज़ोर देती है, दिलकी सफ़ाई पर
माइल[4] नहीं जहाँमें किसीकी बुराई पर
दिल मेरा ख़ून है मगर इस कजअदाई[5] पर
किस जीसे तू ज़बान चलाती है भाई पर
क्यों हैं, तेरे नक़ूशे[6]-मुहब्बत मिटे हुए?
बहनोंकी चाहके तो हैं, डंके पिटे हुए?

....

---

१. चख़-चख़, तू-तू - मैं-मैं, २. लिहाज़, ३. शाबाश, ४. तत्पर, ५. बेमुरव्वती, बेवफ़ाई, मनोमालिन्य, ६. चिह्न।

मुझको तो क्या किसीको भी इसमें नहीं कलाम
तलवार सबसे पहले हुई तेरी बे-नियाम[1]
तूने ही सबसे पहले लिया हुर्रियतका[2] नाम
तू जुमला[3] अहले-इज़्मकी[4] है, अवल्लीं[5] इमाम[6]
तेरे ही हर्फ़े-गर्मका सीनेमें ज़ोर है—
एहसान भूल जाये जो तेरा वह कोर[7] है

लेकिन बस एक बातसे लगता है, मुझको डर
बदली हुई है देरसे बेटा तेरी नज़र
मन्दिरकी पासबान[8] है मस्जिदसे बेख़बर
तसबीह[9] पै है, क़हर[10] जनेऊ पै है, नज़र
इस मेरे एतराज़को दिलसे क़बूल कर
गंगाकी रौ[11] पै मस्त है, कौसरको[12] भूल कर

काँग्रेस-बेटीका यह कलुषित हृदय ब्रिटेन-रानीके कारण हुआ है, उससे सावधान रहनेको कहते हुए फ़र्माते हैं—

गुर्गी[13] है, उसकी ढालका खुलता नहीं है पोल
छुरियाँ भरी हैं, दिलमें, ज़बाँ पर हैं, मीठे बोल
आज औरसे ठठोल है, कल और से ठठोल
आज उससे मेल-जोल है, कल उससे मेल-जोल
तकिया[14] कभी न कीजियो उस उजली चील पर
गंगापै बैठती है, कभी जाके नील पर

---

१. म्यानके बाहर, २. स्वतंत्रताका, ३. समस्त, तमाम, ४. इरादा करनेवालोंकी, ५. पहली, ६. नेता, ७. अन्धा, ८. रक्षक, ९. माला, १०. क्रोध, ११. प्रवाह, १२. जन्नती दरियाको, १३. बदकार, तुच्छ, चालबाज़, १४. विश्वास, भरोसा।

मीठी है, वह ज़बानकी, दिलकी कठोर है,
क़त्तामा[1] है, चुड़ैल है, शफ़क़ल[2] है, चोर है,
डुग्गदकी उसमें घात है, डायनका ज़ोर है,
उसका न ओर है कोई, बेटा न छोर है
नारद मुनीकी भी है, वह नानी समझ गई
पीछे कुछ और, मुँहपै मुमानी[3] समझ गई

ब्रिटेन रानीके बहकावेके अतिरिक्त तू पूँजी-पतियोंसे भी आँखें लड़ा रही है—

यह नफ़अख़ोर कोयले तकको चुराते हैं
हद है बिरहनगीसे[4] यह ख़िलअत[5] बनाते हैं

....

औरोंकी भूकसे हैं, यह रोटी लिये हुए
दुनियाकी प्यासमे हैं, यह पानी लिये हुए

....

होता है, इन निगोड़ोंका जल और अन ख़राब
पापी हैं, इन मुओंका है, दान और धन ख़राब
इन सबका तन ख़राब है, इन सबका मन ख़राब
इनकी नज़र ख़राब है, इनका चलन ख़राब
देख इनसे अब नज़र भी मिलाना तो क़हरसे[6]
इनका लहू सफ़ेद है, चाँदीके ज़हरसे

....

१. वेहया, असती, निर्लज्ज, २. वेहूदा, बदकार, ना लायक़, ३. मुँह की मीठी, मामी, ४. नग्नतासे, ५. वस्त्र, (वे वस्त्र जो राज्य-द्वारा इनाम आदिके एवज़में दिये जाते हैं), ६. क्रोधसे।

यह कौन-सी अदा है, ज़रा सोच मेरी जाँ
ग़ैरतके मारे मेरी सुलगती हैं हड्डियाँ
हर सुबह लखपती है कोई तेरा मेज़बाँ
हर शबे[1] किसी करोड़पतिकी है मेहमाँ
क्यों तेरे क़द्रदान हैं, यह सोचती भी है,
क्यों तुझपर महरबान हैं, यह सोचती भी है

....

तुझसे जो मिलने आते हैं, तेरी जनाबमें
टकती है एक लौंग भी तेरे हिसाबमें

....

पी-पीके सूद तेरी हुकूमतके दौरमें
माँगेंगे 'अस्ल' सूरते-क़ानूने-ज़ोरमें[2]

....

यह बनिये उँगलियों पै तुझे कल नचायेंगे
अपनी मिलोंमें तुझसे यह झाड़ू दिलायेंगे

....

पूँजी-पतियोंसे तो तेरी यह आँखमिचौनी चल रही है, मगर जो तेरी सगी बहन लीग है, उससे यह व्यवहार—

और लीगसे बता तो यह क्या आनाकानी है,
छोटोंकी ज़िद बड़ोंने हमेशासे मानी है,
इस छोकरीकी तो अभी अल्हड़ जवानी है
तू आँखों-ख़ाक[2] सिनमें बड़ी है, सयानी है,

---

१. रात्रि, २. क़ानूनके बलबूते पर, २. एक मुहावरा (यानी-मेरी आँखोंमें-खाक, भाव है कि मेरी नज़र तुझे न लग जाय) ।

कहती नहीं कि लालो-गुहर[1] [2] उसको बख़्श[3] दे
जो घर वह माँगती है, वह घर उसको बख़्श दे

तू मेल चाहती है तो यह मेरी बात मान
होता है जड़ फ़िसादकी मुश्तर्का[4] ख़ान्दान
तू चाहती है, दोनोंका हो एक ही मकान
वह सोना जाये भाड़में जिससे कि टूटे कान
होगी जुदा तो होगा मज़ेसे निबाह भी
निकलेगी तुममें इससे मुहब्बतकी राह भी

हाँ लीगको भी हक़[5] है कि वह अपना घर बनाय
बच्चोंको अपने, अपनी ज़बाँ[6] अपने फ़न[7] सिखाय
हस्बे-मुराद[8] अपनी तमन्नाओंको[9] जगाय
अपने महलके ताक़में अपने कँवल जलाय
तानोंको अपने ढबसे घटा और बढ़ा सके
उसकी पसन्दके हैं जो गाने वह गा सके

मैं ख़ूब जानती हूँ कि है क्यों यह ढील-ढाल
पहचानती हूँ ख़ूब कबीरन तेरी यह चाल
पड़ जायगा बिछुड़के सग़ीरनके घरमें काल
क्या धूपमें सफ़ेद हुए हैं ये मेरे बाल?
पत्थरकी तरह सख़्त हूँ ढेला नहीं हूँ मैं
चुन्दलाने[10] मुझको बैठी है, ख़ेला[11] नहीं हूँ मैं

---

१. लाल, २. मोती, ३. दान देना, ४. इकट्ठा, मिलाजुला, ५. अधिकार, ६. भाषा, ७. कला, हुनर, ८. इच्छानुसार, ९. इच्छाओंको, १०. चकमा देने, ११. मूर्ख, फूहड़।

अच्छी नहीं है, देख यह आपसकी दुश्मनी,
छोटी बहन है, तेरी क़यामतकी कटख़नी
कुछ रोज़ तक जो और रहेगी तना-तनी
सुनले कि रंग लायेगी कल यह कटा-छनी
दाना[1] नहीं जो ख़ुदको बलाओंमें राँध ले
इस मेरे मुँहकी बातको पल्लूमें बाँध ले
"छोटीकी हठ ग़लत है," यह बातें हैं, वाहियात
दुश्मनकी है, वह दोस्त यह है, धान्धलीकी बात
वह बात कर कि मुझको मिले क़ैदसे निजात[2]
इस मेरे बूढ़े चुण्डेकी[3] इज़्ज़त है, तेरे हात
दिल उसका दूर पार कहीं चाक[4] हो न जाय
धड़का है, यह कि लाखका घर ख़ाक हो न जाय
बनती है हिस्से-बख़रेमें क्यों इस क़दर पचेत
जो अपनी चीज़ माँगे वह ठहरे तेरा पटेत
बस तू ही एक शाह है छोटी निरी डकैत
आँखोंमें घुस रही है अरे जूतियाँ समेत
थपड़ी बजेगी थूकेगी दुनिया यह जान ले
ठुड्डीमें हात डालके कहती हूँ मान ले
ख़ुद देख अपने-उसके तरानोंमें[5] इख़्तलाफ़[6]
वहमोंमें इख़्तलाफ़ गुमानोंमें इख़्तलाफ़
क़िस्सोंमें इख़्तलाफ़, फ़सानोंमें इख़्तलाफ़
लहजोंमें इख़्तलाफ़ ज़बानोंमें इख़्तलाफ़

---

१. चतुर, २. छुटकारा, मुक्ति, ३. सरकी, ४. फटना ५. संगीतमें, ६. भिन्नता।

हो एक ही रविशपै[1] मगर चाल और है
गो मायका तो एक है, सुसराल और है
[2]वज़ओ-तरीक़,[3] [4]हर्फ़ो-हिकायत[5],शगूनो[6]-फ़ाल[7]
अन्दाज़े-नुत्क़[8], तर्ज़े-अमल[9], जादहे-ख़याल[10]
रस्मो-रिवाज, [11]दीनो-रिवायात[12], क़ीलो-क़ाल[13]
उठ-बैठ, बात-चीत, लबो-लहजा, चाल-ढाल
तुममें हर-एक चीज़ जुदा, हर चलन जुदा
दोनोंके फूल-पात जुदा हैं, चमन जुदा

लीगको सम्बोधित करते हुए उसके कर्णधारों, ज़मीदारों, खानबहादुरोंसे सावधान रहनेको भारत माता कहती है—

इनकी गलीसे होके गुज़रना भी ऐब है
उनके मुए पड़ौसमें मरना भी ऐब है
....
लाखों ही बुज़दिलीके हैं बच्चे जने हुए
बैठे हैं यह जो ख़ानबहादुर बने हुए

बड़ी बहनसे अदबसे पेश आनेकी नसीहत देते हुए—

छोटी है तू, ग़लत है,कि यूँ तनके बातकर
भलमनसीसे छोटी बहन बनके बातकर
हाँ काँगरेसको आयेगी और अक़्ल आयगी
इकरोज़ तुझको बढ़के गलेसे लगायगी

१. मार्गपै, २. ढंग, ३. तरीक़ा, ४-५. बात-चीत, शिकायत, ६. नेग, ७. ज्योतिषविद्या, ८. बोलनेका ढंग, ९. अमली जीवन, १०. विचार-विनिमय, ११. धर्म, १२. परम्पराएँ, १३. गुफ्तगू, सम्भाषण, बहस ।

मुँहमाँगी हर मुराद[1] मेरी जान पायगी
वह आज मानती नहीं कल मान जायगी

कम्युनिस्ट बेटेकी सूरत निढाल देखकर—

और तू उदास-उदास है, क्यों कम्युनिस्टलाल ?
सूरत धुआँ-धुआँ तो उलझे हुए हैं बाल
है-है यह कमसिनीका ज़माना यह ज़र्द गाल[2]
तू जूतियाँ बनाये तो हाज़िर है मेरी ख़ाल
क्यों सुर्खियोंकी धार है, बेटा मुड़ी हुई ?
कैसी हवाइयाँ हैं, यह मुँह पर उड़ी हुई ?

उसे इन्क़लाबके लिए प्रेरित करते हुए—

उठ-ख़ूने-इन्क़लाबका कसबल लिये हुए
आँधीका शोर आगकी हलचल लिये हुए

१. मनकी इच्छा, अभिलाषा, २. पीला मुख।

तरानए-आज़ादी-ए-वतन

[अगस्त १९४७ ई०] १९ में-से ८

१५ अगस्तको भारत स्वतन्त्र हुआ तो जोशने अपने मनोभाव इस तरह व्यक्त किये—

पहली आवाज़

बढ़ो कि रक़्सो-रंग[1] है, उठो कि नौ बहार[2] है
वतनके रूए-पाकपर[3] है, आबोरंगे - सरवरी[4]
क़लन्दरोंके जाममें है बादा - ए-तवङ्गरी[5]
समन्दरोंकी रागनी हिमालयाकी शाइरी
हुजूम-दर-हुजूम है कतार-दर-कतार है
बढ़ो कि रक़्सो-रंग है, उठो कि नौ बहार है

दूसरी आवाज़

यह ब्योंत और यह कतर, यह काट-छाँट, अबतरी[6]
शनावरोंकी[7] डुबकियाँ, बहादुरोंकी थर-थरी
यह कोहकनकी बन्दगी[8], यह पीरज़नकी दावरी[9]
क़लन्दरोंके रूपमें, यह रूह स्याह क़ैसरी[10]
शगुफ़्ता बर्गे-ताज़ामें, नहुफ़्ता नोंके-ख़ार[11] हैं
ख़िज़ाँ कहेंगे फिर किसे अगर यही बहार है ?

१. नाच-गान, २. नई बहार ३. देशके पवित्र मुख पर, ४. हुकूमतकी आभा, ५. भिक्षुकोंके पात्रोंमें दौलतकी शराब, ६. बुरी हालत, ७. तैराकोंकी, ८. पर्वतोंको तोड़नेकी क्षमता रखनेवाले मस्तक झुकायें, ९. पीर-फ़कीर न्यायाधीश बनें, १०. भिक्षुओंके वेषमें यह काले मुखवाली बादशाहत, ११. हँसते हुए कोंपलोंमें काँटे छिपे हैं।

यह मुफ़लिसोंकी गुमरही[1], यह मुनअमोंकी रहज़नी[2]
फ़राज़के[3] यह क़हक़हे, नशेबकी[4] यह जाँकनी[5]
यह बे दिली, यह बेरुखी, यह बरहमी, यह बदज़नी
रमीदगी-ओ-शोलगी[6], कशीदगी-ओ-दुश्मनी[7]
ग़ुबारे-हर्बो-ज़र्ब[8] है, ख़रोशे-गीरोदार[9] है
ख़िज़ाँ कहेंगे फिर किसे अगर यही बहार है ?

जुनूनो-जब्रोजंग[10] है, जहादो-जौरो-क़हर है
जिदाल[11] गाँव-गाँव हैं, क़त्ताल[12] शहर-शहर है
सियाहियोंकी मौज है, तबाहियोंकी लहर है
हवामें जूए-मर्ग[13] है, फ़ज़ामें बूए-ज़हर[14] है
कमाँमें तीरे-शहना है, कमींमें शहर-यार है[15]
ख़िज़ाँ कहेंगे फिर किसे अगर यही बहार है ?

यह लुट्टसें[16], यह रिशवतें, यह पगड़ियाँ, यह चोरियाँ
यह शर्मनाक चोरियाँ और उसपै सीनाज़ोरियाँ

---

१. भटकना, २. धनिक वर्गकी डाकेज़नी, ३. उत्थानके, ४. पतन की ५. जानपर बन गई, ६. वहशत और आगकी लपटें, ७. ईर्ष्या और शत्रुता, ८. लड़ाई-मारपीटका ग़ुबार, ९. पकड़-धकड़का ज़ोर, १०. पागलपन, ज़बर्दस्ती, लड़ाई, ११. मज़हबी लड़ाईका जहाद, अत्याचार, ज़ुल्म, लड़ाई-फ़िसाद, १२. क़ातिल, ख़ून-ख़राबी, १३. मृत्युकी लहरें, १४. वातावरणमें विषकी गन्ध, १५. बादशाह घातमें हैं, १६. लूट।

मुबक गराँ फ़रोशियाँ[1] ज़लील नफ़ाख़ोरियाँ
इधर ख़ला[2] है पेटमें, उधर भरी हैं बोरियाँ
उधर गुलो-नसीम[3] है, इधर समूमो-ख़ार[4] है

ख़िज़ाँ कहेंगे फिर किसे अगर यही बहार है ?

तीसरी आवाज़

मियाँ ! यह वक़्ते-जश्न[5] है, मुबाहिसेसे[6] फ़ायदा ?
महल्ले-रक़्सो वज्द[7] है कि रास्ता तो पा लिया
फ़ज़ासे अब्र छुट गया[8], हवाका रुख़ बदल गया
जो दिलमें है हुसैनियत तो क्या बला है करबला[9] ?
वह कल बनेगा बोस्ताँ,[10] जो आज ख़ारेज़ार[11] हैं ?

बहार फिर बहार है, बहार फिर बहार है

भटकके जो बिछुड़ गये हैं रास्तेपर आयेंगे
लपकके एक दूसरेको फिर गले लगायेंगे
बहम दिगर हरीफ़[12] थे, यह बात भूल जायेंगे

१. मँहगाई, २. खाली पेट, ३. फूल-पवन, ४. आँधियाँ काँटे, ५. उत्सवका दिन, ६. बहससे क्या लाभ, ७. नृत्यका और आपा भूल जानेका वातावरण, ८. वातावरणसे बादल हट गये, ९. हसन-हुसैन जैसी शहीद होनेकी उमंग हैं तो करबलाका मैदाने-जंग क्या बला है ! १०, उद्यान, ११. कण्टकाकीर्ण है, १२. परस्पर शत्रु ।

हँसेंगे, मुसकरायेंगे, खिलेंगे, गुनगुनायेंगे
यह आ.र्जू-ए-दहेर[1] है, यह हुक्मे-रोज़गार[2] है
बहार फिर बहार है, बहार फिर बहार है

जो ज़िन्दा हैं तो इस ज़मींको आस्माँ बनायेंगे
अजलको[3] क़स्रे-ज़िन्दगीका पासबाँ[4] बनायेंगे
खुद आँधियोंको ताक़े-शमअ़ ज़रफ़शाँ[5] बनायेंगे
बजाये शाख़, बर्क़पर[6] ख़ुद आशियाँ[7] बनायेंगे
कि दोशे-बर्क़ो-बादपर[8] बहिश्ते-लालाज़ार[9] है
बहार फिर बहार है, बहार फिर बहार है

१. ज़मानेकी इच्छा, २. दुनियाका हुक्म, ३. मृत्युको, ४. जीवनरूपी महलका रक्षक, ५. दीपमाला, ६. बिजलियोंकी शाख़ों पर, ७. घोंसला, घर, ८. क्योंकि बिजली-हवाके कन्धे पर, ९. खिली हुई उपवन रूपी जन्नत।

न पूछ

[१९४७] २४ मैं-से १७

इस ताबनाक हुक्मे-रिहाईके बावजूद
बे-नूर[1] क्यों है चहरए-ज़िन्दानियाँ[2] न पूछ ?
क्यों हर चराग़पर हैं सियाहीकी यूरिशें[3] ?
क्यों हर यक़ीन[4] पर है मुसल्लत गुमाँ[5] न पूछ
इस दाग़े-दिलपर ग़ौर कर इन आँसुओंको देख
क्योंकर मिला है गौहरे-हिन्दोस्ताँ[6] न पूछ
जो तिश्निगीए नार जहन्नुमसे हो दो-चार[7]
उससे हदीसे - कौसरोहर्फ़ें - जिनाँ न पूछ

....

हर साँस मौजे-फ़ित्ना[9] है हर सीना तब्ले-जंग[10]
क्योंकर मिली है दौलते-अम्नो-अमाँ[11] न पूछ
किसकी यह शै थी, किसका इशारा था, किसकी चाल
क्यों बह गई हैं ख़ूनकी यह नद्दियाँ न पूछ

---

१. उदास, बेचमक, २. क़ैदियोंके मुख, ३. अँधेरोंके हमले, ४. विश्वास पर, ५. शक छाया हुआ, ६. भारतका स्वराज्य रूपी मोती, ७. नरककी प्याससे परेशान, ८. जन्नत और वहाँ बहनेवाली शराबकी नदीका हाल, ९. उपद्रवोंकी लहर, १०. जंगका मैदान, ११. सुख-चैनकी दौलत ।

लाशों पै जो निशाँ हैं फ़क़त उनको देख ले
और यह कि हैं यह किसके तबरके[1] निशाँ न पूछ
क़ब्रों पै जाके देख ज़रा जुगनुओंका रक़्स[2]
घर कितने बे चराग़ हैं यह दास्ताँ न पूछ
ग़मख़्वार[3]! सीनाज़ोरी-ए-नाकूसियाँ[4] न सुन
हमराज़[5]! चहरा दस्तीए - अहले अज़ाँ[6] न पूछ
अपने लहूमें तैरके उभरा है जो ग़रीब
उससे फ़राग़े - साहिलो-जूए-रवाँ[7] न पूछ
शहरोंकी इन भरी हुई गलियोंके दरमियाँ
किस तौरसे दर्र[8] आई हैं वीरानियाँ न पूछ
कितने सनम कदोंके[9] खण्डहर हैं निगाहमें
क्यों बुझ गई है आतिशे-रूए - बुताँ[10] न पूछ
थी जिनके दम-क़दमसे तेरे मैकदेकी[11] शान
किस देसमें वह रिन्द[12] हैं पीरे-मुग़ाँ[13] न पूछ
बढ़नेका वलवला न ठहरनेका हौसला
किस मंज़िले-अजीबमें है कारवाँ[14] न पूछ
आज़ादी - ए - वतनके चराग़ोंके रोबरू[1]
किस तरह उठ रहा है, दिलोंसे धुआँ न पूछ
....

---

१. तीरके २. नाच, ३. मुसीबतके साथी, ४. शखवालोंका सीनाज़ोरी (ज़ुल्म), ५. साथी, भेद जाननेवाले, ६. अज़ान देनेवालोंके चहरे, ७. दरियाकी बाढ़का हाल, ८. घुस आई, ९. मन्दिरोंके, १०. सुन्दरियोंके चेहरेकी लौ, चमक, ११. मदिरालयकी, १२. सुरासेवी, १३. मदिरालय-स्वामी, १४. यात्रीदल ।

सीने पै जिसके दाग़ हों और सर पै ताजे-गुल[२]
उस क़ौमका तसव्वुरे-सूदो-ज़िया[३] न पूछ
ऐ 'जोश' लालापरवरो - पैग़म्बरे-बहार[४]
क्या कह गई है कानमें बादे-ख़िज़ाँ[५] न पूछ

---

१. स्वराज्यके उपलक्ष्यमें हुई दीपमालिकाके समक्ष २. फूलोंका ताज, ३. हानि-लाभका हाल, ४. फूलोंसे बसी बहार रूपी सन्देशवाहिका, ५. पतझड़की हवा।

महात्मा गान्धीकी शहादतपर

[१६४८ २३] बन्दमें-से ४ बन्द

....

दहरपर[1] तेरी शहादतने[2] यह साबित कर दिया
हदसे बढ़कर नेक होना किस क़दर है, नारवाँ[3]
हर्फ़े-हक़[4] है अहले-बातिलके[5] लिए तब्ले-दग़ा[6]
सख़्त होती है, गुनाहे-बेगुनाहीकी[7] सज़ा

अस्सलाम ऐ कुश्त-ए-ख़ैरे फ़िरावाँ[8] अस्सलाम
अस्सलाम ऐ हिन्दके शाहे शहीदाँ[9] अस्सलाम

दर्दे-एहसासे-यतीमीसे[10] हर-इक दिल है, उदास
जादहे-रोशन परेशाँ[11] रूए-मंज़िल[12] है उदास
कौन यह मक़तूले-आज़म[13] है कि क़ातिल है, उदास
सदरे-महफ़िल[14] उठ गया, महफ़िल-की-महफ़िल है उदास

---

१. संसारपर; २. बलिदानने, ३. अनुचित, ४. सत्य-कथन, ५. संसारी मनुष्योंके, ६. धोकेका ढोल, ७. निरपराध होना भी पापियोंके संसारमें बहुत बड़ा अपराध है, ८. नेकीके मार्गमें मिटनेवाला अनुपम व्यक्ति, ६ शहीदोंके बादशाह, १०. अनाथ, असहाय हो जानेकी भावनाके दुःखसे, ११. पगडंडी, १२. गन्तव्यस्थान, १३. मार दिये जानेवालोंमें महान्, १४. महफ़िलका सरदार, सभाध्यक्ष ।

अस्सलाम ऐ सीन-ए-अक़्वामके दर्दे - निहाँ[१]
अस्सलाम ऐ मरहमे-ज़ख़्मे-दिले हिन्दोस्ताँ[२]

अस्सलाम ऐ दस्तगीरो-चारहसाज़े-बेकसाँ[३]
अस्सलाम ऐ आहे-सर्दे, तीरहबख़्ताने-जहाँ[४]
अस्सलाम ऐ अश्क़े-गर्मे-सीन-चाकाँ[५] अस्सलाम
अस्सलाम ऐ हिन्दके शाहे-शहीदाँ अस्सलाम

तू ही इक दानाए कामिल[६] बज़्मे-नादानीमें[७] था
रोशनीका तू मनारह[८] बहरे-तूफ़ानीमें[९] था
तेरे दमसे ज़मज़मा गंगाकी जौलानीमें था
नग़मा तुझसे कौसरो-तसनीमके पानीमें था
अस्सलाम-ऐ-हिन्दके शाहे-शहीदाँ अस्सलाम

---

१. जनताके हृदयके छिपे हुए दर्द, २. भारतके घायल हृदयकी दवा, मरहम, ३. निर्बलों और असहायोंके बल, ४. संसारके अंधेरेके उजाले, ५. हृदयके गरम आँसू पूँछनेवाले, ६. पूर्णज्ञानी, ७. मूर्खोंकी सभामें, ८. प्रकाशस्तम्भ, ९. समुद्रमें ।

ख़बर क्या थी

[१९४९]

ख़बर क्या थी कि जब बरनाइयाँ[1] बरसेंगी गर्दूंसे[2]
न आयेंगी रुख़े-अहले-वतनपर[3] सुर्ख़ियाँ[4] फिर भी
ख़बर क्या थी कि जब मिज़राब[5] बल खायेगी तारोंपर
उठेगी हलक़-ए-रिन्दाँसे[6] आवाज़े-फ़ुग़ाँ[7] फिर भी
कली चटकेगी, गुल महकेंगे, बादल घिरके आयेंगे
किसे मालूम था आयेगा पैग़ामें-ख़िज़ाँ[8] फिर भी
ख़बर क्या थी कि जब ख़ाके-चमन पर रंग बरसेगा
लहू रोयेगी चश्मे-शाइरे-हिन्दोस्ताँ[9] फिर भी

---

१. जवानियाँ, २. आकाशसे, ३. देशवासियोंके कपोलोंपर, ४. लालिमा, ५. सितार बजानेका छल्ला, ६. मदिरा-प्रेमियोंमें-से, ७. क्रन्दन स्वर, ८. पतझड़ आनेकी सूचना, ९. भारतके शाइरकी आँख।

मातमे-आज़ादी

[जुलाई १९४७ ई०] ४४ बन्दमें-से १४

ऐ हमनशीं[1] ! फ़सानए-हिन्दोस्ताँ[2] न पूछ
रूदादे-जाम-बख़्शिए-पीरे-मुग़ाँ[3] न पूछ
बरबतसे[4] क्यों बुलन्द हुई है, फ़ुग़ाँ[5] न पूछ
क्यों बाग़पर मुहीत[6] है अब्रे-ख़िज़ाँ[7] न पूछ
क्या-क्या न गुल खिले रविशे-फ़ैज़े-आमसे[8]
काँटे पड़े ज़बानमें फूलोंके नामसे

शाख़ें हुईं दो-नीम[9] जो ठंडी हवा चली
गुम हो गई शमीम[10] जो बादेसबा[11] चली
अँगरेज़ने वह चाल ब-जौरो-जफ़ा[12] चली
बरपा[13] हुई बरातके घरमें चलाचली
ख़ूने-चमन बहारके आते ही बह गया
उतरा जो तौक़[14] और भी दम घुटके रह गया

---

१. साथी, मित्र, २. हिन्दोस्तानकी कहानी, ३. मदिरालयके स्वामी-द्वारा दिये गये मदिरा-पात्रकी वास्तविकता, ४. सितारसे, ५. आह, कराहट ६. छाई हुई, ७. पतझड़के समयकी बदली, ८. सर्वसाधारणको समानाधिकार देनेसे, ९. टुकड़े-टुकड़े, अलग-अलग, १०. सुगन्ध, ११. प्रातःकालीन पवन, १२. अत्याचारी चाल, १३. क़ायम, १४. गलेसे गुलामीका पट्टा।

दौलत मिली तो और भी नादार[1] हो गये
सेहत[2] हुई नसीब तो बीमार हो गये
उतरा जो बार[3] और गराँबार[4] हो गये
आज़ाद यूँ हुए कि गिरफ़्तार हो गये
पिघला जो आस्माँ तो ज़मी संग[5] हो गई
पौ यूँ फटी कि सुबहे-चमन दंग हो गई

फ़ितने[6] मिटे तो अम्नकी[7] दौलत नहीं रही
इनसानकी वोह क़द्र[8], वोह क़ीमत नहीं रही
हासिल हुआ उरूज[9] तो इज़्ज़त नहीं रही
पाई जो हुर्रियत[10] तो हरारत[11] नहीं रही
जब रोज़गार नर्म हुआ संग[12] हो गये
वुसअ़त[13] मिली तो और भी दिल तंग हो गये

शादी हुई तो ग़मके ख़ज़ाने लुटा दिये
कुछ यूँ दिये जलाये कि दिल ही बुझा दिये
सेहरा[14] बँधा तो शर्मके पर्दे उठा दिये
मेंहदी लगी तो ख़ूनके दरिया बहा दिये
दूल्हा बने तो हद्दे-मसर्रतसे[15] बढ़ गये
घोड़ेके लात मारके सूलीपै चढ़ गये

१. निर्धन, २. तन्दुरुस्ती, ३. बोझ, ४. अधिक बोझसे दब गये, ५. कठोर, पत्थर, ६. उत्पात, झगड़े, ७. सुख-चैनकी ८. इज़्ज़त, प्रतिष्ठा, ९. उत्थान, उन्नति, १०. स्वतन्त्रता, आज़ादी, ११. स्वराज्यका जोश, उमँगें, १२. कठोर हृदय, १३. विस्तीर्णता, १४. दूल्हाके मुँह पर मोतियों या फूलोंकी बाँधे जानेवाली नक़ाब, १५. ख़ुशीकी हदोंसे, आनन्दकी सीमासे।

दुश्मन गये तो दोस्त बने दुश्मने-वतन[1]
शबनम[2] जो पी तो खौल गये लाला-ओ-समन[3]
सनकी हवाए-सर्द[4] तो कजलागया[5] चमन
ख़िलअ़तकी[6] तह खुली तो बरामद[7] हुआ कफ़न

नग़मे[8] छिड़े तो शोर सरेबाम[9] मच गया
चटकी कली तो बाग़में कोहराम[10] मच गया

सिखने गुरूके नाम को बट्टा लगा दिया
मन्दिरको बरहमनके[11] चलनने गिरा दिया
मस्जिदको शैख़जीकी करामतने ढा दिया
मजनूँने बढ़के पर्दए-महमिल[12] गिरा दिया

एक सूए-ज़नको ग़ुलग़ुलए-आम[13] कर दिया
मरियमको[14] ख़ुद मसीहने[15] बदनाम कर दिया

१. देशके शत्रु, २. ओस, ३. रक्तवर्णके और चमेलीके फूल, ४. ठण्डी हवा, ५. मुर्झा गया; ६. पारितोषिक स्वरूप मिला हुआ परिधान, ७. निकल पड़ा, ८. संगीत, ९. ऊपरी मंज़िल, १०. हा-हाकार, ११. ब्राह्मण, १२. लैलीका वह पर्दा, जिसे मजनूँ उठा हुआ देखनेके लिए जीवनभर लालायित रहा, ताकि लैलीके मुखारविन्दकी एक झलक पा सके, सौभाग्यसे वह पर्दा उठा तो हाय रे दुर्भाग्य मजनूँ ने बग़ैर एक झलक देखे स्वयं अपने हाथोंसे पर्दा गिरा दिया, १३. शीलवती नारीको बदनाम कर दिया, १४. ईसामसीहकी माताको, १५. स्वयं मसीहने।

ग़द्दार थे जो कल वोह मुहिब्बे-वतन[1] हैं आज
बदख़्वाहे-बाग़[2] हमदमे-सर्वो-समन[3] हैं आज
कल तक थे जो समूम[4], नसीमे-चमन[5] हैं आज
ख़ुसरोके[6] जो ग़ुलाम थे वह कोहकन[7] हैं आज

लछमनका दिल है शिद्दते-ग़मसे[8] फटा हुआ
दरपर है रामचन्द्रके रावन डटा हुआ

मुफ़सिद[9] हैं फ़ौज़े-अम्नके[10] सालार[11] आजकल
डाकू हैं सीमो-ज़रके[12] निगहदार[13] आजकल
ज़ाग़ो-ज़ग़न[14] हैं मुतरिबे-गुलज़ार[15] आजकल
अफ़सर हैं बुलबुलोंके चिड़ीमार आजकल

चंगेज़ख़ाँ[16] हैं ईसिये-दौरा[17] बने हुए
काँटे हैं चोबे-ख़ेमए-बुस्ताँ[18] बने हुए

१. देश भक्त, २. उद्यानको नष्ट करने वाले, ३. फूलोंके रक्षक, ४. गर्म हवा, ५. उद्यानकी हवा, ६. ईरानका वह बादशाह, जिसने फ़रहादकी प्रेयसी शीरींको बलात् पत्नी बना लिया था, ७. फ़रहाद, ८. दुःखोंकी अधिकतासे, ९. फ़िसादी, झगड़ालू, १०. शान्तिसेनाके, ११. सेनापति, १२. चाँदी सोनेके, १३. मालिक, १४. कौवे और चील, १५. उद्यानमें गानेवाले, १६. मुग़ल बादशाहोंका वह प्रसिद्ध वंशज जिसने अपने आनन्दके लिए पंक्तिमें खड़ा करवाकर २ लाख मनुष्योंका वध करवा दिया था, १७. दयालु ईसा, १८. उद्यानरूपी तम्बूके खूँटे।

बर्तानियाके ख़ास ग़ुलामाने-ख़ाना-ज़ाद[१]
देते थे लाठियोंसे जो हुब्बे-वतनका[२] दाद[३]
जिनकी हर एक ज़र्ब[४] है अब तक सरोंकी याद
वह "आई० सी० एस०" अब भी हैं ख़ुशबख़्त-ओ-बा-मुराद[५]
शैतान एक रातमें इन्सान बन गये
जितने नमकहराम थे कप्तान बन गये

वहशत[६] रवा[७], फ़साद[८] रवा, दुश्मनी रवा
हलचल रवा, ख़रोश[९] रवा, सनसनी रवा
रिशवत रवा, फ़साद रवा, रहज़नी[१०] रवा
अलक़िस्सा हर वोह शय कि है नाकरदनी[११] रवा
इन्सानके लहूको पियो इज़्ने-आम[१२] है
अंगूरकी शराबका पीना हराम है

छाई हुई हैं ज़ेरे-फ़लक[१३] बद हवासियाँ[१४]
आँखें उदास-उदास तो मुँह हैं धुआँ-धुआँ[१५]
मनके[१६] ढले हुए हैं तो ऐंठी हुई ज़बाँ
वह ज़ोफ़[१७] है कि मुँहसे निकलती हुई फ़ुग़ाँ[१८]
एक दूसरेकी शक्लको पहचानता नहीं
मैं ख़ुद हूँ कौन यह भी कोई जानता नहीं

---

१. जन्मजात सेवक, ग़ुलामोंकी औलाद, २. देशप्रेम, ३. शाबाशी, ४. चोट, ५. भाग्यशाली, और सफल, ६. पागलपन, पशुता, ७. उचित, जाइज़, ८. बैर, द्वेष, ९. शोर मचाना; १०. लूट-खसोट ११. न करने योग्य, १२. खुली छुट्टी, १३. आसमानके नीचे, १४. घबराहटें, परेशानियाँ, १५. घुटा-घुटा, १६. मृत्युके समय गर्दन निढाल हो जाना, १७. निर्बलता, १८. आह।

फ़ुटपाथ, कारख़ाने, मिलें, खेत, भट्ठियाँ
गिरते हुए दरख़्त, सुलगते हुए मकाँ
बुझते हुए यक़ीन[1], भड़कते हुए गुमाँ[2]
इन सबसे उठ रहा है बग़ावतका[3] फिर धुआँ
शोलोंके पैकरोंसे[4] लिपटनेकी देर
आतशफ़शाँ[5] पहाड़के फटनेकी देर

वह ताज़ा इन्क़लाब हुआ आगपर सवार
वह सनसनाई आँच, वो उड़ने लगे शरार[6]
वह गुम हुए पहाड़, वो ग़लता हुआ ग़ुबार[7]
ऐ बेख़बर, वोह आग लगी आग होशियार
बढ़ता हुआ, फ़िज़ापै[8] क़दम गाड़ता हुआ
भूँचाल आ रहा है वोह फुनकारता हुआ

१. विश्वास, २. वहम, भ्रम, ३. विद्रोहका, ४. आगकी लपटोंसे, ५. ज्वालामुखी, ६. अंगारे, ७. उड़ता हुआ धूलका ग़ुबार, ८. वातावरणमें।

आर्थिक एवं सामाजिक

आर्थिक और सामाजिक व्यवस्था सन्तुलित न होनेके कारण विश्वमें असन्तोषकी लहरें बढ़ती जा रही हैं। जिनके पास कौड़ी नहीं, उन्हें कोई कौड़ीके तीन-तीन भी नहीं पूछता। पेटकी ज्वालासे तंग आकर मनुष्य न करने योग्य कर्म भी करनेपर लाचार हो जाता है। सामाजिक कुरीतियोंके कारण अनेक अनर्थ होते रहते हैं। जोश साहबने सरमाएदारी एवं ग़रीबी और सामाजिक कुरीतियोंपर काफ़ी कहा है। चन्द नमूने देखिए—

१. ऐ वाए आदमी
२. पेट बड़ा बदकार
३. रिशवत
४. बुझी हुई शमअ़
५. फ़ितरते-अक़वाम
६. भटकी हुई नेकी
७. हुस्न और मज़दूरी
८. ज़ईफ़
९. भीककी आवाज़
१०. मुफ़लिस
११. दाग़े-जिगर बेचता हूँ
१२. ग़लत बख़्शी
१३. शाइर और ख़ुदा
१४. बूढ़ा शौहर
१५. हमारी सोसाइटी
१६. ख़ुदपरस्त लीडर

ऐ वाए आदमी

[१५ में-से ५]

ख़ुशियाँ मनाने पर भी है मजबूर आदमी
आँसू बहाने पर भी है, मजबूर आदमी
और मुसकराने पर भी है मजबूर आदमी
दुनियामें आनेपर भी है मजबूर आदमी
दुनियासे जाने पर भी है मजबूर आदमी
ऐ वाए आदमी
मजबूर - दिल शिकस्त-ओ-रंजूर[1] आदमी
ऐ वाए आदमी

....

इन्सानको हविस[2] है, जिये सूरते-ख़िज़र[3]
ऐसा कोई जतन हो, कि बन जाइए अमर
ता-रोज़े-हश्र मौत न भटके इधर-उधर
पर ज़ीस्त[4] जब बदलती है, करवट कराहकर
तो सर कटाने पर भी है मजबूर आदमी
ऐ वाए आदमी
मज़बूर - दिल शिकस्त-ओ-रंजूर आदमी
ऐ वाए आदमी

---

१. टूटे दिलवाला; दुःखी, २. तृष्णा, ३. ख़िज़िरकी तरह अमर, ४. ज़िन्दगी।

हर दिलमें है, निशातो-मसर्रतकी[1] तिश्नगी[2]
देखो जिसे वह चीख़ रहा है "ख़ुशी"-"ख़ुशी"
इस कारगाहे-फ़िला[3]में लेकिन कभी-कभी
फ़र्ज़न्दे-नौजवानो[4]-उरूसे - जमीलकी[5]
मैय्यत[6] उठाने पर भी है, मजबूर आदमी
ऐ वाए आदमी
मजबूर-दिल शिकस्त-ओ-रंजूर आदमी
ऐ वाए आदमी

....

मक्खी भी बैठ जाये कभी नाकपर अगर
ग़ैरतसे हिलने लगता है, मर्दानगीका सर
इ़ज़्ज़तपर हर्फ़ आये तो देता है बढ़के सर
और गाहे[7] रोज़ ग़ैरके बिस्तरपै रात भर
जोरू सुलाने पर भी है मजबूर आदमी
ऐ वाए आदमी
मजबूर-दिल शिकस्त-ओ-रंजूर आदमी
ऐ वाए आदमी

....

१. सुख, वैभवकी, २. प्यास, इच्छा, ३. नैरंगी दुनियामें, ४. युवक बेटे और दुल्हनकी, ६. अर्थी, ७. कभी।

रफ़अत[1] पसन्द है, बहुत इन्सानका मिज़ाज
परचम[2] उड़ाके शानसे रखता है सरपै ताज
होता है ओछेपनके तसव्वुरसे[3] इख़्तिलाज[4]
लेकिन हर-इक गलीमें ब-फ़र्माने एहतियाज[5]
बन्दर नचाने पर भी है मजबूर आदमी
ऐ वाए आदमी
मजबूर-दिल शिकस्त-ओ-रंजूर आदमी
ऐ वाए आदमी

---

१. उन्नत, २. झण्डा, ३. ख़यालसे, ४. शरीरमें कपकपी, ५. ज़रूरत पड़ने पर, बाध्य होकर।

पेट बड़ा बदकार

[१३ बन्दमें-से ४]

पेट बड़ा बदकार है बाबा
पेट बड़ा बदकार
शेर बबर और न्योलेकी गर्दनमें डाले हार
अजगरके[1] और होश उड़ा दे चूहेका दरबार
पेट बड़ा बदकार
पेट बड़ा बदकार है, बाबा
पेट बड़ा बदकार

....

भैंसके आगे बीन बजायें लै-सुरके उस्ताद
बुतके आगे सीस नवायें धरतीके अवतार
पेट बड़ा बदकार
पेट बड़ा बदकार बाबा
पेट बड़ा बदकार

---

१. पेटके कारण अजगर भी चूहोंसे दबते देखे गये हैं।

फ़ूल चमनके मूली बेचें, शाख़ें, फटकें धान
शाइर और फ़िक्रे-दुनिया आशिक़ और व्योपार
पेट बड़ा बदकार
पेट बड़ा बदकार बाबा
पेट बड़ा बदकार

शेरके मुँहमें सिर दे दें और नागके बिलमें हाथ
पेट पुराना पापी है, इस पापीसे हुशियार
पेट बड़ा बदकार
पेट बड़ा बदकार बाबा
पेट बड़ा बदकार

रिशवत

[१९४६] २३ बन्द़में-सं ८

लोग हमसे रोज़ कहते हैं, यह आदत छोड़िए

यह तिजारत है, ख़िलाफ़े-आदमीयत, छोड़िए

इससे बदतर लत नहीं है कोई, यह लत छोड़िए

रोज़ अख़बारोंमें छपता है, कि रिशवत छोड़िए

भूल कर भी जो कोई लेता है रिशवत चोर है,

आज क़ौमी पागलोंमें रात-दिन यह शोर है

किसको समझायें इसे खोदें तो फिर पावेंगे क्या

हम अगर रिशवत नहीं लेंगे तो फिर खायेंगे क्या

क़ैद भी करदें तो हमको राहपर लायेंगे क्या

यह जनूने-इश्क़के अन्दाज़ छुट जायेंगे क्या।

मुल्क़ भरको क़ैद करदे किसके बसकी बात है

ख़ैरसे सब हैं, कोई, दो-चार-दसकी बात है

इस गरानीमें[1] भला क्या गुञ्चए[2]-ईमाँ खिले
जौके दाने सख़्त हैं, ताँबेके सिक्के पिलपिले
जायें कपड़ेके लिए तो दाम सुनकर दिल हिले
जब गरेबाँ[3] ताब:[4] दामन[5] आये तो कपड़ा सिले !
जान भी दे-दे तो सस्ते दाम मिल सकता नहीं
आदमीयतका कफ़न है, दोस्तो कपड़ा नहीं

सिर्फ़ इक पतलून सिलवाना क़यामत हो गया
वह सिलाई ली मियाँ दर्ज़ी ने नंगा कर दिया
आपको मालूम भी है, चल रही है, क्या हवा
सिर्फ़ इक टाईकी क़ीमत घोंट देती है गला
हलकी टोपी सरपै रखते हैं, तो चकराता है सर
और जूतेकी तरफ़ बढ़िए तो झुक जाता है, सर

थी बुज़ुर्गोंकी जो बनियाइन वह बनिया ले गया
घरमें जो गाढी कमाई थी वह गाढा ले गया
जिस्मकी एक-एक बोटी गोश्तवाला ले गया
तनमें बाक़ी थी जो चर्बी घीका पीपा ले गया
आई तब रिशवतकी चिड़िया पंख अपने खोलकर
वरना मर जाते मियाँ कुत्तेकी बोली बोलकर

....

१. मँहगाई, २. ईमानकी कलियाँ। ३–४–५. गलेका कपड़ा दामनतक फट जाये।

पेटमें लेती है, लेकिन भूक जब अँगड़ाइयाँ
और तो और, अपने बच्चोंको चबा जाती है माँ

....

आप हैं, फ़ज़्ले-ख़ुदा-ए-पाकसे[1] कुर्सी नशीं
इन्तज़ामे-सल्तनत[2] है, आपके .ज़ेरे-नगीं[3]
आस्माँ है, आपका ख़ादिम[4] तो लौण्डी[5] है ज़मीं
आप ख़ुद रिशवतके ज़िम्मेदार हैं, फ़िदवी[6] नहीं
बख़्शते हैं, आप दरिया, किश्तियाँ खेते हैं, हम
आप देते हैं, मवाक़ेअ़[7] रिशवतें लेते हैं हम

ठीक तो करते नहीं बुनियादे-नाहमवारको[8]
दे रहे हैं गालियाँ, गिरती हुई दीवारको
सच बताऊँ ज़ेब[9] यह देता नहीं सरकारको
पालिए बीमारियोंको, मारिए बीमारको
इल्लते-रिशवतको[10] इस दुनियासे रुख़सत कीजिए
वर्ना रिशवतकी धड़ल्लेसे इजाज़त दीजिए

---

१. ईश्वर-कृपासे, २. राज्य-प्रबन्ध, ३. देख-रेखमें, ४. सेवक, ५. दासी, ६. नम्रसेवक, ७. अवसर, ८. अस्त-व्यस्त नींवको, ९. शोभा, १०. रिशवतकी बुराई को ।

बद[1] बहुत बेशक्ल हैं, लेकिन बदी[2] है, नाज़नीं[3]

जड़को बोसे[4] दे रहे हैं, पेड़से चींवर-जबीं[5]

आप गो पानी उलचते हैं, ब-तर्ज़े-दिलनशीं[6]

नावका सूराख़ लेकिन बन्द फ़र्माते नहीं

कोढ़ियोंपर आस्तीं कबसे चढाये हैं, हुज़ूर!

कोढको लेकिन कलेजे से लगाये हैं, हुज़ूर!

१. बुरा, २. बुराई, ३. कोमलांगी, ४. चुम्बन, ५. क्रुद्ध, ६. चित्ताकर्षक ढंगसे।

बुझी हुई शमअ़

मुफ़लिस हुए तो दहरमें[1] इज़्ज़त नहीं रही
आँखोंमें दोस्तों के मुरव्वत[2] नहीं रही
महबूबकी[3] नज़रमें भी उल्फ़त नहीं रही
हद यह है, माँ की आँखमें शफ़क़त[4] नहीं रही
दरिया-ए-बेकनारे जवानी उतर गया
मोतीकी क़द्र क्या हो जो पानी उतर गया

....

बिगड़ी जो बात ख़ल्क़के[5] तेवर बिगड़ गये
मिलते थे झुकके जो वह यकायक अकड़ गये
मैदाँसे पाँव अहले-वफ़ाके[6] उखड़ गये
दममें-शबाना रोज़के[7] साथी बिछुड़ गये
दोशेसबापै[8] रातके अफ़साने[9] उड़ गये
गुल हो गई जो शमअ़ तो परवाने उड़ गये

---

१. संसारमें, २. लिहाज़, ३. प्रेयसीकी, ४. ममता, ५. जनताके, ६. नेकी करनेवालोंके, ७. रात-दिनके साथी, ८. हवाके कन्धोंपर ९. क़िस्से ।

फ़ितरते-अक़वाम

ज़ुल्मे-ला-इन्तहासे[2] तंग आकर
आदमी चाहता है, आज़ादी
होके आज़ाद फूँक देता है,
दूसरे भाइयोंकी आबादी
पहले बनता है, दुश्मने-जल्लाद
ख़ुद ही फिर सीखता है, जल्लादी
ख़ुदको आबाद करके यह हैवान
डाल देता है, तरहे-बरबादी[3]
पाके अपने हक़ूक़ औरोंके
छीनता है, हक़ूक़े-बुनियादी
पहिले तो ज़ुल्मतोंसे डरता है,
और फिर ख़ुद ही ज़ुल्म करता है

१. मनुष्योंका स्वभाव, २. बेशुमार ज़ुल्मोंसे, ३. विनाशकी नींव ।

भटकी हुई नेकी

हर शैको[1] मुसलसल[2] जुम्बिश[3] है राहतका[4] जहाँमें नाम नहीं
इस आलमे[5]-सई[6]-ओ काविशमें[7] इन्साँके लिए आराम नहीं
छाई है फ़ज़ापर तिश्नालबी[8], मफ़क़ूद[9] यहाँ सैराबी[10] है
हर जिस्ममें इक बेचैनी है, हर रूहमें एक बेताबी है,

है जान[11] है, चश्मे-पश्तीमें[12] रफ़अतका[13] नविश्ता[14] पढ़नेका
इक धुन है, तरक़्क़ी करनेकी इक जोश है, आगे बढ़नेका
हर मोमको धुन है, शमअ बने, मुज़्तर[15] है, पिघल जानेके लिए
हर संगका[16] सीना जलता है, पारसमें बदल जानेके लिए

हर क़तर-ए-दरिया[17] ग़ल्ताँ[18] है मोती पै तसल्लुत[19] पानेको
हर ज़र्र-ए-ख़ाकी[20] उड़ता है, ख़ुरशीदसे[21] टक्कर खानेको
हर दिलमें ग़रज़ इक काहश[22] है, उम्मीदका साग़र[23] भरनेको
हर शैकी तड़पती फ़ितरतमें[24] ख़्वाहिश है तरक़्क़ी करनेकी

१. वस्तुको, २. स्थायी, ३. हलन-चलन, ४. चैनका, ५ ६. ७. संसारकी आपाधापीमें (नये-नये रंजो-ग़म, शत्रुता, रंजिश आदि खोजमें रहनेसे संसारमें मनुष्यको आराम नहीं), ८. पिपासा, प्यास, ९. नष्ट, ग़ायब, गुम, १०. प्यास बुझना, प्यासकी तृप्ति, ११. जोश, तेज़ी, सनसनी, १२. पतनोन्मुख नेत्रोंमें, १३. उड़ान, ऊँचा उठनेका, १४. लिखा हुआ (गिरे हुए व्यक्ति भी ऊँचे उठनेकी उमंग रखते हैं), १५. बेचैन, उत्सुक, १६. पत्थरका, १७. दरियाकी प्रत्येक बूँद, १८. लुढ़कता हुआ, बहता हुआ, १९. ग़ालिब आनेको, श्रेष्ठता प्राप्त करनेको, २०. धूलका कण, २१. सूर्य से, २२. इच्छा, २३. प्याला, २४. स्वभावमें।

रहबर[1] हो कि रहज़न[2] दोनोंमें, तसकीनकी[3] ख़्वाहिश यकसाँ है,
हर चन्द वह सीधी राह पै है, यह राह भटक कर हैराँ है,
आरफ़ने[4] यह समझा आसाइश[5] अश्कोंको गिराकर मिलती है,
क़ातिलने यह समझा इन्साँका वह ख़ून बहाकर मिलती है,
सूफ़ीने[6] यह समझा वह दिलके पैमानेमें मिल जायेगी
मैक़शके[7] समझमें यह आया मैख़ानेमें मिल जायेगी

....

जितने भी ज़मीपर मुजरिम[8] हैं, ख़्वाहिश ही के ज़ेर फ़रमाँ[9] हैं,
हर जुर्म सियहके महज़रपर[10] ख़्वाहिश ही की मुहरें ताबाँ हैं,
अल मुख़्तसिर[11] इन तशरीहोंसे[12] हम पर यह हक़ीक़त खुलती है,
कहते हैं, जिसे दुनियामें बदी भटकी हुई वह इक नेकी है,

१. मार्ग-दर्शक, २. मार्गका लुटेरा, ३. सुख-चैनकी, ४. ज्ञानीने, ईश्वर-भक्तने, ५. सुख-सुविधा, ६. अध्यात्म वादीने, ७. मद्यपकी, ८. अपराधी, ९. अभिलाषाओंकी पूर्तिमें लीन, १०. हर पापकी तालिका पर, ११. संक्षितमें, १२. खुलासा, भाष्योंसे।

हुस्न और मज़दूरी

एक दोशीज़ा[1] सड़कपर धूपमें है, बेक़रार
चूड़ियाँ बजती हैं, कंकर कूटनेमें बार-बार
चूड़ियोंके साज़में[2] यह सोज़[3] है कैसा भरा
आँखमें आँसू बनी जाती है, जिसकी हर सदा[4]
गर्द है, रुखसारपर[5], ज़ुल्फ़ें अटी हैं, खाकमें
नाज़ुकी[6] बल खा रही है, दीदा-ए-ग़मनाकमें[7]
हो रहा है, जज़्ब[8] महरे-ख़ूँचुकाँके[9] रू-बरू[10]
कंकरोंकी नब्ज़में उठती जवानीका लहू
धूपमें लहरा रही, है काकुले-अम्बर सरिश्त[11]
हो रहा है, कमसिनीका[12] लोच जुज़-ओ-संगो-ख़िश्त[13]

....

चीथड़ोंमें दीदनी[14] है रू-ए-ग़मगीने-शबाब[15]
अब्रके[16] आवारा टुकड़ोंमें-हो जैसे माहताब[17]
उफ़ ! यह नादारी[18] मेरे सीनेसे उठता है, धुआँ
आह ! ए, इफ़लासके[19] मारे हुए हिन्दोस्ताँ !

१. कुंवारी लड़की, २. संगीतमें, ३. दर्द, ४. आवाज़, ५. कपोलोंपर, ६. कोमलता, ७. व्यथित नेत्रोंमें, ८. सूखा जा रहा है, ९. प्रचण्ड सूर्यके, १०. सामने, ११. कस्तूरी जैसी सुगन्धित बालोंकी लटें, १२. किशोरावस्थाका, १३. पत्थरों और ईंटोंका अंश, १४. देखने योग्य १५. शोकसन्तप्त, सौन्दर्य, १६. बादलोंके, १७. चन्द्रमा, १८. निर्धनता, १९. दरिद्रताके।

हुस्न हो मजबूर कंकर तोड़नेके वास्ते !
दस्ते-ना.ज़ुक[1] और पत्थर तोड़नेके वास्ते !
फ़िक्रसे झुक जाए वह गर्दन तुफ़ ऐ लैलो-निहार[2] !
जिसमें होना चाहिए फूलोंका इक हलका-स हार
आस्माँ, जाने-तरबको[3] वक़्फ़े-रंजूरी[4] करे !
सनफ़े-ना.ज़ुक[5] भूकसे तंग आके मज़दूरी करे !
उस जबींपर[6] और पसीना हो झलकनेके लिए ?
जो जबीने-नाज़ हो अफ़शाँ[7] छिड़कनेके लिए
भीकमें वह हाथ उट्ठे इल्तजाके[8] वास्ते
जिनको क़ुदरतने बनाया हो हिनाके[9] वास्ते
ना.ज़ुकीसे जो उठा सकती न हों काजलका बार[10]
उन सुबक[11] पलकोंपै बैठे राहका बोझल .ग़ुबार
क्यों पलक मजबूर हो, आँसू बहानेके लिए
अँखडियाँ हों जो दिलोंमें डूब जानेके लिए
मुफ़लिसी छाँटे उसे क़हरो-ग़ज़बके वास्ते
जिसका मुखड़ा हो शबिस्ताने-तरबके[12] वास्ते
फ़र्ते-ख़ुश्कीसे[13] वह लब तरसें तकल्लुमके[14] लिए
जिनको क़ुदरतने तराशा हो, तबस्सुमके[15] लिए

१. कोमल हाथ, २. बहार, ३. हृदय-रानीको, ४. दुःख भोगनेको नियत, ५. स्त्रीत्व, कोमल कला, ६. मस्तक पर, ७. बूँदें, ८. माँगनेके, ९. मेहदीके, १०. बोझ, ११. कोमल, सुकुमार, १२. रनिवासके योग्य, १३. खुश्कीके कारण, १४. बातचीत करनेके, १५. मुसकरानेके।

नाज़नीनोंका यह आलम, मादरे-हिन्द आह, आह !
किसके जौरे-नारवाने[1] कर दिया तुझको तबाह ?

हुन बरसता था कभी दिन-रात तेरी ख़ाक पर
सच बता ऐ हिन्द ! तुझको खा गई किसकी नज़र ?
बाग़ क्यों तेरा जहन्नुमका नमूना हो गया
आह ! क्यों तेरा भरा दरबार सूना हो गया
सर बरहना[2] क्यों है, वह फूलोंकी चादर क्या हुई ?
ऐ शबे-तारीक़[3] ! तेरी बज़्मे-अख़्तर[4] क्या हुई
जिसके आगे था क़मरका[5] रंग फीका क्या हुआ ?
ऐ अरूसे-नौ[6] ! तेरे माथेका टीका क्या हुआ ?

ऐ ख़ुदा ! हिन्दोस्ताँ पर यह नहूसत[7] ता-कुजा[8] ?
आख़िर इस जन्नतपै दोज़ख़की हकूमत ता-कुजा ?

१. असहनीय अत्याचारने, २. नग्न, ३. अँधेरी रात, ४. तारोंकी सभा, ५. चाँदका, ६. नई-नवेली, दुल्हन, ७. मनहूसियत, ८. कबतक ।

ज़ईफ़ा

एक वृद्धको असहाय स्थितिमें देखकर भारतकी पराधीनताको इसका अभिशाप समझकर कहते हैं—

हिन्दमें इन्सानियतका दर्द ही बाक़ी नहीं
दर्द हो किस तरह कोई मर्द ही बाक़ी नहीं
मर्द ही होते तो करते बेकसोंका[1] एहतराम[2]
मर्द ही होते तो रह सकते थे यूँ बनकर ग़ुलाम ?
ख़िदमते-अग़ियारसे फ़ुर्सत कोई पाता नहीं
सच है, अपनोंपर ग़ुलामोंको तरस आता नहीं

....

अपनी तावे-ज़रसे[3] ऐ सरमायादारो होशियार
अपने ताजोंकी चमकसे ताजदारो होशियार
नीलमो-याक़ूतसे शोले भड़क उठने को हैं,
सुर्ख़ दीनारोंमें[4] अंगारे दहक उठनेको हैं,
फ़र्शे-गुलवालो! ज़मीपर लोग महवे-ख़्वाब[5] हैं
खिरमनोंके[6] पासबानो[7]! बिजलियाँ बेताब हैं,

---

१. निःस्सहायोंका, २. आदर (पूछ-ताछ) ३. धनकी चकाचौंधसे, ४. अशर्फ़ियोंमें, ५. स्वप्नमग्न, ६. खलियानोंके, ७. रक्षकों।

भीककी आवाज़

तसव्वुर[1] कीजिए उस मुल्ककी बेदस्तो-पाईका[2]
जहाँ बनता है, शामे-बेनवाई[3] नूरका[4] तड़का
जहाँ बेदार[5] होते ही फ़ुग़ाँ[6] मिलती है नालोंमें
गदाओंकी[7] सदाएँ[8] गूँजने लगती हैं कानोंमें

१. खयाल कीजिए, २. असहाय एवं निर्धन स्थितिका, ३. बेकसी, निर्धनता, ४. सूर्य्य निकलते ही, (भीक माँगनेकी आवाज़ें सुनी जाती हैं), ५. नींद खुलने पर, ६. आह, चीत्कार, ७. मंगतोंकी, ८. आवाजें।

मुफ़लिस

ज़ोफ़से[1] आँखोंके नीचे तितलियाँ फिरती हुई
ओजे-ख़ुद्दारीसे[2] दिलपर बिजलियाँ गिरती हुई
लाश काँधे पर ख़ुद अपने जज़्बए-तकरीमकी[3]
मुल्तजी चेहरेपै लहरें-सी उमीदो-बीमकी[4]
इज़्ज़ते-अजदादके[5] सरपर दनादन ठोकरें
रिश्तए - आवाज़पर लफ़्ज़ोंकी पैहम ठोकरें
चेहर-ए-अफ़सुर्दापर[6] ठंडा पसीना शर्मका
सुस्त नब्ज़ें, भीकका लहजेके अन्दर ठीकरा
क़र्ज़की दरख़्वास्तगी, उलझी हुई तक़रीरमें[7]
कपकपी आसाबकी,[8] बेचैन दिलकी लरज़िशें[9]
इक तरफ़ हाजतकी शिद्दत[10] इक तरफ़ ग़ैरतका जोश
नुत्क़पर हर्फ़े-तमन्ना[11], दिलमें ग़ुस्सेका ख़रोश[12]

१. कमज़ोरीसे' २. स्वाभिमानकी चमकसे, अधिकतासे, ३. अपने आदर-सत्कारकी भावनाकी अर्थी, ४ आशा-निराशाकी, ५. पूर्वजोंकी प्रतिष्ठा पर, ६. कुम्हलाये मुँह पर, ७. वाणीमें, ८. शरीरमें कपकपी, ९ धड़कनें, १०. आवश्यकताओंकी परेशानी, ११. ज़बान पर अभिलाषाके शब्द, १२. शोर ।

जुम्बिशे-मिज़गाँके ज़ेरे-साया नादारीकी रात[1]
जौहरे-इन्सानियत जोड़े हुए आँखोंमें हात
साँस दहशतसे ज़मींकी आस्माँ रोके हुए
मुफ़लिसी मर्दाना लहजेकी अना रोके[2] हुए
लबपै ख़ुश्की, रुख़पै ज़र्दी आँख शरमाई हुई
चश्मो-अबरूमें ख़ुदीकी आग कजलाई[3] हुई
नफ़समें शेराना तेवर, आर्ज़ूरूबा मिज़ाज
एहतियाजो-एहतियाजो - एहतियाजो - एहतियाज

---

१. पलकोंके हिलनेमें दरिद्रताकी छाया, २. वार, हथियार, ३. लाजकी आँखोंमें स्वाभिमानकी आग बुझती हुई।

दाग़े-जिगर बेंचता हूँ

[२० में-से ११]

कलाकार आर्थिक स्थितिसे परेशान होने पर अपनी कला कौड़ियोंके मोल बेचने पर मजबूर हो जाता है—

जहाँ संगरेज़ोंपै[1] गिरते हैं, गाहक
वहाँ जिन्से-लालो-गुहर[2] बेचता हूँ
जहाँ क़द्रदाँ जमा हैं, तल्ख़ियोंके[3]
वहाँ क़न्दो[4]-शहदो-शकर[5] बेचता हूँ,

....

परिस्तारियाँ[6] हैं जहाँ ज़ुल्मतोंकी[7]
वहाँ नूरेशम्सो-क़मर[8] बेचता हूँ
जहाँ दर्दे-दिलका मुख़ालिफ़[9] है आलम[10]
वहाँ दर्दे-दिलका असर बेचता हूँ

....

जहाँ पस्तिए[11]-बामो दर है, गवारा
वहाँ रफ़अते[12]-बामो दर[13] बेचता हूँ
जहाँ हर कबूतर है, क़ानअ़[14] क़फ़समें
वहाँ दौलते-बालो-पर बेचता हूँ

---

१. पत्थरोंके कणोंपर, २. लाल-मोती जैसे जवाहरात, ३. कड़वाहटके, ४. दानेदार बूरा, ५. चीनी, ६. पूछ-गच्छ, संरक्षण, ७. अँधेरोंकी, ८. चन्द्र-सूर्यका प्रकाश, ९. विरोधी, १०. संसार, ११. पतन, १२. उड़ान, पहुँच, १३. कमरा, दालान, द्वार, १४. सन्तुष्ट ।

जहाँ दस्तो[1]-पा शल[2] हैं, पस्पाइयोंसे[3]
वहाँ तेग़े-फ़तहो - ज़फ़र[4] बेचता हूँ
छुपाकर रदीफ़ो-क़वाफ़ीके[5] अन्दर
मैं दिल बेचता हूँ जिगर बेचता हूँ
गदा[6] हूँ, मगर वह गदा-ए-ग़नी[7] दिल
कि ताजो[8]-कुलाहे[9]-क़मर बेचता हूँ,
सदा[10] दो कि बाज़ारे-नोए-बशरमें[11]
तमन्ना-ए-रूहे-बशर[12] बेचता हूँ

....

कोई मुश्तरी[13] हो तो आवाज़ दे दे
मैं कम्बख़्त जिन्से-हुनर[14] बेचता हूँ,

१. हाथ-पैर, २. थके हुए, लुंज, लँगड़े, ३. हारनेसे, शिकस्तखानेसे, ४. विजय-तलवार, ५. काफ़िया और रदीफ़ शाइरीके अंग, ६. फ़क़ीर, ७. दानीका उदार हृदय, ८. राज्य-मुकुट, ९. पंजाबी पगड़ीमें लगानेवाला कुल्ला, १०. आवाज़ दो, ११. नव मानवता-हाटमें, १२. मानवकी आत्माकी अभिलाषा, १३. ग्राहक, १४. कला।

ग़लत बख़्शी[1]

[४२ में-से ६]

इलाही यही है, अगर रोज़गार
कि सीने रहें अहले-दिलके फ़िगार[2]
दिनाइतको[3] हासिल हों, सरदारियाँ
शराफ़त[4] करे कफ़्स बरदारियाँ[5]
दबे अहले-बातिलसे[6] हक़की सिपाह[7]
मुसाहिब हों अन्धोंके अहले-निगाह[8]

....

ज़मींकी ख़ुशामद करे आसमाँ
मुक़ल्लद[9] हों गूँगोंके अहले-ज़बाँ[10]
सरे-राहे इफ़लास बासद क़लक़[11]
अदीब अपने माथोंका बेचें अरक़[12]

....

पए-शब रवी जब ख़रामाँ हों-ज़ाग[13]
नवा संज बुलबुल दिखाये चराग़[14]

---

१. भूल भरी देन, २. चाक, छिन्न-भिन्न, ३. कमीनेपनको, नीचताको, ४. भद्रता, भलमनसाहत, ५. हाथ पसारे, भीक माँगे, ६. आधिभौतिक वादियोंसे, ७. आध्यात्मिकताकी सेना, ८. दृष्टिवाले, ९. अनुयायी (अनुकरण करनेको बाध्य), १०. भाषा पर अधिकार रखनेवाले, ११. निर्धनताके कारण खेद पूर्वक मार्गों में, १२. विद्वान् अपने मस्तिष्ककी निधि बेचते फिरें, १३. रातको जब कव्वा चले तो, १४. बुलबुलको चिराग़ दिखाना पड़े।

हरीमे-मुहब्बतके अरबाबे-राज़[1]
उठायें ज़लील अहले दौलतके राज़[2]
कहे बन्दगाने-हविसको[3] 'हुज़ूर'
ख़ुदायाने-इल्मो-अदबका ग़रूर[4]

....

रहें फ़स्ले - बाराँमें[5] भी तिश्नाकाम[6]
ख़राबातके औलिया - ए - कराम[7]

....

१. प्रेमी, प्रेम तत्त्वोंके ज्ञाता, २. कमीनों और नीचोंके नखरे बरदाश्त करने पर मजबूर हों, ३. भोग-विलासके ग़ुलामोंको हुज़ूर कहना पड़े, ४. ज्ञानियों और साहित्यिकोंके श्रद्धा-भाजनोंका स्वाभिमान, ५. बरसातोंमें भी, ६. प्यासे रहें,७. और वह भी मदिरालयके औलिया-स्वामी।

शाइर औ ख़ुदा

[४० में-से २६]

ऐ अमीरे-हरदो-आलम[1], ऐ दबीरे-काइनात[2]
तेरे शाइरपर है कबसे तंग मैदाँने-हयात[3]
सिर्फ़ उसरत[4] ही नहीं मुझपर छुरी फेरे हुए
रहती हैं, बीमारियाँ भी घर मेरा घेरे हुए
किस तरह हासिल हो मेरी जानको सब्रो-क़रार
मैं कि हूँ सोलह बरससे मुस्तक़िल[5] तीमारदार[6]
है शरीके-ज़िन्दगी[7] मुझ नातवाँकी[8] वोह ग़रीब
इक नफ़सकी[9] तन्दुरुस्ती भी नहीं जिसको नसीब
इख़्तलाजे-क़ल्बका[10] और फिर रहे दाइम[11]-शिकार
वह रफ़ीक़े-ज़िन्दगी[12] जिसपर हो जीनेका मदार[13]
जंग[14] भी जिसकी है पैके-आश्ती[15] मेरे लिए
हर नफ़स[16] जिसका है, लहने-ज़िन्दगी[17] मेरे लिए
हर क़दमपर ज़िन्दगीका दर्स[18] देती है मुझे
जो हर-इक ठोकरपै बढ़कर रोक लेती है मुझे

---

१. दोनों जहानके मालिक, २. संसारके भाग्य-विधाता, ३. जीवन-क्षेत्र संकीर्ण है, ४. निर्धनता, आजीविकाकी चिन्ता, ५. स्थायी, निरन्तर, ६. रोगीकी परिचर्या करनेवाला, ७. सहधार्मिणी, पत्नी, ८. निर्बलकी, ९. पल भरकी, १०. हृदय धड़कनेकी बीमारी, ११. निरन्तर, सदैव, १२. जीवन-संगिनी, १३. जीवन-निर्भर, १४. लड़ाई, १५. सन्धिकी सन्देश-वाहक, शान्ति-दूत, १६. स्वास, समय, १७. जीवन-संगीत, प्रेरणात्मक, सुखकर, १८. पांठ, नसीहत ।

नारवा[1] आलामसे और उसकी हालत हो तबाह
जिसका हर नक़्शे-क़दम[2] है, मेरे दिलकी सजदागाह[3]
हर मरज़ मौजूद है, लेकिन दवा कुछ भी नहीं
दस्ते-ख़ालीमें लकीरोंके सिवा कुछ भी नहीं
चर्ख़पर[4] आती हैं, जब काली घटाएँ नाज़से[5]
क्या कहूँ किस तरह बलखाते हैं, दिलमें वलवले
जब कभी देता है, मौसम दावते-सैरो-सफ़र
बेबसीसे रूह रह जाती है मेरी काँपकर
बेकसीमें किस तरह देखे यह अबदे-ख़ाकसार[6]
तेरे सहरा[7] तेरे कोहो-दश्त[8] तेरे आबशार[9]

सीमो-ज़रसे[10] बेज़रोंकी[11] जेब भर सकता नहीं
बेकसोंकी[12] भी तू कुछ इम्दाद कर सकता नहीं

ख़ुदाका जवाब—

"क्यों यह शिकवे, यह गिले ऐ शाइरे-रंगींनवाँ[13] !
इस क़दर कुफ़्राने-नेमत[14] आफ़रीनो-मरहबा[15]

---

१. अकथनीय दुःखोंसे, २. प्रत्येक पग, हर क़दम, ३. उपासना-गृह ४. आकाशपर, ५. अठखेलियाँ करती हुईं, ६. सदैवका विनीत, ७. वन-उपवन, ८. पर्वत-जंगल, ९. झरने, १०. चाँदी-सोनेसे, ११. निर्धनोंकी, १२. असहायोंकी, १३. रंगीन वाणी वाले, १४. हमारी दी हुई अनमोल चीज़पर यह कुफ़्र ? १५. शाबास है, (तेरी इस ढिटाई पर)।

वारिसे-कोनैन[1] होकर, यह शिकायत यह कलाम
कर चुका होता न तुझपर काश मैं दोज़ख़ हराम[2]
ख़न्द:-ए-रूहे दोआलम[3] जलवए-लैलो-निहार[4]
क्या तेरी चश्मे-तसव्वुरमें[5] नहीं है, आशकार[6]
आबशारो[7]-कोह[8]-दश्तो[9]-गुलशनो[10]-अरज़ो[11]-समा[12]
ख़ुद तेरे दरबारमें हाज़िर नहीं होते हैं, क्या
 क्या तेरे आग़ोशमें[13] लैलाये-बेदारी[14] नहीं !
 क्या तेरा हर शेर इस कोनेनपर[15] भारी नहीं !

सीमोज़रमें[16] दफ़्न[17] हो जायेंगे अरबाबे-दवल[18]
तेरे दामन तक न आयेगा कभी दस्ते-अजल[19]
क्या ख़बर भी है, तुझे ऐ शाइरे-शीरीं-मक़ाल[20]
दूसरोंको सीमो-ज़र बख़्शा है, और तुझको ख़याल[21]
वह ख़याले-साइक़ा[22] बरदोशो-तूफ़ाँ दर बग़ल[23]
जिससे दबते हैं, अनासर[24], जिससे डरती है अजल[25]
जो बदल सकता है, पलभरमें निज़ामे-हस्तो-बूद[26]
बख़्शता है, जो अदमके[27] जिस्मको रूहे-वजूद[28]

१. संसारका अभिभावक, २. नरक भेजनेका निषेध न कर चुका होता तो, ३. दोनों जहाँन की आत्माएँ मुसकराती हुई, ४. दुनियाके जलवे, ५. चिन्तनमें, ६. देखने योग्य, प्रकट, जलवा दिखाती हुई, ७. झरना, ८. पर्वत, ९. मार्ग, १०. उपवन, ११. ज़मीन, १२. आकाश, १३. पहलूमें, १४. जागरणरूपी लैली, १५. संसार पर, १६. धन-दौलतमें, १७. पृथ्वीमें दब जायेंगे, १८. धनी, १९. मृत्युका हाथ, २०. मधुरवाणी के कवि, २१. कल्पना, कविशक्ति, २२. बिजली जैसी कल्पना, २३. आकाशमें तूफ़ानोंको बग़लमें दाबे हुए, २४. पौद्गलिक तत्त्व, २५. मौत, २६. जीवन-व्यवस्था, २७. मानवके शरीरको, २८. अस्तित्व ।

आलमे-महसूसमें[1] पैग़म्बरी[2] करता है, जो
और इससे भी बढ़े तो दावरी[3] करता है, जो
हिन्दियोंका साज़े-दिल ख़ामोश है, जिसके बग़ैर
एशियाका सर, वबाले-दोश[4] है, जिसके बग़ैर
होके महरम ज़िन्दगीके ख़्वाबकी ताबीरका[5]
शिकवा मुझसे कर रहा है, गर्दिशे - तक़दीरका[6]!

....

शिकवा करता है तो अच्छा ले यह दुनिया है, यह दीं[7]
मुझको वापिस करदे अपनी फ़िक्रका ताजो[8]-नगीं[9]"

....

शाइर कहता है—

"क्या यही तेरी तिजारत[10] है, ख़ुदा-ए-बेनियाज़[11]
दे रहा है, सीमोज़र[12] और ले रहा है, सोज़ो-साज़[13]
मुफ़्त भी तू सीमोज़र बख़्शे तो ले सकता नहीं
अपना जौहर मैं किसी क़ीमतमें दे सकता नहीं

....

चन्द ज़र्रोंके लिए कौनो-मकाँ दे दूँगा मैं?
तेरे काँटे लेके अपना बोस्ताँ दे दूँगा मैं[14]?

१. चेतन जगत्में, २. पैग़ाम्बर बनता है, ३. ईश्वरीय कार्य, ४. कन्धोंका बोझ, ५. जीवनके स्वप्नोंका ज्ञाता, ६. अभाग्यका, ७. यह संसार और मज़हब ले, ८-९. शाइरीका मुकुट और हीरा, १०. व्यापार, दुकानदारी ११. इच्छारहित ईश्वर, १२. धन-दौलत, १३. दग्ध हृदयका वाद्य, १४. शाइर कहता है कि मुझे ऐ ख़ुदा तू इतना भोला समझता है, कि मैं सांसारिक ऐश्वर्यके बदले अपना शाइराना कमाल दे दूँगा। क्या ख़ूब है, तेरी दूकानदारीका कौशल।

बूढ़ा शौहर

[६ बन्द में-से ४]

हर साँस है, इस हलक़-ए-सोज़ाँमें[१] जलापा[२]
इक क़हर है, इक क़हर है, इक क़हर सरापा[३]
तोला कभी बिजलीने, कभी आगने नापा
यह चीज़ है, वल्लाह सुहागिनका रड़ाँपा
कमसिनके लिए मौत है, शौहरका बुढ़ापा

भूलेसे भी जिस वक़्त ज़रा आँख उठाई
मुँह पोपला, बिगड़ी हुई सूरत नज़र आई
दी ताज़ातमन्नाओंने[४] घबराके दुहाई
होने लगी तक़दीरो-जवानीमें लड़ाई
कमसिनके लिए मौत है, शौहरका बुढ़ापा

चुभता हुआ इक तीर है, बालोंकी सफ़ेदी
चेहरेपै है कमज़ोर बसारतकी[५] उदासी
बू आती है, हर साँससे काफ़ूरो-कफ़नकी
और ऐसेके आग़ोशमें[६] भरपूर जवानी
कमसिनके लिए मौत है, शौहरका बुढ़ापा

---

१. दग्धकंठमें, २. जली हुई, ३. मूर्तिमान अत्याचार, ४. अरमानों, अभिलाषाओंने, ५. देखनेकी शक्ति, ६. पहलूमें ।

....

इक रात भी कम्बख़त सुहानी नहीं आती
नींद आये, कोई ऐसी कहानी नहीं आती
वहशतमें[1] कोई बात बनानी नहीं आती
क़ाबूमें किसी तरह जवानी नहीं आती
कमसिनके लिए मौत है, शौहरका बुढ़ापा

१. घबराहटमें ।

हमारी सोसाइटी

हौसले सर नगूँ[1] उम्मीदें शलें[2]
आज़ू[3] बारे-याससे[4] बोझल
नशा बुझता हुआ-सा एक शरार[5]
कैफ़[6] गिरती हुई-सी एक दीवार
हर लतीफ़े की तहमें रंजो-मुहन[7]
हर ज़राफ़तमें[8] एक फीकापन
शर्मसे आब-आब[9] जौलानी[10]
हर हँसी शर्मसार खिसयानी
ख़ालो-ख़तपै[11] धुआँ बनावटका
कर्ब[12] बिल्क़स्द[13] मुसकराहटका
चहचहे सर्द, ज़मज़मे[14] मजरूह[15]
क़हक़हे तक थके हुए बेरूह[16]
सिर्फ़ ले-देके ज़र्क़-बर्क़ लिबास
वलवले अश्कबार[17] रूह[18] उदास

---

१. सर झुकाये, २. लँगड़ी, थकी हुई, ३. अभिलाषा, उमंग, ४. निराशाओंके बोझसे दबी हुई, ५. जीवनका उन्माद (उत्साह) बुझती हुई चिनगारी, ६. ज़िन्दा दिली, आनन्द, ७. हास्यमें रंज पहुँचाने वाला प्रयास, ८. परिहासमें, ९. पानी-पानी, १०. ज़िन्दादिली, ११. चेहरे पर, १२. दर्द, बेचैनी, १३. कृत्रिम, १४. संगीत, गान, १५. घायल, १६. निर्जीव, १७. अश्रुपूर्ण, १८. आत्मा, दिल ।

ज़र्द[1] - चहरे नक़ाबे - ज़रींमें[2]
सर्द लाशें, लिबासे[3] - रंगीमें
न तलातुम[4], न ताज़गी - न तरंग
यह है, अपनी सोसाइटीका रंग

१. पीत मुख, २. सुनेहरी नक़ाबमें, ३. रंगीन पोशाकमें, ४. जोश।

ख़ुद परस्त लीडर

ग़लत कहता है, गो वह शख़्श जो तुझसे यह कहता है—
कि बहरे हिन्दके आमोजमें[1] गौहर[2] नहीं मिलता
ग़लत गो यह भी है, यानी वतनके नफ़सके अन्दर
नज़रमें ख़ैरगी[3] हो जिससे वह जौहर नहीं मिलता
ग़लत गो यह भी है जिसमें जहाँबानीका सौदा[4] हो
किसीके दोशपर[5] इस मुल्कमें वह सर नहीं मिलता

....

मगर इस बातसे इंकारकी जुरअत नहीं होती
कि इस ख़ित्तेमें ढूँढ़े-से भी केरेक्टर[6] नहीं मिलता
इसीका यह नतीजा है कि पूरे बर्रे-आज़ममें[7]
जो अपनेको भुला सकता हो वह लीडर नहीं मिलता

और इसका नतीजा है कि हर गोशेमें[8] हर घरमें
ख़ुदा तो सैकड़ों मिलते हैं पैग़म्बर नहीं मिलता

---

१. भारत रूपी समुद्रमें, २. मोती, ३. चकाचौंध, ४. शहीद होनेका भाव, ५. कन्धे पर, ६. चारित्र, ७. समूचे देशमें, ८. कोनेमें ।

प्रेरणात्मक एवं स्फूर्तिदायक

१. उठ ऐ नदीम !

२. तूफ़ान बन

३. आसारे-इनक़लाब

४. ख़ारो-गुल

५. रूहे-तख़रीबकी आवाज़

६. बेदार हो बेदार

७. बग़ावत

८. इस्तक़लाले-मैकदा

९. दर्से-जुरअत

१०. गुज़रजा

११. बूढ़े नौजवान

१२. कारे-मर्दां

१३. हिम्मत

उठ ऐ नदीम !

[१९४५ ई०] १८ मैं-से ४

उठ ऐ नदीम[1] ! कि रंगे[2]-जहाँ बदल डालें
ज़मीको ताज़ा करें आसमाँ बदल डालें
उरूजे-नौ-ए-बशरको[3] फ़लकसे[4] टकराकर
ख़यालें-रफ़अते - करों-बयाँ[5] बदल डालें
क़दीम वहमने[6] जिसको यक़ीन[7] समझा था
नये यक़ीनसे अब वोह गुमाँ[8] बदल डालें
यह वलवला[9] है, तो आ सबसे पेश्तर[10] ऐ दोस्त!
मिज़ाजे-तिफ़्लके हिन्दोस्ताँ[11] बदल डालें

१. मित्र, साथी, २. संसारका ढंग, ३. नवीन मानवताकी उन्नतिको, ४. आकाशसे, ५. वनों जंगलोंके विचारोंको, ६. प्राचीन अन्धविश्वासने, ७. विश्वास, ८. शक, वहम, अन्धविश्वास, ९. जोश, १०. पहिले, ११. भारतके बाल्य-स्वभावको ।

तूफ़ान बन

[१९४४ ई०] ८ में-से २

तक़लीदके[1] दीवाने तक़लीद गदाई[2] है
तहक़ीक़[3] है, सुलतानी[4] हम पाय-ए-सुलताँ[5] बन
मुनअ़मसे[6] हो रू गरदाँ[7], मुफ़लिससे मुहब्बत कर
ऐ मशअ़लए-बुस्ताँ[8] क़न्दीले-बयाबाँ[9] बन

१. नक़ल करनेकी धुनके पागल, २. मँगतापन, ३. खोज, ४. श्रेष्ठता, बादशाही, ५. सर्वोपरिके बराबर, बादशाहके जैसा, ६. धनिकसे, ७. अप्रसन्न, ८. उद्यानकी मशाल, ९. वीरानेका दीपक।

आसारे-इन्क़लाब

पचासों क़सम खानेके बाद अन्तमें फ़र्माते हैं—

क़सम उस रूहकी[1] जो अर्शको[2] रफ़अत[3] सिखाती है
कि रातोंको मेरे कानोंमें यह आवाज़ आती है—

"उठो वह सुबहका ग़र्फ़ा[4] खुला ज़ंजीरे-शब[5] टूटी
वह देखो पौ फटी, ग़ुंचे खिले पहली किरन फूटी
उठो चौंको, बढ़ो, मुँह हाथ धो, आँखोंको मल डालो
हवा-ए-इन्क़लाब आनेको है, हिन्दोस्ताँ वालो" !

---

१. शक्तिकी, २. आकाशको, ३. रफ्तार, ४. द्वार, ५. अँधियारी घड़ियाँ।

ख़ारो-गुल

ऐ दोस्त ! दिलमें गर्दे-कदूरत[1] न चाहिए
अच्छे तो क्या बुरोंसे भी नफ़रत[2] न चाहिए
कहता है, कौन, फूलसे रग़बत[3] न चाहिए
काँटेसे भी मगर तुझे वहशत[4] न चाहिए

काँटेकी रगमें भी है, लहू सब्ज़ाज़ारका[5]
पाला हुआ है, वह भी नसीमे-बहारका[6]

१. द्वेष-भावका मैल, धूल, २. घृणा, ३. स्नेह, आकर्षण, ४. नफ़रत, उपेक्षा, ५. हरियालीका, ६. मृदु पवन-द्वारा ।

रूहे-तख़रीबकी[1] आवाज

खूब आग हविसकी[2] भड़काओ
हर क़ल्बो[3]-जिगरको बरमाओ
काम आओ तो अपने काम आओ
ख़ुदसे न ख़ुदासे शरमाओ
ऐ आदमियो ! ऐ इन्सानो !! ऐ फ़ित्न:-ओ-शरके देवताओ !!!

हर ज़ुल्मो-सितमके तूफ़ाँमें
हर अर्स:-ए-बुग़ज़ो[4] बुहताँमें[5]
हर जंगो-जुनूँके मैदाँमें
जी खोलके घोड़े दौड़ाओ
ऐ आदमियो ! ऐ इन्सानो !! ऐ फ़ित्न:-ओ-शरके देवताओ !!!

....

नमरूदसे[6] बाज़ी ले जाकर
फ़रऊनको[7] दरपर झुकवा कर
हामानसे[8] सज्दे[9] करवा कर
शैतानसे पानी भरवा कर
ऐ आदमियो ! ऐ इन्सानो !! ऐ फ़ित्न:-ओ-शरके देवताओ !!!

---

१. विनाशकारी तत्त्वोंका सन्देश, २. लालसाओंकी, ३. दिलको, ४. द्वेष, ५. लाञ्छनोंमें, ६. एक मशहूर काफ़िर बादशाहका नाम, नास्तिक, ७. मिस्रके एक बादशाहका लक़ब, सरकश और घमण्डी, ८. फ़रऊन बादशाहके वज़ीरका नाम, ९. मस्तक झुकाना ।

ताऊन[1] हो तुम, सरतान[2] हो तुम
हाँ सबसे बड़े हैवान[3] हो तुम
इन्सान हो तुम, इन्सान हो तुम
हाँ ख़ून ज़मींपर बरसाओ
ऐ आदमियो ! ऐ इन्सानो !! ऐ फ़िल़:-ओ-शरके देवताओ !!!

हर क़हर[4] वफ़ा[5] हो जायेगा
हर दर्द दवा हो जायेगा
जब हदसे सिवा हो जायेगा
हाँ हदसे आगे बढ़ जाओ
ऐ आदमियो ! ऐ इन्सानो !! ऐ फ़िल़:-ओ-शरके देवताओ !!!

मालूम है क्या बन जाओगे ?
सर-सर हो, सबा बन जाओगे
बन्दे हो ख़ुदा बन जाओगे
क़ुदरतको आँखें दिखलाओ
ऐ आदमियो ! ऐ इन्सानो !! ऐ फ़िल़:-ओ-शरके देवताओ !!!

---

१. प्लेग, २. एक विशेष रोगका नाम, एक प्रकारका फोड़ा, पानीका केकड़ा, ३. पशु, ४. ज़ुल्म, ५. नेकी ।

बेदार हो बेदार

सात बन्दोंमें जागरणका मन्त्र देते हुए अन्तमें फ़र्माते हैं—

दम भर तो कभी ग़ौरकर ऐ ख़ुफ़्ता[1] मुक़द्दर[2]!
मादा[3] तुझे क़ुदरतने बनाया है, कि है नर
या ओढले ऐ ज़ोहरा जबीं! मक़्नै[4]-ओ-चादर
या खींच ले ऐ मर्दे-ख़ुदा! म्यानसे तलवार
बेदार[5] हो, बेदार हो, बेदार हो, बेदार,
बेदार हो, बेदार

या हुजलए-रंगीमें[6] दिखा इशवए-पुरफ़न[7]
या रनमें कुछ इस शानसे जा, गूँज उठे रन
या गूँधके चोटीको पहन फूलसे कंगन
या सरसे कफ़न बाँधके मरने पै हो तैयार
बेदार हो, बेदार हो, बेदार हो, बेदार,
बेदार हो, बेदार

१. सोया हुआ, २. भाग्य, ३. नारी, ४. घूँघट, नक़ाब, झीना वस्त्र, ५. जाग उठ, ६. महलोंमें, ७. नाजो-अदा।

या फ़र्शे-उरूसीपै[1] बदल नाज़से पहलू
या अरस-ए-जुरअतमें[2] दिखा .कूवते-बाज़ू[3]
या रक़्सकी[4] महफ़िलमें बजा तालसे घुँघरू
या जंगके मैदाँमें सुना तेग़की झनकार
बेदार हो, बेदार हो, बेदार हो, बेदार,
बेदार हो, बेदार

१. दुल्हनकी सेजपर, २. साहसके क्षेत्रमें, ३. बाहु-बल, ४. नृत्यकी।

बग़ावत

हाँ बग़ावत ! आग-बिजली, मौत, आँधी, मेरा नाम
मेरे गर्दो-पेश[1] अजल[2], मेरी ज़िलोंमें[3] क़त्ले-आम[4]
ज़र्द[5] हो जाता है, मेरे सामने रूए-हयात[6]
काँप उठती है, मेरी चीने-जबींसे[7] कायनात[8]
जंगके मैदाँमें मेरी सेफ़की[9] अल्लहरी ज़ौ[10]
ख़ाक बन जाती है, बिजली, बर्क़ दे उठती है, लौ
ज़िक्र होता है मेरा पुरहौल[11] पैकारोंके[12] साथ
ज़हनमें[13] आती हूँ तलवारोंकी झंकारोंके साथ

....

एक चिनगारी मेरी जन्नतको करती है, तबाह
माँगता रहता है मेरी आगसे दोज़ख़ पनाह[14]
अलहज़र मेरी कड़कका ज़ोर हंगामे-मुसाफ़[15]
साफ़ पड़ जाता है, ईवाने-हकूमतमें[16] शिगाफ़[17]

१. चारों तरफ़, २, ३. बागडोरमें, रासमें, रकाबमें, ४. सर्वसाधारणका वध, ५. पीला, ६. जीवन-मुख,७. माथेके बलसे, ८. दुनिया, ९. तलवारकी, १०. रोशनी, चमक, ११. भयानक, १२. युद्धोंके, १३. मस्तकमें, १४. शरण, १५. रण-क्षेत्रका जोश, १६. राज्यके महलोंमें, १७. दरार ।

आँधियोंसे मेरी उड़ जाता है, दुनियाका निज़ाम[1]
रहमका[2] एहसास[3] है, मेरी शरीअ़तमें[4] हराम
मौत है, ख़ूराक मेरी मौत पर जीती हूँ मैं
शेर होकर गोश्त खाती हूँ, लहू पीती हूँ मैं
प्याससे बाहर निकल पड़ती है जब मेरी ज़बाँ
बहने लगती है, सरे-मैदाँ लहूकी नद्दियाँ

....

गोदमें नादारियोंके[5] परवरिश[6] पाती हूँ मैं
बेज़रीके बाज़ुओंपर ज़ुल्फ़ बिखराती हूँ मैं
भूकसे हरचन्द क्या-क्या सरगराँ[7] होती हूँ मैं
भूक ही का दूध पी-पीकर जवाँ होती हूँ मैं
गर्म नाले मुँह अँधेरेसे जगाते हैं मुझे
अश्के-ग़र्म[8] हर सुबह आईना दिखाते हैं, मुझे
मुझको बचपनके ज़माने ही से हर सुबहो-मसा
पेटकी मारी हुई मख़लूक़[9] देती है, ग़िज़ा[10]

....

१. प्रबन्ध, व्यवस्था, २. दयाका, ३. ज्ञान, ४. धर्ममें, ५. ग़रीबीके, ६. पालन-पोषण, ७. क्रुद्ध, घमण्डी, ८. रंजकी आहें, ९. जनता, १०. भोजन, (पनपनेका अवसर)।

कुछ दिनों तो फ़र्ते-हैरतसे[1] मैं रहती हूँ ख़मोश
आख़िर आ जाता है, मेरी रुहे-सरताबीको[2] जोश
फिर तो मैं चिंघाड़ती हूँ खौफ़नाक़ अन्दाज़में
मौतकी आवाज़ होती है, मेरी आवाज़में

....

मौत बनकर ज़िन्दगीके सरपै छा जाती हूँ मैं
सबसे पहले बढ़के ग़द्दारोंको खा जाती हूँ मैं

....

सल्तनतको सिम्त[3] फिर बढ़ती हूँ बल खाती हुई
कैद और क़ानूनको ज़िल्लतसे ठुकराती हुई

....

एड़ियाँ तुम और रगड़ो आबोनाँके[4] वास्ते !
रीढकी हड्डी हो तुम ज़िस्मे-जहाँके वास्ते
ऐ जवाँ मर्दो ! यह ज़िल्लत किसलिए सहते हो तुम ?
मर्द होकर ठोकरोंकी ज़दपै क्यों रहते हो तुम ?

....

लख़्ते-दिल इन्सान खाये और ख़ूने-दिल पिये
तुफ़ है इस जीनेपै मर-मरके जिये तो क्या जिये

---

१. आश्चर्यसे, २. आत्माको, ३. तरफ़, ४. भोजन-पानीके।

ऐ जवाँ मर्दो ! ख़ुदारा[1] बाँधलो सरसे कफ़न
सर बरहना[2] फिर रही है, इज़्ज़ते-क़ौमे-वतन
हाँ ज़मींको ज़ेर[3] करके आसमानोंपर चढ़ो
हाँ बढ़ो ऐ सफ़शिकन[4] वीरो ! बढ़ो जल्दी बढ़ो
पाँवमें ताचन्द[5] ज़ंजीरें-ग़ुलामीकी ख़राश[6]
सिर्फ़ इक जुम्बिश, अभी होती हैं कड़ियाँ पाश-पाश[7]

१. ईश्वरके लिए, ३. नंगेसर, ३. जीतकर, ४. सैनिकोंकी पंक्तियोंको चीरनेवालो, ५. कब तक, ६. खरोंच, खाज, ७. टूक-टूक ।

इस्तक़लाले मैकदा

व-सिलसिलए-आज़ादिए-हिन्द [सितम्बर १९४७] ४६ में-से ७

....

कुछ नहीं परवा नये पैमाने ढाले जायेंगे
एक क्या सौ जश्नके पहलू निकाले जायेंगे

....

ऐ जवाँ हिम्मत अदीबो ! खुफ़्ता अज़्मोंको जगाव
ऐ तजल्लीके पयम्बर शाइरो ! शमएँ जलाव

....

ख़ाकको गरमाओ, कुहसारोंपै नेज़े गाड़कर
सुर्ख़ किरनो मुसकराओ बादलोंको फाड़कर
आगके धारे बहो लोहेके पहियो, गन ग़नाव,
हाँ मशीनो घड़घड़ाओ बिजलियो जुम्बिशमें आव
मुसकरा तख़रीबपर, तख़रीब रोती है युँ ही
धूपसे लड़, अब्रकी तामीर होती है युँ ही
हाँ तन आसानीकी डायनको पटकदे ऐ वतन !
धूपपर अपने पसीनेको छिड़कदे, ऐ वतन !
ओस पड़ जायेगी, ख़ूनी धूप सँवला जायगी
जब चलेगा झूमकर सावनकी ऋतु आजायगी

दर्से-जुरअत

[१६४६ ई०] ७ मै-से ४

ए सोई हुई क़ौमके बेदार[1] जवानो !
ए हिम्मते-मर्दानाके ज़ीरूह निशानो[2] !
सौ बातकी यह बात है इस बातको मानो
जीनेकी जो अरमान है तो मौतकी ठानो
बेगर्क़ हुए कोई उभरता ही नहीं है
जो बात पै मरता है, वह मरता ही नहीं है

मरते नहीं जो ईसाए-दौराँ[3] नहीं बनते
जो क़ैद न हों यूसुफ़े-कनआँ[4] नहीं बनते
आसूदा[5] जो धारे हैं वोह तूफ़ाँ नहीं बनते
जो मौतसे डरते हैं वह इन्साँ नहीं बनते
साहिलपै[6] कभी अज़्ने-रवानी[7] नहीं मिलता
बे आगमें कूदे हुए पानी नहीं मिलता

१. जागे हुए, २. वीरोचित साहसके भव्य कर्णधारो, ३. युगके पूज्य ईसामसीह, ४. फ़िलिस्तीनमें रहनेवाले यूसुफ़, ५. आनन्दके साथ यानी धीमे बहनेवाले, ६. किनारे पै, ७. बहावका अवसर ।

भड़के न अगर आग तो अख़गर[1] नहीं बनते
घूमे न अगर चाक तो साग़र[2] नहीं बनते
तड़पै न अगर मौज तो गौहर[3] नहीं बनते
तरशै न अगर संग[4] तो पैकर[5] नहीं बनते
तख़रीबका[6] जब तक कि तलातुम[7] नहीं आता
तामीरके[8] होंठोंपै तबस्सुम[9] नहीं आता

मैदाँमें अगर सीना उभारा नहीं जाता
लानतका कभी तौक़[10] उतारा नहीं जाता
शेरोंकी तरह जिनसे डकारा नहीं जाता
इज़्ज़तकी तरफ़ उनको पुकारा नहीं जाता
मैख़ान-ए - इकराममें[11] पीने नहीं देती
दुनिया कभी नामर्दको जीने नहीं देती

१. अंगारे, २. मदिरा-पात्र, ३. मोती, ४. पत्थर, ५. मूर्तियाँ, ६. तोड़-फोड़का, ७. तूफ़ान, ८. निर्माणके, ९. मुसकान, १०. गलेका पट्टा, ११. प्रतिष्ठित मदिरालयमें।

गुज़रजा

[१६ में-से ६]

मसर्रतकी[1] तानें उड़ाता गुज़रजा
तरबके तराने[2] सुनाता गुज़रजा
बशाशतके[3] दरिया बहाता गुज़रजा
ज़मानेसे गाता—बजाता गुज़रजा
गुज़रजा ज़मींको नचाता गुज़रजा

मिटा डाल एहसासे-आज़ारे-ग़मको[4]
जो दाना[5] है तो फैंकदें बारे-ग़मको[6]
जलादे फ़रामीने सरकारे-ग़मको
जरी[7] है तो हर-एक दीवारे-ग़मको
हिलाता-बिठाता, गिराता गुज़रजा

ज़मानो - मकाँकी सितमरानियोंपर
मसाइबकी[8] हंगामा सामानियोंपर
हयाते-दुरोज़ाकी[9] नादानियोंपर
ख़ता और ख़ताकी पशेमानियों पर
नज़र डालता मुसकराता गुज़रजा

---

१. ख़ुशियोंकी, २. आनन्दकी तानें, ३. मुसकानके, ४. दुःख-रूपी बीमारीकी भावनाको, ५. चतुर, ६. दुःखोंके बोझको, ७. दिलेर, वीर, ८. मुसीबतोंकी, ९. दोरोज़के जीवनपर।

यह माना कि यह ज़िन्दगी पुरअलम[१] है
यह माना कि यह ज़िन्दगी मौजे-सुम[२] है
यह माना कि यह ज़िन्दगी इक सितम है
यह माना कि यह ज़िन्दगी ग़म ही ग़म है
सरे-ग़मपै ठोकर लगाता गुज़रजा

अगर हर नफ़स है सतानेपै माइल[३]
अगर ज़िन्दगी है रुलानेपै माइल
अगर आस्माँ है मिटानेपै माइल
अगर दहर है रंग उड़ानेपै माइल
ख़ुद इस दहरका रंग उड़ाता चलाजा

जहाँकी रविश है बहुत ज़ालिमाना
रिया[४], हर फ़सूँ[५] है, दग़ा, हर फ़साना
न कर फिर भी यह शिकवए-आमियाना[६]
कि आँखें दिखाता है मुझको ज़माना
ज़मानेको आँखें दिखाता चलाजा

---

१. दुःखपूर्ण, २. आँधियोंकी लहर, ३. उतारू, तैयार, ४. बनावट, ५. जादू, ६. सर्व साधारण–जैसी, आम, प्रचलित ।

बूढ़े नौजवान

[९ में-से ४]

ऐ मेरे हिन्दोस्ताँके मुर्दा ख़सलत[1] नौजवाँ
तेरे ख़ालो-ख़तमें पीरीके[2] निशाँ पाता हूँ मैं

....

तेरे मुस्तक़बिलकी जानिब[3] जब उठाता हूँ निगाह
चर्ख़पर[4] उड़ती हुई कुछ धज्जियाँ पाता हूँ मैं

....

हैफ़[5] तेरी नौजवानीपर है पीरीके निशाँ
दूसरी क़ौमोंके बूढ़ोंको जवाँ पाता हूँ मैं

....

आग बुझ जायेगी, छाती सर्दो-नम हो जायगी
चौंक! वर्ना ज़िन्दगीकी पुश्त[6] ख़म[7] हो जायगी

१. मुर्दों-जैसे स्वभाववाला, २. बुढ़ापेके, ३. भविष्यकी तरफ़, ४. आसमानपर, ५. अफ़सोस, ६. पीठ, ७. टेढ़ी।

कारे-मर्दां

[१९४९] १९ में-से ४

शिगाफ़[1] जिसने न डाले हों आस्मानोंपर
ज़र्मीका महरमे-इसरार[2] हो तो क्योंकर हो ?
न हो ख़मीरमें[3] जिसके मज़ाक़े-आज़ादी
वह मुर्ग़, मुर्ग़े-गिरफ़्तार हो तो क्योंकर हो ?
मक़ामे-सेहते कामिल[4] जिसे नहीं मालूम
किसीके इश्क़में बीमार हो तो क्योंकर हो ?
नज़रमें जिसकी न हो राज़े-मरयमे-इस्मत[5]
वह रू-सियाह गुनहगार हो तो क्योंकर हो ?

---

१. दरार, २. भेदसे परिचित, ३. स्वभावमें, ४. स्वास्थ्यका मूल्य, ५. ईसाकी माँ मरियमके शीलका भेद ।

हिम्मत

[१९४६ ई०]

हुज़ूरे-अहले-हिम्मत[१] आबरू खोना नहीं आता
ग़मे-हस्तीपै[२] हँसनेके सिवा रोना नहीं आता
हमेशा जागता रहता हूँ, महनतकी चटानोंपर
तन आसानीके बिस्तरपर[३], मुझे सोना नहीं आता
ज़ियाँकी सरज़मींसे[४] सूदके[५] चश्मे निकलते हैं
जो पा लेता है यह नुक्ता, उसे खोना नहीं आता,
उबलती आतिशे-सैय्यालमें[६] हर शब[७] नहाता हूँ
मुझे वक़्ते-सहर[८] मुँह ढाँपकर रोना नहीं आता

---

१. साहसियोंके सामने, २. जीवनके दुःखों पै, ३. सुख-शय्यापर, ४. हानिकी हरी-भरी ज़मीनसे, ५. लाभके सोते, ६. आगके दरियामें, ७. हर रात, ८. प्रातःकाल ।

सौन्दर्य और प्रेम

●

१. तसवीरे-जमाल
२. झुर्रियाँ
३. ऐ जानेमन
४. दुपट्टेको मसले, बदनको चुराये
५. महसूसात
६. फ़ित्नः—ए-ख़ानक़ाह
७. हविस-ओ-इश्क़
८. अगर क़दम न मुहब्बतका दरमियाँ होता
९. नक़्शे-ख़याल दिलसे मिटाया नहीं हनूज़
१०. आ !
११. तसवीर
१२. तेरे लिए
१३. सूनी जन्नत
१४. अदाए-सलाम
१५. तआक़्क़ुब
१६. याद है अब तक
१७. यार परी चेहरा
१८. चाँदके इन्तज़ारमें तारे
१९. आशिक़ नवाज
२०. लाइलोज ताख़ीर
२१. आख़िरी तमन्ना
२२. चन्द चुने हुए शेर

तसवीरे-जमाल

लहराती थीं ज़ुल्फ़ें खुल-खुलकर इस शानसे रंगीं शानोंपर[1]
जिस तरह घटाएँ सावनकी झुक पड़ती हैं मैख़ानोंपर[2]
शानोंसे कमरपर गिरते थे यूँ बाल कि धोका होता था
पैग़ामे-रहमत[3] आया है, दरगाहे-इलाहीसे[4] गोया
होंटोंपर धीमें नग़मे[5] थे, या महव[6] थीं हूरें[7] कराइतमें[8]
मुखड़ेपै लटोंका परतव[9] था या आबे-हैवाँ ज़ुल्मतमें[10]
बात शकरकी बारिशे-पैहम[11] चाल गुलोंपर रिशहे-शबनम[12]
मस्त नज़र थी ख़ंजरो-मरहम,[13] लाले-लबमें इस्मे-आज़म[14]

....

चलती तो क़दम यूँ रखती थी, दिन जैसे किसीके फिरते हैं,
या नाज़से भीगी रातोंमें शबनमके क़तरे गिरते हैं
तारीक शबोंका मजमूआ, भौरोंकी इबादतगह जूड़ा[15]
पुतली थी चश्मे-आहूकी[16], या क़ल्ब-सियह था ज़ाहिदका[17]

---

१. कन्धोंपर, २. मदिरालयोंपर, ३. ईश्वरीय-सन्देश, ४. ईश्वरालयसे, ५. गीत, गायन, ६. लीन, ७. जन्नतकी अप्सराएँ, ८. क़ुरान-पाकको ख़ास अरबी-लहजेसे पढ़नेमें, ९. नक्श, छाया, १०. अँधेरेमें अमृत, ११, उसकी बातें ऐसी थीं मानों मधुरताकी वर्षा हो रही है, १२. चाल ऐसी कि मानो ओस फूलोंकी टहनीसे टपक रही हो, १३. बर्छी मरहम, १४. लाल ओटोंमें महान् ईश्वरका नाम, १५. चोटीका जूड़ा इस ढंगसे बँधा हुआ था जैसे अँधेरी रातें एकत्र हो गई हों या भौरोंकी उपासनाका कोई स्थान हो, १६–१७. नेत्र मृग जैसे थे या मालूम होता था किसी ज़ाहिदके कलुषित हृदयकी कालिमा एकत्र हो गई है।

मुर्दोंको जिला देने वाला यूँ नूर था चश्मे-ताबाँमें[1]
अज़्मे-'कुन'का लमहा अव्वल जैसे ज़मीरे-यज़दाँमें[2]
आँखोंमें शबाबे-तिफ़्लोकी इक जामसे बाहम मैनोशी[3]
आदमो-हव्वाकी जैसे फ़िरदौसमें पहली सरगोशी[4]
ज़ुल्फ़पै टीकेकी लड़ियाँ, दावत जीके खोनेकी
जिस तरह कसौटीपर झलकें ज़रतार लकीरें सोनेकी
तारोंका परतव पड़ता था यूँ आरिज़के आईनेमें[5]
जिस तरह शबे-मह साहिलपर[6] या वहीके फ़िकरे[7] सीनेमें

१. चमकीले नेत्रोंमें प्रकाश, २. सृष्टि-निर्माणका जब पहले पहल ईश्वरके मनमें भाव उठा, तब उसने 'कुन' कहा और संसार बन गया, उस 'कुन' कहनेके इरादे जैसे भाव सुन्दरीके नेत्रोंमें प्रतिबिम्बित होते थे, ३. आँखोंमें किशोरावस्था जैसी सुकुमारता, एक ही प्यालेसे परस्पर मद्य पीना झलकता था, (भाव यह कि किशोरावस्था जब बचपन छोड़कर जवानीके गले मिलने लगती है तो, वह मिलन ऐसा मालूम होता है, कि युगल प्रेमी एक ही पात्रसे मदिरा पी रहे हैं, (उस सुन्दरीकी आँखोंमें भी कुछ इसी तरहकी झलक थी) ४. आदम और हव्वाके जब पहली बार प्रेमालिंगनके लिए इशारे हुए थे, ५. कपोल रूपी दर्पणमें, ६. दरिया किनारे चाँदनी रात, ७. हज़रत मुहम्मदको जब ख़ुदाके सन्देश प्राप्त होते थे, तब उस स्थितिको 'वही' कहा जाता था।

झुर्रियाँ

पिछले पृष्ठमें आपने तसवीरका एक रुख देखा लगते हाथ दूसरा रुख भी देखते चलें—

इस ज़ईफ़ाकी[1] देखिए सूरत[2]
किस क़दर झुर्रियोंकी है, कसरत
पोपला मुँह कुरेह[3] बदमंज़र[4]
सुबह जैसे मरीज़का बिस्तर
तंग धुँदली, धँसी हुई आँखें
जैसे फ़र्माने-क़त्ल पर मुहरें[5]
हल्क़े गहरे, सियह[6] भयानक-से
जैसे अन्धे कुए बयाबाँके[7]
छाँव पलकोंकी सर्द ढेलों पर
जैसे बीमार पर सियह[8] चादर
दाँत दो इक क़रीब गिरने पर
भूले-भटके-से राहरव[9] जैसे
क़ोज़ा-पस्तीसे[10] चाल बे-तासीर[11]
जैसे टूटी हुई कमानका तीर

१. वृद्धा, बुढ़ियाकी, २. अधिकता, ३. घिनावना, बदशक्ल, ४. बद-सूरत, कुरूप, ५. क़त्लके हुक्मनामें पर मुहर लगी हुई, ६. काले, ७. वीरानेके, जंगलके, ८. काली, ९. यात्री, १०. कुबड़ेपनकी वजहसे, कमर झुक जानेसे, ११. आकर्षण रहित, ।

बाल रुख़पर[1] सफ़ेद ज़ुल्फ़ोंके
मलजगी धूप लाशपर जैसे
मुर्दा लहजेकी कपकपी-गोया—
टूटी क़ब्रोंके रोज़नोंमें[2] हवा
झुर्रियाँ मुँहपै, ख़ालो-ख़द[3] सुन-साँ[4]
जैसे दलदलमें गाड़ियोंके निशाँ
झुर्रियोंमें निहाँ[5] है, इक दुनिया
यह निशाँ है, रिकार्डके[6] गोया
जिनमें सोये हुए हैं, मुद्दतसे
करवटें ले रहे हैं, हसरतसे[7]
ज़मज़मे[8] - अहदे - कामरानीके[9]
गीत गुज़री हुई जवानीके

१. छेदोंकी, सूराख़ोंकी, २. मुँहका नाक़ नक्शा, ३. वीरान, उजाड़, सुनसान, ४. छिपी हुई, ५. ग्रामोफ़ोन, रेकर्डकी लकीरें, ६. लालसा-पूर्ण ढंगसे, ७. गीत, ८. सुनहरे जीवनके, ९. मुँहपर।

ऐ जानेमन !

[२२ में-से ४]

ऐ जानमन ऐ जानेमन
जानान-मन ऐ जानेमन
उबटनसे ऐ महकी बनी[1] !
ऐ साँस लेती चाँदनी
ऐ रसमें डूबी पद्मनी
ऐ नींदकी माती दुल्हन
ऐ जानमन, ऐ जानेमन
जानान-मन, ऐ जानेमन

ऐ बहरमें ग़लताँ गुहर[2]
ऐ नहरमें रक्साँ[3] क़मर[4]
ऐ दिलको बरमाती नज़र
ऐ ओसमें डूबी किरन
ऐ जानमन, ऐ जानेमन
जानान-मन, ऐ जानेमन

---

१. उबटन लगाकर महकने वाली दुल्हन, २. समुद्रके मोती, ३. नृत्य करती हुई, ४. चन्द्रमुखी।

रोशन रुख़े-गुलगूँ[1] तेरा
देखो जिसे मफ़्तूँ[2] तेरा
हर दिलपै है अफ़सूँ[3] तेरा
तू बुत है, दुनिया बिरहमन
ऐ जानमन, ऐ जानेमन
जानान-मन, ऐ जानेमन

सरपर दुशाला सुरमई
पैकरमें[4] जोड़ा अगरई[5]
लब सुर्ख़[6] पिण्डा[7] चम्पई
काली लटें, गोरा बदन
ऐ जानमन, ऐ जानेमन
जानान-मन, ऐ जानेमन

१. फूल जैसे कपोल; २. आसक्त, दीवाना, ३. जादू, ४. जिस्मपर, ५. चाँदनी, ६, होंटलाल, ७. शरीर चम्पा जैसा।

डुपट्टेको मसले, बदनको चुराये

[१९३८] १४ में-से ५

कलेजेमें वोह घाव हैं ग़मकी लैसे
अभी तक नहीं जो मेरे मौजे-मैसे
उठाये हैं दिलने सितम कैसे-कैसे
मेरे वक़्ते-रुख़सत वह आईं थीं जैसे
ख़ुदा या अदू भी न इस तरह आये
डुपट्टेको मसले, बदनको चुराये

यह लबपर दुआ ख़ौफ़े-अरबाबे-शरसे
कि माबूद ! हसरत न टपके न नज़रसे
तमन्नाका बादल न गरजे न बरसे
अज़ीज़ोंकी जासूस नज़रोंके डरसे
ख़ुद अपनी जवानीसे आँखें चुराये
डुपट्टेको मसले, बदनको चुराये

तबो-ताब चेहरेपै लानेकी कोशिश
अलमको मसर्रत जतानेकी कोशिश
उदासीको फ़रहत दिखानेकी कोशिश
तबस्सुमसे आहें दबानेकी कोशिश
कोई जैसे आँधीमें दीपक जलाये
डुपट्टेको मसले, बदनको चुराये

बिलकती फ़ज़ाएँ, सिसकती हवाएँ
फुग़ाँका धुआँ, आँसुओंकी घटाएँ
थके अ़रबदे सर-ब-ज़ानू अदाएँ
कि आँखोंसे आती हुई ये सदाएँ
"चले जाओगे बे गलेसे लगाए ?"
डुपट्टेको मसले, बदनको चुराए

"जब इतना ही दुनियासे डरना था तुमको
यमे-इश्क़से पार उतरना था तुमको
जो गिरदाबे-दिलसे उभरना था तुमको
जो मुझसे किनारा ही करना था तुमको
मुझे मौजे-दरियासे क्यों बिचलाये ?"
डुपट्टेको मसले, बदनको चुराये

महसूसात

[१९ में-से ३]

हौज़में मस्तानाबतके[1] तैरनेसे जिस तरह
काईमें पड़ता चला जाता है, ख़त्ते-रहगुज़ार[2]
हाफ़िज़े[3] पर यूँ ही एक बेदारकुन गहरी ख़राश[4]
डाल देती है, शबे-ग़ममें पपीहेकी पुकार

क्या बताऊँ कि वह दमे-गुलगश्त[6]
किस मज़ेसे क़दम उठाती है,
जैसे कलियों पै रशः-ए-शबनम[7]
जैसे आँखोंमें नींद आती है,

फूल मुट्ठीमें अगर कुछ देर तक रहते हैं बन्द
हातमें होती है, पैदा इक मुअत्तर-सी नमी[8]
यूँ ही जब कुछ देर करता हूँ तसव्वुर हुस्नका[9]
साँसमें होती है, ख़ुशबू और आँखोंमें तरी
और यह महसूस होता है, कि जानाँने मुझे[10]
भींचकर आग़ोशमें ता-देर[11] छोड़ा है, अभी

---

१. मस्त बत्तख़के, २. चलनेके निशान, ३. स्मृति-पटलपर, ४. यादके अंश, ५. ख़रोंच, ६. उपवनकी प्राण, ७. ओसकी वर्षा, ८. सुगन्धित गीलापन, ९. रूपका चिन्तन, १०. प्रियतमाने, ११. कुछ देर।

फ़ित्नः-ए-ख़ानक़ाह[1]

[१३ में-से १०]

इक दिन जो बहरे-फ़ातहा[2] इक बन्ते महरो-माह[3]
पहुँची नज़र झुकाये हुए, सूए-खानक़ाह[4]
जह्हादने[5] उठाई झिजकते हुए निगाह
होंटोंमें दबके टूट गई ज़र्बे-ला इलाह[6]
बरपा, ज़मीरे ज़ुह्दमें कुहराम[7] हो गया
ईमाँ, दिलोंमें लरज़ा बर अन्दाम[8] हो गया

यूँ आई हर निगाहसे आवाज़े-अल्लामाँ
जैसे कोई पहाड़पै आँधीमें दे अज़ाँ
धड़के वोह दिल कि रूहसे उठने लगा धुआँ
हिलने लगीं शवेख़के[9] सीनोंपै दाढ़ियाँ
परतव फ़िगन जो जलवा-ए-जानाना[10] हो गया
हर मुर्ग़े-ख़ुल्द, हुस्नको परवाना[11] हो गया

---

१. दरगाहमें एक शोख़ इबादतको आने वाली, २. फ़ातहा पढ़नेके लिए, ३. सूर्य-चन्द्रकी पुत्री (चन्द्रमुखी) ४. दरगाहमें, ५. संयमी मनुष्योंने, (दरगाहके पीरोंने) ६. कलमा मुँहसे ठीक उच्चारण न हो सका (सुन्दरीके रूपको देखकर), ७. संयममें अस्थिरता आने लगी, ८. धर्म-ईमान डिगने लगे, ९. पीरोंके, १०. सुन्दरीकी रूप छटाके कारण, ११. जन्नतरूपी उपवनके पक्षी सौन्दर्य रूपी दीपकके परवाने बन गये ।

उस आफ़ते-ज़मानःकी[१] सरशारियाँ[२] न पूछ
निखरे हुए शबाबकी[३] बेदारियाँ[४] न पूछ
रुख़पर हवा-ए-शामकी गुलबारियाँ[५] न पूछ
काकुलकी हर क़दमपै फ़सूँकारियाँ[६] न पूछ
आलम[७] था वह, ख़राम[८] में उस गुलअज़ारका[९]
गोया[१०] नज़ूल[११] रहमते - परवर्दगारका[१२]

गर्दनके लोचमें ख़मे-चोगाँ[१३] लिये हुए
चोगाँके ख़ममें गोया दिलो-जाँ लिये हुए
रुख़ पर लटोंका अब्र[१४] परेशाँ लिये हुए
काफ़िर[१५] घटाकी छाँवमें क़ुरआँ लिये हुए
आहिस्ता चल रही थी अक़ीदतकी[१६] राहसे
या लौ निकल रही थी दिले-ख़ानक़ाहसे[१७]

डूबी हुई थी जुम्बिशे-मिज़गाँ[१८] शबाबमें[१९]
या दिल धड़क रहा था मुहब्बतके ख़्वाबमें[२०]

१. अपने यौवनके कारण संसारके लिए मुसीबत, २. मादकता, ३. यौवनकी, ४. होशियारियाँ, चपलताएँ, ५. फूल जैसे-कपोलोंकी खूबियाँ, ६. जुल्फोंकी जादूगरी, ७–८–९. फूलन्देकी चालका यह हाल था। १०. मानो, ११-१२. ईश्वरने स्वयं भेजा है, १३. गिल्ली-जैसा उतार-चढाव, १४. बादल, १५. उसका मुख बालोंकी लटोंसे इस प्रकार सुशोभित था, मानो घटाकी छायामें क़ुरआन हो, १६. विश्वास-पूर्णतासे, १७. दरगाहके हृदयसे, १८–१९. पलकोंका कटीलापन यौवनमें सराबोर था, २०. प्रेम-स्वप्नमें।

चह्रेपै था अरक़[1] कि नमी थी गुलाबमें
या ओस मोतियेपै[2] शबे - माहताबमें[3]
आँखोंमें कह रही थीं यह मौजें - ख़ुमारकी[4]
यूँ भीगती हैं चाँदनी रातें बहारकी
हात उसने फ़ातहाको[5] उठाये जो नाज़से[6]
आँचल ढलकके रह गया ज़ुल्फ़े - दराज़से[7]
जादू टपक पड़ा निगहे - दिल नवाज़से[8]
दिल हिल गये जमालकी[9] शाने-नियाज़से[10]
पढ़ते ही फ़ातहा जो वह इक सिम्त[11] फिर गई
इक पीरके तो हातसे तस्बीह[12] गिर गई

....

हर चहरा चीख़ उठा कि तेरे साथ जायेंगे,
ऐ हुस्न तेरी राहमें धूनी रमायेंगे
अब इस जगहसे अपना मुसल्ला[13] उठायेंगे
क़ुर्बान - गाहे - हुस्नपर[14] ईमाँ[15] चढ़ायेंगे
खाते रहे फ़रेब[16] बहुत ख़ानक़ाहमें[17]
अब सजदारेज़[18] होंगे तेरी बारगाहमें[19]

---

१. पसीना, स्वेद, २. मोतियोंके फूलों पर, ३. चाँदनी रातमें, ४. नशीली-लहरें, ५. दुआ माँगनेके लिए, ६. हाव-भावके साथ, ७. सिरकी लटोंसे, ८. दिल लुभावनीके नेत्रोंसे, ९. सुन्दरीकी, १०. विनय-पूर्णमुद्रासे, ११. एक तरफ़को, १२. सुमिरनी, माला, १३. वह दरी या चटाई जिसपर नमाज़ पढ़ी जाती है, १४. सौन्दर्यकी-बलिवेदी पर, १५. ईमान-धर्म, १६. धोका, १७. दरगाहमें, १८. साष्टांग प्रणाम किया करेंगे, दुज़ानू बैठकर सर झुकाया करेंगे, १९. सेवामें, हुज़ूरमें।

सूरजकी तरह ज़ुहदका[1] ढलने लगा ग़रूर
पहलूए-आजिज़ीमें[2] मचलने लगा ग़रूर[3]
रह-रहके करवटें-सी बदलने लगा ग़रूर
रुख़की जवान लौसे पिघलने लगा ग़रूर
ईमाँकी शान इश्क़के साँचेमें ढल गई
ज़ंजीरे-ज़ुहद सुर्ख़ हुई, और गल गई
पलभरमें ज़ुल्फ़ लैलीए-तमकीं[4] बिगड़ गई
दमभरमें पारसाईकी[5] बस्ती उजड़ गई
जिसने नज़र उठाई नज़र रुख़पै[6] गड़ गई
गोया हर-इक निगाहमें ज़ंजीर पड़ गई
तूफ़ाने-आबो-रंगमें[7] ज़ुह्हाद खो गये
सारे कबूतराने-हरम[8] ज़िबह हो गये
ज़ाहिद[9], हदूदे-इश्क़े-ख़ुदासे[10] निकल गये
इन्सानका जमाल जो देखा फिसल गये
ठंडे थे लाख हुस्नकी गर्मीसे जल गये
गर्मी पड़ी तो बर्फ़के तोंदे[11] पिघल गये
अल क़िस्सा दीन[12], कुफ़्रका[13] दीवाना हो गया
काबा ज़रा-सी देरमें बुतख़ाना हो गया

१. संयम, चारित्राभिमान, २. नम्रतापूर्ण हृदयमें, ३. घमण्ड, ४. तमकनत रूपी लैलाकी ज़ुल्फ़, दरगाहके पीरपनेकी शेख़ी किरकिरी हो गई, ५. सदाचारके ढोंगकी, ६. कपोलों पर, ७. रूपकी चकाचौंधमें, ८. मस्जिद-दरगाह रूपी जंगलके कबूतर क़त्ल हो गये, ९. संयमी, परहेज़गार, १०. ईश्वर-प्रेमकी सीमासे, ११. ढेले, १२. आस्तिकता, १३. नास्तिकताका।

हविस-ओ-इश्क़[1]

कल एक सैदे-हविसने[2] यह मुसकराके कहा—
"कि तुझको इश्क़ो-मुहब्बतका है, बड़ा दावा
तरबका[3] ख़ून है, दोनों ही के फ़सानेमें[4]
[5]मआले-इश्क़ो-हविस एक है ज़मानेमें

हवा-ए-शौक़का मैं भी ग़ुबार हूँ, तू भी
ग़मे-निहुफ़्ताका[6] मैं भी शिकार हूँ तू भी
मेरा दयार[7] भी वीराँ[8] है, तू भी ख़ाना-ख़राब[9]"
तो उसकी बातका मैंने दिया यह हँसके जवाब

"जहाने-हुस्नो-मुहब्बतका[10] ताजदार[11] हूँ मैं
ख़िज़ाँ गज़ीदा[12] है तू, कुश्तः-ए-बहार[13] हूँ मैं
तेरे चुभोये हैं, काँटे जली बबूलोंने
मुझे फ़िगार[14] किया है, शगुफ़्ता[15] फूलोंने"

---

१. वासना और प्रेम, २. वासना-ग्रसितने, ३. प्रसन्नताका रक्त, ४. कहानीमें, ५. परिणाम, ६. अन्तरंग दुःखका, पोशीदा रंजका, ७. संसार, ८. उजाड़, ६. बर्बाद, १०. सौन्दर्य्य और प्रेम-संसारका, ११. बादशाह, १२. पतझड़-द्वारा बर्बाद किया हुआ, १३. बहारों-द्वारा मारा हुआ, १४. घायल, १५. हँसमुख।

अगर क़दम न मुहब्बतका दरमियाँ होता

अगर क़दम न मुहब्बतका दरमियाँ होता
तो यह ज़मीन ही होती न आस्माँ होता
नवाये-इश्क़[1] न करती, अगर हुदी ख़्वानी[2]
न कारवाँ[3] न कोई मीरे-कारवाँ[4] होता
न छेड़ती अगर इन्सानियत तरानए-शौक़[5]
ज़माना कुश्तः-ए-तसबीहे-क़ुदसियाँ[6] होता
सुराहियोंकी हर-इक बूँद अश्क[7] बन जाती
जवानियोंका हर-इक इशवा[8] राइगा[9] होता

....

कभी न गुंचः-ए-कोनो-मकाँ[10] चटक सकता
कभी न तिफ़्लके अरज़ो-समा[11] जवाँ होता
ख़ुदाई[12] कल्बका,[13] हल्का-सा वसवसा होती
ख़ुदा ज़मीरका[14] धुँदला-सा इकगुमाँ[15] होता
बुलन्दो[16]-पस्तकी[17] नब्ज़ें छुटी-छुटी रहतीं
हयातो[18]-मौतका[19] चेहरा धुआँ-धुआँ होता

....

---

१. प्रेमवाणी, २. पथ-प्रदर्शन, ३. यात्रीदल, ४. यात्रीदलका नेता ५. प्रेमगीत. ६. ईश्वर नामकी माला जपते-जपते मिट जाता, ७. आँसू, ८. चमत्कार, ९. व्यर्थ, १०. संसारके उपवन, ११. पृथ्वी-आकाशका बचपन, १२. सृष्टि, १३. हृदयका, १४. दिलका, १५. विश्वास, शक, १६. उत्थान, १७. पतनकी, १८. जीवन, १९. मृत्युका ।

नक़्शे ख़याल दिलसे मिटाया नहीं हनूज़

[११ में-से ५]

नक़्शे-ख़याल दिलसे मिटाया नहीं हनूज़[1]
बेदर्द मैंने तुझको भुलाया नहीं हनूज़

....

वह सर जो तेरी राहे गुज़रमें[2] था सज्दा रेज़[3]
मैंने किसी क़दमपै झुकाया नहीं हनूज़
महराबे-जाँमें[4] तूने जलाया था ख़ुद जिसे
सीनेका वह चराग़ बुझाया नहीं हनूज़
बे होश होके जल्द तुझे होश आ गया
मैं बदनसीब होशमें आया नहीं हनूज़

....

मर कर भी आयगी यह सदा क़ब्रे-'जोश' से—
"बे दर्द ! मैंने तुझको भुलाया नहीं हनूज़"

---

१. अभी तक, २. जाने-आनेके रास्तेमें, ३. नतमस्तक, ४. हृदय-मन्दिरमें ।

आ !

आ ! कि, सक्तेमें है, साज़े-मैकशाँ[1] तेरे बग़ैर
सर-ब-ज़ानू है गिरोहे-मुतरबाँ[2] तेरे बग़ैर

आ गई है, किश्ती-ए-आबे-तरब गरदाबमें[3]
बुझ चुकी है आतिशे-रतले-गराँ[4] तेरे बग़ैर

वह यक़ीने-ज़िन्दगानी, जिसपै क्या-क्या नाज़ था
रह गया है, बनके इक वहमो-गुमाँ तेरे बग़ैर

आ ! कि तेरे हिज्रमें बेलाला-ओ-गुल है ज़मीं[5]
आ ! कि बेशम्सो-क़मर[6] है आस्माँ तेरे बग़ैर

ज़र्द[7] है, रुख़सारे-गुल[8] अफ़सुर्दा[9] है मौजे-सबा[10]
आ ! कि बरहम[11] है, मिज़ाजे-बोस्ताँ[12] तेरे बग़ैर

---

१. मदिरा-प्रेमियोंका संगीत-साज़, २. गायक-समूह ज़ानुओंमें मुँह दिये बैठा है, ३. भँवरमें, ४. बड़े पात्रकी आग, ५. हरियाली रहित, ६. सूर्य-चाँद रहित, ७. पीला, ८. फूलोंका मुख, ९. मुर्झाई हुई, १०. हवाकी लहरें, ११. अस्त-व्यस्त, १२. उपवनकी व्यवस्था।

तेरे लिए

[१६ में-से ८]

आह गो[1] इक उम्रसे हूँ मैं रईस-इब्ने-रईस[2]
बनके निकला हूँ गदा-ए-बेनवाँ[3] तेरे लिए

....

आह इक फ़तवेकी[4] ख़ातिर कहना पड़ता है मुझे
शैख़-से ना-अहलको[5] मर्दे-ख़ुदा तेरे लिए
जाहिलाने-बे-ख़िरदके[6] ना-सज़ा अक़वालको[7]
मानना पड़ता है, बे-चूनो-चरा[8] तेरे लिए
चाक करके मैंने आबाई इमारतका लिबास[9]
ज़ेब-तन की है, ग़ुलामीकी क़बा[10] तेरे लिए
मुश्तरी[11] जिसका ख़ुदा था, चन्द सिक्कोंके एवज़
बेच दी मैंने वह जिन्से-बेबहा[12] तेरे लिए

....

---

१. माना कि २. खान्दानी, रईस, ३. मूक भिक्षुक, ४. मज़हबी रीति-रिवाजकी प्रामाणिकताकी सनदके लिए ५. अयोग्य, मूर्खको, ६. बे अक़्लों, गवाँरोंके, ७. अनुचित आदेशोंको, ८. हीलहुज्जत बग़ैर, चुप-चाप, ९. पूर्वजोंकी कीर्तिरूपी वस्त्र फाड़कर, १०. पराधीनताका परिधान पहना है, ११. ग्राहक,खरीददार, १२. अमूल्य निधि (भाव यह है कि जिस अमूल्य निधिको ईश्वर स्वयं ख़रीदना चाहता था, वह मैंने थोड़े-से सिक्कोंके लिए बेच दी)।

पूजना पड़ता है, हर काफ़िरको तेरे वास्ते
मानना पड़ता है, हर बुतको ख़ुदा तेरे लिए
आह जो फ़र्शे-हरमपर[1] भी कभी झुकता न था
मैंने बुतख़ानेमें[2] वह सर रख दिया तेरे लिए
शर्तें पूरी हो चुकीं लिल्लाह अब तो रहम कर
देख क्या था 'जोश' और क्या हो गया तेरे लिए

तसवीर

'जोश' आँखोंमें फिर रही है आज
एक जाने-हयाकी[3] यूँ तसवीर
ज़ेरे-महराबे-दैर[4] पिछले पहर
जिस तरह खन्द[5]:-ए-सराजे[6] मुनीर[7]
जैसे ज़ुल्मतमें[8] चश्मए-हैवाँ[9]
जैसे-क़ुरआँमें आयते-तहरीर[10]

१. मसजिदोंमें २. मूर्तियोंके सामने, ३. लज्जा शीलाकी, ४. मन्दिरके महराबके नीचे, ५-६-७. प्रकाशमान दीपक हँसता हुआ मालूम होता है, ८. अँधेरेमें, ९. पशुओंके पीनेके लिए तालाब, झरना, १०. क़ुरानमें आयत लिखी हुई है।

सूनी जन्नत

[२६ बन्दमें-से १४]

हाँ यही है, वोह मकाँ, वह जन्नते-दौरे-कुहन
कल था जिसकी अंजुमनमें[1] हुस्न सदरे-अंजुमन[2]
हाँ यह पुल है, रेलका और यह चमकती पटरियाँ
दास्ताँ दर दास्ताँनो-दास्ताँ दर दास्ताँ
हाँ यह खिड़की है, वही और यह सलाखें हैं, वही
झाँकती थी जिनसे उस मुखड़ेकी मीठी चाँदनी
हाँ यहीं जब पड़ रही थी एक दिन हल्की फुआर
गिर रहा था सुर्ख़ ज़ुल्फ़ोंका सुनेहरा आबशार
छू रही है, दिलको नोके-ख़ार[3]-सी कम्बख़्त साँस
यह मँका है, या कोई चुभती हुई सीनेकी फाँस
आह, यह दर जिसपै शम-ए-ज़िन्दगीका नूर[4] था
हैफ़ यह घर जो कलीमे-असरे-नौ-का तूर था[5]
आज इबरतनाक[6] है, बेरूह[7] है, बेहोश है,
कल हयातो-नग़्म[8] था, अब सर्द है, ख़ामोश है

---

१. सभामें, महफ़िलमें, २. अध्यक्ष, ३. काँटे-सी, ४. प्रकाश, ५. तूर पर्वतपर कलीमको ख़ुदाने जल्वा दिखाया था, (इस ख्यालसे शाइरका भाव यह है, कि प्रेयसीका घर तूर-जैसा गौरवास्पद था), ६. शोचनीय, ७. निर्जीव, ८. जीवन-संगीत ।

घरको अन्दरसे भी देखूँ या सड़क पर ही रहूँ
ख़ैर अन्दर भी चलूँ, फ़र्माने-दिल[1] है क्या करूँ

....

हाँ, यहाँ आराम करती थी वह थक जानेके बाद
हाँ, यहाँ वह बैठती थी ग़ुस्ल फ़र्मानेके बाद

....

मुसकराकर इक अदाए-नौसे देखा था यहाँ
काट कर दाँतोंसे इक दिन पान बख़्शा था यहाँ

....

वह किसीका दर्स तर्के-मैगुसारी[2] हाय-हाय !
वह मेरा हँस-हँसके शग़ले-बादाख़्वारी[3] हाय-हाय

....

इन हवाओंमें जवानीकी महक है, आज भी
साहरानालोच,[4] तुरकाना[5] लचक है आज भी

....

ख़ूनमें डूबा हुआ इन्सानका अफ़साना है,
कल जो घर इशरत सरा[6] था आज मातम ख़ाना है,

....

उड़के ख़ुद आ, या मुझीको रुख़सते-परवाज़ दे
किस लिए चुप हो गई ! आवाज़ दे ! आवाज़ दे !!

१. दिलका कहना, २. शराब न पीनेका उपदेश, ३. मद्यपान, ४. जादू भरा, ५. तुर्की माशूक़ोंकी, ६. सुख-वैभवपूर्ण ।

तआक़्क़ुब

[३० में-से ८]

"मर्द हो, इश्क़से जहाद[1] करो—
अब मुझे भूलकर न याद करो
दिलसे बीते दिनोंकी याद मिटा
न तो अब ख़ुद ही रो न मुझको रुला
भूल जाओ कही-सुनी बातें
न तो वह दिन हैं, अब न वह रातें
अब न वह मोड़ हैं, न वह गलियाँ
अब न वह फूल हैं, न वह कलियाँ
इस जहाँसे गुज़र चुकी हूँ मैं
अब यह समझो कि मर चुकी हूँ मैं
एक दुःखियाको और अब न सता
बन पड़े तो मेरी गलीमें न आ"

....

मेरे कानोंमें, मेरे सीने में
गूँजती रहती हैं, यह आवाज़ें
तंग आकर जिधर भी जाता हूँ
इन सदाओंको साथ पाता हूँ
"भूल जाओ कही-सुनी बातें"

---

१. युद्ध ।

याद है अबतक

[जनवरी १९४५] १७ में-से ८

याद है अब तक वह उनके यक-ब-यक आनेकी रात
दफ़अतन[1] वोह ग़ुंच-ए-दिलके[2] चटक जानेकी रात

....

वह घनेरी मस्तज़ुल्फ़ोंकी महकती छाँव में
गुनगुनाने मुसकराने झूमने-गानेकी रात

....

इस तरफ़ रुख़पर[3] तमन्नाकी गिरह खुलनेकी धूम
उस तरफ़ घबराके वोह ज़ुल्फ़ें बिखर जानेकी रात

....

इस तरफ़ लहराके ज़ुल्फ़ें चूम लेना शौक़का
उस तरफ़ बल खाके चादरमें लिपट जानेकी रात

मेरे माथेसे वह इक लबतिश्ना[4] आँच उठनेका रंग
उनके होंटोंसे वह इक भीगी महक आनेकी रात

इस तरफ़ गुस्ताख़ दस्तीकी[5] वह आँखोंमें चमक
उस तरफ़ डरकर वह पलकोंके झपक जानेकी रात

१. अकस्मात्, २. हृदय-कमल, दिलकी कली, ३. कपोलोंपर, ४. प्यार लेनेकी इच्छा, ५. हाथों द्वारा हरकत ।

इस तरफ़ बढ़कर वह दामन थामलेनेका ख़रोश[1]
उस तरफ़ पिछले क़दम हटकर वह घबरानेकी रात
वह जबींपर काकुलोंकी[2] छाँव पड़ना बार-बार
वह घटामें चाँदके रह-रहके छिपजानेकी रात

....

अदाए-सलाम

आँखोंमें गुंचाहाए-नवाज़िश[3] निचोड़ कर
मेरे-दिले-शिकस्ताको[4] नरमीसे जोड़ कर
होंटोंपै नीम[5] मौजे-तबस्सुमको[6] तोड़ कर
मेरी तरफ़ ख़फ़ीफ़[7]-सी गरदन मरोड़ कर
कल सुबह रास्तेमें सुहानी हवाके साथ
उसने मुझे सलाम किया किस अदाके साथ

१. शोर, २. ज़ुल्फ़ोंकी, ३. कली जैसी कृपा, ४. भग्न हृदय, टूटे दिलको, ५. आधी, ६. मुसकानकी लहरको, ७. तनिक-सी ।

यार परी चेहरा

[१९३३] २३ में-से ११

वोह यारपरी चेहरा कि कल शबको[1] सिधारा
तूफ़ाँ था, तलातुम[2] था, छलावा था, शरारा[3]
गुलबेज़ो-गुहर रेज़ो-गुहर बारो-गुहरताब
कलियोंने जिसे रंग दिया, गुल्ने सँवारा

....

ख़ुशपोशो-ख़ुश अतवारो-ख़ुश आवाज़ो-ख़ुश अन्दाम[4]
इक ख़ालपै क़ुर्बान समरक़न्दो ! बुख़ारा[5]

....

वह लब[6] कि महे-नौकी[7] धड़कने लगे छाती
वह आँख कि मोतीको न हो सब्रका यारा
कलियोंकी नुमाइशमें अगर हो मुतबस्सिम[8]
हो उसके ही होंटोंकी तरफ़ कसरते-आरा[9]
नज़रें जो उठा दे तो लरज़ने लगे ख़ुर्शीद[10]
आबरूको[11] जो बलदे तो हो महताब[12] दोपारा[13]

१. रातको, २. पानीके थपेड़े, ३. अंगारा, ४. अच्छी पोशाक, अच्छा स्वभाव, मधुर आवाज़ और नज़ाकतभरी चालवाला, ५. कपोलके तिलपर समरक़न्द और बुख़ारा जैसे देश न्योछावर, ६. ओठ, ७. दूजके चाँदकी, ८. मुक़ाबिला, ९. बहुसम्मति, १०. सूर्य्य, ११. भवोंको, १२. चाँद, १३. दु टुकड़े ।

सन्दलकी[1] दमक थी अरक़ आलूदा जबींपर[2]
या नहरे-गुलिस्ताँमें तड़पता हुआ तारा

....

सरशार जवानी थी कि उमड़े हुए बादल
शादाब तबस्सुम[3] था कि जन्नतका नज़ारा
ज़ुल्फ़ें थीं कि सावनकी मचलती हुई रातें
शोख़ी थी कि सैलाबका[4] मुड़ता हुआ धारा
रुख़ बातका इक़रारसे इन्कारकी जानिब
जिस तरह हिरन दश्तमें[5] भरता हो तरारा
अल्लाह करे वह सनमे-दुश्मने-ईमाँ
मचले किसी शब 'जोश' के पहलूमें दुबारा

---

१. चन्दनकी। २. पसीनेवाले मस्तकपर, ३. खिली हुई मुसकान, ४. बहावका, ५. जंगलमें।

चाँदके इन्तज़ारमें तारे

[२१ में-से ४]

किसने वादा किया है आनेका ?
हुस्न देखो ग़रीबख़ानेका ॥
आज घर-घर बना है पहली बार
दिलमें है ख़ुशसलीक़गी बेदार
अल्लामा शौक़े-दीदकी यूरिश
बढ गई और ख़ूनकी गर्दिश
आये वोह अश्क थम गये बारे
चाँद निकला, सुबक हुए तारे

द० ११

आशिक़-नवाज़[1]

[१६ में-से ५]

ख़ारे-हसरत[2] और तेरा क़ल्बे-रफ़ीक़[3]
गर्दे-हिरमां[4] और तेरी ज़ुल्फ़े-दराज़[5]
तेरा दामन और वक़्फ़े-अश्के-ग़म[6]
तेरा सीना और बारे-हर्फ़े-राज़[7]

आह वह और इस तरह झुककर मिले
ख़ुद उठाती हो जवानी जिसके नाज़
जिसके क़दमोंपै हो ख़ुद फ़ितरतका सर
वह पढ़े और मुझसे मिलनेको नमाज़

उसके दिलसे पूछिए ग़मका मज़ा
दिल शिकन[8] जिसके लिए हो दिल-नवाज़[9]

१. प्रियतमको प्रसन्न करनेवाली, २. अभिलाषाओंके काँटे, ३. और तेरे सहानुभूतिपूर्ण हृदयमें चुभें, ४. निराशाओंकी धूल, ५. तेरी घनेरी ज़ुल्फ़ोंमें दिखाई दे, ६. तेरे लिबासका दामन और वह ग़मगीन प्रियतमके आँसू पूँछनेके कार्य आये, ७. तेरा कोमल सीना और वह प्रेम-भेदोंके बोझ उठानेका प्रयास करे, ८. दिल तोड़नेवाला, ९. दिल ख़ुश करनेवाला ।

ला-इलाज-ताख़ीर[1]

[१५ में-से ८]

तुरबतकी तीरगीमें[2] उजाला हुआ तो क्या
जीनेका बादे-मर्ग[3] सहारा हुआ तो क्या

....

यूसुफ़को रंजे-हिज्र[4] मुसलसलने[5] खा लिया
अब एहतमामे-क़ुर्बे-ज़ुलेखा[6] हुआ तो क्या हुआ
मजनूँके वलवलों-ही पै जब ओस पड़ चुकी
सहरामें[7] रक़्से-नाक़:-ए-लैला[8] हुआ तो क्या

....

तब्दील हो चुका था जो दरिया सराबमें[9]
अब जाके फिर सराबसे दरिया हुआ तो क्या

....

ख़ुद दर्द बन चुका है, मदावाए-ज़िन्दगी[10]
अब दर्दे-ज़िन्दगीका मदावा[11] हुआ तो क्या

---

१. विलम्ब या उपेक्षाका इलाज नहीं, २. क़ब्रोंके अँधेरेमें, ३. मृत्युके बाद, ४. वियोग-दुःख, ५. लगातारने, ६. ज़ुलेखाके समीप रहनेका प्रबन्ध, ७. जंगलमें, ८. लैलाकी ऊँटनीका नृत्य, ९. रेगिस्तानमें, १०. जीवन-चिकित्सा, ११. इलाज।

गहवारा - ए - सफ़ीना[1] - ओ बाज़ू-ए-नाख़ुदा[2]
अब डूबनेके बाद मुहैय्या[3] हुआ तो क्या

इक़रारे - दिल - नवाज़ी[4] -ओ-आहंगे-इल्तफ़ात[5]
फिर उस निगाहे-नाज़में[6] पैदा हुआ तो क्या

....

आँखोंको 'जोश' बन्द हुए देर हो गई
अब बेनक़ाब आरिज़े-सलमा[7] हुआ तो क्या

१. नावका झूला, २. मल्लाहकी बाहोंका सहारा, ३. प्राप्त, ४. सहृदयताका आश्वासन, ५. महर्बानियोंका वादा, ६. प्रेयसीके नेत्रोंमें, ७. सलमाँ (प्रेयसीका नाम) के कपोलोंसे पर्दा हटा तो क्या ?

आख़िरी तमन्ना

[२३ में-से ६]

अब तमन्ना नहीं सीनेसे लगानेकी तुझे,
अपने दुःखते हुए पहलूमें बिठानेकी तुझे

....

अब नहीं शौक़ कि पहलूमें बिठाऊँ तुझको
भींचकर ख़ूब कलेजेसे लगाऊँ तुझको

....

तू अगर सूरते-जेबा[1] नहीं दिखलायेगी
यह ग़लत है कि मुझे मौत नहीं आयेगी
हाँ मगर साँस मेरे हल्क़में अटकेगी ज़रूर
फाँस अरमाँकी बुरी चीज़ है खटकेगी ज़रूर
बस यह हसरत[2] है, कि यह फाँस न खटके ऐ जाँ!
आख़िरी वक्त मेरी रूह[3] न भटके ऐ जाँ
ताज़ा बीते हुए लमहोंको[4] दुबारा कर लूँ
आ कि फिर धूमसे इकबार नज़ारा कर लूँ

---

१. सुन्दर चेहरा, २. अभिलाषा, ३. आत्मा, ४. क्षणोंको।

चन्द चुने हुए शेर

सद शुक्र कि फिर ज़ीस्तका[1] सामाँ नज़र आया
फिर दरपै कोई फ़ित्नए-दौराँ[2] नज़र आया
अब तक न ख़बर थी मुझे उजड़े हुए घरकी
तुम आये तो घर-बे-सरो-सामाँ[3] नज़र आया

महफ़िले-इश्कमें वोह नाज़िशे-दौराँ[4] आया
ऐ गदा[5]! ख़्वाबसे बेदार[6] कि सुलताँ आया
दूर ऐ ज़ुहद[7]! कि वोह ज़ुहद-शिकन[8] आ पहुँचा
रुख़सत ईमाँ! कि वोह ग़ारतगरे-ईमाँ आया

कजकुलाहीका[9] सरोबर्ग मुबारक ऐ 'जोश'
ले, पयाम, शिकने-तुर्रए-जानाँ[10] आया

गुज़र रहा है इधरसे तो मुसकराता जा
चराग़े-मजलिसो-रूहानियाँ[11] जलाता जा
उठाके नाज़से शबआफ़री[12] निगाहोंको
किसीकी सोई हुई रूहको जगाता जा

---

१. जीनेका, २. प्रेयसी, ३. अतिथि-सत्कारके अयोग्य, ४. इस युगका प्यारा, ५. भिक्षुक, ६. जाग, ७. ऐ संयम ! भाग जा, ८. वह तुझे नष्ट करनेवाला आ रहा है, ९. तिर्छी टोपीकी ऊँचाई, १०. टोपीमें शिकन डालनेवाला, ११. आध्यात्मिक दीप, १२. उनींदी ।

उठाके आरिज़े-गुलगूँसे[1] दो घड़ीको नक़ाब
नजरसे अर्ज़ो-समाँका[2] हिजाब[3] उठाता जा
अगर यह लुत्फ़गवारा नहीं तो मस्तेखि़राम[4]
जबीने-'जोश'[5] पै ठोकर ही इक लगाता जा

अर्ज़ो[6]-समाँको[7] साग़रो-पैमाना कर दिया
रिन्दोंने काइनातको[8] मैख़ाना कर दिया
आवाज़ दो कि जिंसे-दो आलमको[9] 'जोश' ने
क़ुर्बाने-यक तबस्सुमे-जानाना[10] कर दिया

कुछ रोज़तक तो नाज़शे-फ़रज़ानगी[11] रही
आख़िर हुजूमे-अक़्लने दीवाना कर दिया
ख़ाले-सियहको[12] बख़्शके मुहरे-पयम्बरी
ज़ुल्फ़ोंकी मौजे-कुफ़्रको ईमाँ बना दिया

कजकर कुलाहेफ़ख़्रको, तेरे शबाबको
मैंने ख़ुदा-ए-आलमे-इमकाँ बना दिया
लेकिन बईंहमा तेरा एहसान 'जोश' पर
दिलको दिये वोह दाग़ कि इन्साँ बना दिया

---

१. फूल जैसे मुखसे, २. पृथ्वी-आकाशका, ३. पर्दा, परायापन ४. मस्त चालवाले, ५. जोशके मस्तकपर, ६. पृथ्वी, ७. आकाशको, ८. दुनियाको, ९. दोनों जहानकी सम्पदाको, १०. प्रेयसीकी एक मुसकानपर न्योछावर, ११. नाज़ उठानेकी शक्ति, १२. कपोलके काले तिलको।

हरम हो, मदरसा हो, दैर हो, मस्जिद कि मैख़ाना
यहाँ तो सिर्फ़ जलवेकी तमन्ना है कहीं आजा
बड़े दावे हैं अहले-अंजुमनको सब्रो-तमकींके[1]
कभी जल्वतमें[2] भी ऐ फ़ित्नये-ख़िलवतनशीं[3]! आजा

दूरबीनी[4]-ओ-जवानी, यह तमाशा कैसा
ऐशे-इमरोज़के[5] तूफ़ानमें फ़रदा[6] कैसा
जिस शबे माहमें[7] हो बरबतो-फ़र्शे-सनजाब[8]
उस शबेमाहमें तसबीह[9] हो मुसल्ला[10] कैसा
'जोश' बाग़ी है मशीयतका[11] जवाने-सालह[12]
मौसमे-कुफ़्रमें इसलामका दावा कैसा

सुनता हूँ दर्देइश्क है हरदर्दकी दवा
आ और मेरे दर्दे-जिगरको दोचन्दकर
आया है 'जोश' तोफ़ए[13]-दाग़े-जिगर लिये
मर्ज़ी तेरी पसन्दकर या ना पसन्दकर

१. सन्तोष, संयमके, २. प्रकटमें, ३. एकान्तवासी, ४. दूरन्देशी, ५. आज आनन्दके तूफ़ानमें, ६. प्रलयका दिन, ७. चाँदनी रातमें, ८. संजाब (एक प्रकारका कम अर्ज़का कपड़ा) के फ़र्शपर वाद्य हो, ९. सुमरन, १०. नमाज़ी दरी, ११. ईश्वरीय आदेशका, १२. मज़हबी रिवाजोंका, १३. उपहार।

सकूँ[1] पाँव चूमे, वोह हलचल मचादे
ख़िरद[2] सर झुकादे वोह नादानियाँकर

शैख़[3] और ख़लिशे-बन्दगी[4]-ओ-ज़हमते-परहेज़[5]
मै और मए-देरीना[6]-ओ-माशूक़-ए-नौख़ेज़[7]

वोह 'जोश' सूए-चमन झूमता हुआ आया
उठ ऐ ज़मानो मकाँ! उठ बराये-इस्तक़बाल[8]

वोह सजदा[9] जिसके वास्ते फ़र्शे-हरम-[10] है नंग[11]
फिर आस्ताने-यारमें ग़लताँ[12] है आजकल
वोह जान जिसपै मायाए-कौनोमकाँ निसार[13]
फिर नज्र इक तबस्सुमे-जानाँ[14] है आजकल

न जादू न अफ़सूँगरी[15] चाहता हूँ
फ़क़त हुस्नसे दिलवरी चाहता हूँ
मिज़ाज़े-तमन्नाए-ख़ुद्दार[16] तौबा
इबादतमें भी दावरी[17] चाहता हूँ

---

१. चैन, शान्ति, २. बुद्धि, ३. शेख़जीकी संगति, ४. नमाज़की परेशानी, ५. परहेज़गारीकी मुसीबत कौन उठाये, ६. पुरानी मदिरा, ७. सुकुमारी प्रेयसी बस यही दो चीज़े जोशको रुचिकर हैं, ८. स्वागतके लिए ९. झुके हुए मस्तकके, १०. मस्जिदका फ़र्श, ११. संकीर्ण, तुच्छ, १२. लीन, व्यस्त, १३. संसारकी सम्पदाएँ न्योछावर, १४. प्रेयसीकी मुसकानकी भेंट, १५. सम्मोहन विद्या, १६. स्वाभिमानकी इच्छाके मिज़ाज, १७. ईशरत्व।

जो पैग़ाम्बरीमें भी दुश्वारियाँ हों
तो हंगामये-काफ़री चाहता हूँ

मेरी मजाल, तेरी बज़्म, और लनतरानियाँ
मैं नक़्शेपाये-रहरवाँ[1] तू अफ़सरे-जहानियाँ

अजीब तुर्फ़ा राज़ हैं मेरी शबोंके[2] राज़[3] भी
जिन्हें निहाँ[4] किये हुई हैं सैकड़ों जवानियाँ
शबाबे-रफ़्ताके[5] क़दमकी चाप सुन रहा हूँ मैं
नदीम[6]! अहदे-शौक़की[7] सुनाये जा कहानियाँ

न जाने रातको था कौन ज़ीनते-पहलू[8]
मचल रही थी हवामें शराबकी ख़ुशबू

याँ जब आवेज़िश ही ठहरी है तो ज़र्रे छोड़कर
आदमी ख़ुरशीदसे दस्तो-गिरेबाँ क्यों न हो

पाचुका ताअ़तकी लज़्ज़त, दर्दके पहलू भी देख
शैख़! आ महराबसे बाहर ख़मे-अबरू भी देख
फ़र्शे मस्जिदसे उठा भी ख़ाक-आलूदा जबीं
रखके ज़ेरेसर किसी माशूक़का ज़ानू भी देख

हुस्न ज़ारोंसे उबलता है कभी तो जाम उठा
देखती हैं 'जोश'की आँखें वोह आलम तू भी देख

१. यात्रीका चरणचिह्न, २. रातोंके ३. भेद, ४. छिपाये हुए, ५. जानेवाले यौवनकी, ६. मित्र, ७. युवा-युगकी, ८. बग़लकी शोभा।

हर शयसे फूट निकलें, चश्मे जवानियोंके
हाँ ऐ निगारे नौरस! ऐसा कोई तराना

हों कितनी ही तारीक शबे ज़ीस्तकी राहें
इक नूर-सा रहता है झलकता मेरे आगे
जब चाँद झलकता है मेरे साग़रे ज़रमें
चलता नहीं ख़ुरशीदका दावा मेरे आगे
जब झूमके मीनाको उठाता हूँ घटामें
हिलता है सरे-गुम्बदे-मीना-मेरे आगे

आ, फ़स्लेगुल है, ग़र्क़े-तमन्ना तेरे लिए
डूबा हुआ है रंगमें सहरा तेरे लिए
उठ चश्मे-जाविदानः साग़र-फ़रोश उठ
मचली हुई है लरज़िशे-सहबा तेरे लिए

सब्ज़ोका फ़र्श अब्रका ख़ेमा[1] गुलोंका इत्र
गुलशनमें एहतमाम[2] है क्या-क्या तेरे लिए
तुग़याने-गुल शबाबपै, बुलबुल ख़रोशमें[3]
इक हश्र-सा है बाग़में बरपा तेरे लिए

हनूज़[4] चर्ख़पै छाई नहीं है मस्त घटा
चमनकी ख़ाक है ख़ुदको दुल्हन बनाये हुए
नहीं मिला है सबाको हनूज़ अज़्ने-ख़िराम[5]
मगर चिराग़ अभीसे हैं झिलमिलाये हुए

---

१. बादलके तम्बू, २. व्यवस्था, प्रबन्ध, ३. फूलोंपै जवानी आई हुई है, बुलबुल चहक रही है, ४. अभी तक, ५. चलनेका सन्देश।

सुलग रहे हैं बराबर हज़ार-हा ख़िरमन[1]
हनूज़ अब्रमें बिजली है मुँह छुपाये हुए
खुले हुए हैं सबामें हज़ार-हा नाफ़े[2]
हनूज़ ज़ुल्फ़में हैं वोह गिरह लगाये हुए
हनूज़ यार है ख़िलवत[3] गुज़ीं-ओ-हुजला नशीं
तमाम बज़्मके चेहरे हैं मुसकराये हुए
सुना है 'जोश'! उठेगी किसीकी आँख इधर
दिलोंको लोग कलेजेसे हैं लगाये हुए

यह माना दोनों ही धोके हैं रिन्दी[4] हो कि दरवेशी[5]
मगर यह देखना है कौन-सा रंगीन धोका है
खिलौना तो निहायत शोख़ोरंगी है तमद्दुनका[6]
मआरिफ़[7] मैं भी हूँ लेकिन खिलौना फिर खिलौना है
मुझे मालूम है, जो कुछ तमन्ना है रसूलोंकी
मगर क्या दर हक़ीक़त वह ख़ुदाकी भी तमन्ना है ?

सोज़ेग़म[8] देके मुझे उसने यह इरशाद किया—
"जा तुझे कश-म-कशे-दहरसे[9] आज़ाद किया
वोह करें भी तो किन अलफ़ाज़में तेरा शिकवा
जिनको तेरी निगहे-लुत्फ़ने बरबाद किया
इतना मानूस[10] हूँ फ़ितरतसे, कली जब चटकी
झुकके मैंने यह कहा—"मुझसे कुछ इरशाद किया" ?

१. खलियान, २. कस्तूरीके नाफ़े, ३. एकान्तमें, ४. मद्य-पान, ५. साधुत्व, ६. संस्कृति, तहज़ीबका, ७. प्रशंसक, ८. दुःखी दिल, ९. संसारकी चिन्ताओंसे, १०. परिचित, अभ्यस्त।

मुझको तो होश नहीं, तुमको ख़बर हो शायद
लोग कहते हैं कि तुमने मुझे बरबाद किया

वोह ग़रीब दिलको सबक़ मिले कि ख़ुशीके नामसे डर गया
कभी हँसके तुमने भी बात की तो हमारा चहरा उतर गया

तुम्हें आहें सुननेका शौक़ था, मगर अब बताओ करोगे क्या ?
जो कराहता था तमाम शब[1], वोह मरीज़ 'जोश' तो मर गया

मिट चली थी ख़लिशे-सजदए-शौक़
फिर तेरा नक़्शे-क़दम याद आया
हमनशीं ! तूने भुलाया था जिसे
फिर तेरे सरकी क़सम याद आया

मौतकी जानिब मुड़ा है बढ़के हरइक रास्ता
ज़िन्दगीने आफ़ियतकी राह दिखलाई तो क्या

या रब ! यह भेद क्या है कि राहतकी फ़िक्रमें
इन्साँको और ग़ममें गिरफ़्तार कर दिया
दिल कुछ पनप चला था तग़ाफ़ुलकी[2] रस्मसे
फिर तेरे इल्तफ़ातने[3] बीमार कर दिया
कल उनके आगे शरहे-तमन्नाकी आरज़ू[4]
इतनी बढ़ी कि नुत्क़को[5] बेकार कर दिया
यह देखकर कि उनको है रंगीनियोंका शौक़
आँखोंको हमने दीदए-ख़ूँबार[6] कर दिया

---

१. रातभर, २. उपेक्षाकी, ३. कृपाने, ४. अभिलाषाओंके प्रकट करनेकी इच्छा, ५. वाणीको, ६. रक्त-रंजित ।

जो चाहना इख़्तयार करना।
दुनियापै न एतबार करना॥

यह सबाने ख़ाक उड़ाई क्यों, यह चटकके ग़ुंचेने क्या कहा ?
मुझे वहम होता है हमनवा[1] ! कोई भेद इसमें ज़रूर था॥

तुम्हारा ज़िक्र नहीं है, तुम्हारा नाम नहीं।
किया नसीबका शिकवा हज़ार बार किया॥
सबूत है यह मुहब्बतकी सादा लोहीका
जब उसने वादा किया, हमने एतबार किया

"क्यों चुप है सब, मरीज़े-मुहब्बतको क्या हुआ" ?
उनका यह पूछना था कि महशर बपा हुआ
ज़हमत न हो तो दरपै ज़रा चलके देखलो
आया है कोई अपना पता पूछता हुआ
इक तुम कि अहले दिलकी नज़रपर चढ़े हुए
इक मैं कि ख़ुद हूँ अपनी नज़रसे गिरा हुआ

तुम भी आओ, वर्ना कलियोंका चटकना बाग़में
मेरे दिलके टूट जानेकी सदा हो जायगा

फ़ुग़ाँ कि मुझ ग़रीबको हयातका यह हुक्म है
समझ हरेक राज़को मगर फ़रेब खाये जा

१. साथी, एक भाषा-भाषी,

आड़े आया न कोइ मुश्किलमें
मशवरे देके हट गये एहबाब[1]
हाँ अब असर हुआ मुहब्बतका
हमसे आने लगा है उनको हिजाब[2]
शब जो बैठे वोह मेरे पहलूमें
मुसकराने लगी शबे-महताब[3]
'जोश' खिलती थी जिनसे दिलकी कली
कैसे वह लोग हो गये नायाब[4]

हम भी आख़िर ख़ुदाके बन्दे हैं,
कोई हद भी है, ओ सितम ईजाद !

ऐ हमनशीं ! महाल है, नासेहका टालना
यह और यहाँसे जायें ? नसीहत किये बग़ैर

आने वाली है, क्या बला सर पर
आज फिर दिलमें दर्द है, कम-कम

वाकिफ़ है, 'जोश' इश्क़से अपने तमाम शहर
और हम यह जानते हैं, कोई जानता नहीं

१. इष्ट-मित्र, २. शर्म, ३. चाँदनी रात, ४. अप्राप्य।

अब सर उठा कि मैंने शिकवोंसे हाथ उठाया
मर जाऊँगा सितमगर ! नीची न कर निगाहें
यह बात, यह तबस्सुम, यह नाज़, यह निगाहें,
आख़िर तुम्हीं बताओ, क्यों कर न तुमको चाहें

कुछ गुल ही से नहीं है, रूहे-नमूको रग़बत
गरदनमें ख़ारकी भी, डाले हुए है बाहें

अल्लाहरे दिलफ़रेबी, जल्वोंके बाँकपनकी
महफ़िलमें वोह जो आये कज हो गईं कुलाहें

ऐ मेरे वादा भूलने वाले !
डूबनेके क़रीब हैं तारे
'जोश' से कल जो नाम इक पूछा
हो गया ज़र्द शर्मके मारे

दिलका रोना है, दिलका मातम है
अब तो हर साँस नौह - ए - ग़म है
मेरा सदमोंसे मुसकरा देना
बहतर अज़ सद हज़ार मातम है
याद उनकी बहुत नहीं आती
शायद अब दिलकी ज़िन्दगी कम है

हद है, अपनी तरफ़ नहीं मैं भी
और उनकी तरफ़ ख़ुदाई है
आपसे - हमसे रंज ही कैसा ?
मुसकरा दीजिए सफ़ाई है

क़दम इन्साँनका राहे-दहरमें थर्रा ही जाता है,
चले कितना ही कोई बचके ठोकर खा ही जाता है,
नज़र हो ख़्वाह कितनी ही हक़ाइक़-आश्ना फिर भी
हजूमे-कश-म-कशमें आदमी घबरा ही जाता है,
ख़िलाफ़े-मस्लहत मैं भी समझता हूँ, मगर वाइज़ !
वोह आते हैं, तो चहरेपर तग़ैय्युर आ ही जाता है;
समझती हैं, मआलेगुल, मगर क्या ज़ोरे-फ़ितरत है ?
सहर होते ही कलियोंको तबस्सुम आ ही जाता है,

हज़ार बार हुई गो मआले-दिलसे दो चार
कलीसे ख़ू न गई फिर भी मुसकरानेकी
चराग़ दैरोहरम कबके बुझ गये ऐ 'जोश' !
हनूज़ शमअ़ है, रोशन शराबख़ानेकी

शिकायत क्यों इसे कहते हो ? यह फ़ितरत है, इन्साँकी
मुसीबतमें ख़याले-ऐशे-रफ़्ता आही जाता है,

न जानें कितनी रंगी सुहबतें हैं, मेरी नज़रोंमें
बस-ऐ मुतरब[1] ! मेरी आँखोंमें आँसू आये जाते हैं
शबे-दीदः[2] यह कैसी तीरगी[3] है ? वक़्त क्या होगा ?
तमन्नाओंके ग़ुंचे हमनफ़स[4] ! कुम्हलाये जाते हैं
कोई हद ही नहीं इस एहतरामे-आदमीयतकी[5]
बदी करता है, दुश्मन, और हम शरमाये जाते हैं,
बहुत जी ख़ुश हुआ ऐ हमनशीं ! कल 'जोश'से मिलकर
अभी अगली शराफ़तके नमूने पाये जाते हैं !

१. गायक, २. रातको, ३. अँधेरी, ४. सहयोगी, ५. मानवताके आदरकी।

फ़िक्र ही ठहरी तो दिलको, फ़िक्रे-ख़ूबाँ[1] क्यों न हो
ख़ाक होना है तो ख़ाके-कूए-जानाँ क्यों न हो[2]
ज़ीस्त है, जब मुस्तक़िल आवारागर्दी ही का नाम[3]
अक़्लवालो ! फिर तवाफ़े-कूए-जानाँ[4] क्यों न हो
इक-न-इक हंगामपर मौक़ूफ़ है, जब ज़िन्दगी[5]
मैकदेमें रिन्द रक्साँ-ओ-ग़ज़लख़्वाँ[6] क्यों न हो

देख जाओ कि होश आया है
फिर हमारी ख़बर न पाओगे

दोनों जहाँको लेके दिया एक मैका जाम
रहमत ख़ुदाकी साक़ी - ए - अरज़ाँ फ़रोशपर[7]

जब ज़िक्र तुम्हारा छिड़ता है, जब याद तुम्हारी आती है
रह - रह कर इस सीनेमें इक नागन - सी लहराती है

शिकस्ता होंगे[8] रबाब[9] क्या-क्या, तबाह होंगे शबाब[10] क्या-क्या
चलेंगे पीरीके[11] वार[12] कितने, मगर ज़माना जवाँ रहेगा
पलक झपकनेमें एक बर्छी, नज़रके उठनेमें एक ख़ंजर
यही अगर उशवः[13]-कारियाँ हैं, तो कोई बच कर कहाँ रहेगा ?

---

१. चिन्ताओंमें ही जीवन व्यतीत होना है, तो सुन्दरियोंकी चिन्ताओंमें ही जीवन फिर क्यों न बिताया जाय, २. मिट्टीमें मिलना है, तो प्रेयसीके कूचेकी ख़ाक बना जाय, ३. ज़िन्दगी जब इधर-उधर भटकनेका स्थायी नाम है, तो, ४. प्रेयसीके कूचेके ही चक्कर क्यों न लगाये जायें, ५. झंझटों और शोरो-गुलमें जब जीना है, तो, ६. फिर मदिरालयमें शानसे नाच-रंग क्यों न किया जाय, ७. सस्ती वस्तु बेचने वाले साक़ी पर ईश्वर दया करे, ८. टूट जायेंगे, ९. वायलिन, १०. यौवन, ११. वृद्धावस्थाके, १२. वार, हमले, १३. कारनामें ।

वतनमें आग़ाज़े-शाइरीने कहा था यादश-ब-ख़ैर मुझसे
यही अगर नग्मः बारियाँ हैं, चमनमें क्या आशियाँ रहेगा ?

मुसकराती हुई यूँ आई वह मैख़ानेमें
रुक गई साँस छलकते हुए पैमानोंकी

चली आज ऐसी ख़ुनक हवा कि किसीको याद दिला दिया
जो दिया था दिलमें बुझा हुआ, उसे हाय फिरसे जला दिया

पूछते क्या हो 'जोश' की हालत
अबकी बचते नज़र नहीं आते

दिलकी पामालीपै नादाँको तरस खाने भी दो
रोकनेसे फ़ायदा ? नासेहको समझाने भी दो

शबको[1] आँखें लड़ीं हुए ख़ामोश
सुबह देखा तो राज़ अफ़शा[2] था

अदबसे देख चमनमें बहार फूलोंकी
चमक रही हैं, यह पेशानियाँ रसूलोंकी
हसीन झूल रहे हैं, ब-रंगे-अब्रे-बहार[3]
रवाँ[4] है, ख़ूने-हिना डोरियोंमें झूलोंकी

गोया सरे-कुहसार मचलती हुई बदली
उस शाहिदे-बदमस्तकी रफ़्तार तो देखो

१. रातको, २. भेद उजागर, ३. बहार और वर्षाके रूपमें, ४. प्रवाहित।

ऐ इन आरास्ता[1] ज़ुल्फ़ोंके असरसे ग़ाफ़िल !
तूने पुर्ज़े नहीं देखे हैं, गरेबानोंके

तल्ख़िए-हक़की हमनशीं ! सौगन्द
सब्र भी तल्ख़ है, शराब भी तल्ख़

पहलूमें यार सादा, आँखोंमें मौजे-बादा
ऐ 'जोश' अल्लाह-अल्लाह क्या पाक बाज़ियाँ हैं,

बग़ैर नाम लिये आपका अगर मैंने
शराब पी हो तो गोया हराम शै पी हो,

ऐ आस्मान ! तेरे ख़ुदाका नहीं है, ख़ौफ़
डरते हैं, ऐ ज़मीन ! तेरे आदमीसे हम

दिल हुआ इतना ख़ुशीसे हमकनार
रूहको एहसासे - ग़म होने लगा

गूँजती फिरती है, आफ़ाक़में भूकोंकी सदा
कौन अल्लाहको कहता है, कि रज़्ज़ाक़ नहीं ?

तुझको इन नींदकी तरसी हुई आँखोंकी क़सम
अपनी रातोंको मेरे हिज्रमें बरबाद न कर

बाल उलझे हुए, लबख़ुश्क, निगाहें मायूस
हुस्नपर इतना सितम ऐ सितम ईजाद ! न कर

ऐ अब्र जाके कहना उस जाने-आर्ज़ूसे
"चुभती है, फाँस दिलमें अब तो गुलोंकी बूसे"

---

१. सँवारी हुई।

अब यह आलम है, ज़िन्दगानीका
जिसपै ऐ 'जोश'! मौत हँसती है,

आके बज़्मे-ऐशमें बैठे भी तो यूँ आके हम
अपनी ग़म-ए-ज़ीस्तके दोनों सिरे सुलगाके हम

आये वोह, और मैं न था मौजूद
यूँ दुआएँ क़ुबूल होती हैं,

दिलके लिए शरारे जहन्नुमसे कम नहीं
वोह हर्फ़े-आर्ज़ू[1] जो ज़बाँसे अदा न हो

रुख़पै सुर्ख़ी, निगाहमें बचपन
ज़िन्दगीके लिबासमें गुलशन

उम्रे-नौ[2] हो, ख़िज़्रसे[3] बहतर है,
इक नफ़सकी[4] भी फ़ारुग़ुलबाली[5]

ख़ुदा गवाह कि काटेसे अब नहीं कटतीं
यह इन्तज़ारकी रातें यह इन्तज़ारके दिन

१. मनकी अभिलाषा, २. नवजीवन चाहे क्षणिक हो, ३. ख़िज़्र एक बुज़ुर्ग जो इस्लाम धर्मके अनुसार अमर हैं और भूले-भटकोंको मार्ग बताते रहते हैं, ४. श्वासकी, पलभरकी, ५. निराकुलता भी श्रेष्ठ।

मुश्तें कि बाद अज़ जंग....

[१९४७] २१ मई-से १७

बुझ गई जब शमअ़, सद्रे-बज़्मे-जाँ[1] आया तो क्या ?
सुबह परवानोंका लश्कर पुरफ़िशाँ आया तो क्या ?

क़द्रदाने - गोहरो - गुल[2] ही न जब बाक़ी रहे
कोई अब गोहरफ़िशाँ[3]-ओ-गुलचकाँ[4] आया तो क्या

कर चुकीं जब काम अपना तिश्नगीकी शिद्दतें[5]
कोई शानेपर[6] लिये रतले-गराँ[7] आया तो क्या ?

खेतियाँ लू से झुलस कर जब कि लौ देने लगीं
पेचो-ख़म खाता घटाओंका धुआँ आया तो क्या

जब तरस खाकर ख़ुदाने ख़त्म कर दी ज़िन्दगी
मआ़ज़रत ख़्वाहीको[8] अब ज़ौरे-बुताँ[9] आया तो क्या ?

एक - इक क़तरेको तरसा ज़िन्दगानीका सुबू[10]
अब कोई लेकर शराबे-ज़रफ़िशाँ[11] आया तो क्या ?

---

१. प्राणरूपी उत्सवका अध्यक्ष, २. मोतियों और फूलोंके गुणग्राहक, ३. हँसनेमें मोती जैसे दाँत चमकनेवाला, ४. फूलन्दे, ५. प्यासकी अधिकता, ६. कन्धेपर, ७. शराबका बड़ा पात्र, ८. क्षमा-याचनाके लिए, ९. ज़ालिम, १०. पात्र, ११. सुनेहरी शराब ।

तिश्नालब हस्तीका पैमाना[१] छलक जानेके बाद
मुग़बचे[२] आये तो क्या, पीरे-मुग़ाँ[३] आया तो क्या ?

क़स्रे-जाँपर[४] तो घिरे रहते थे बादल मौतके
क़ब्रपर अब्रे-हयाते-जाविदाँ[५] आया तो क्या ?

ज़िन्दगीपर अपना साया भी न डाला भूलकर
अब सरे-तुर्बत कोई स-रु-ए-रवाँ[६] आया तो क्या ?

हो चुका बाज़ार ही क़हते-ख़रीदारीसे[७] बन्द
अब कोई जो बिन्दहए-जिन्से-गराँ[८] आया तो क्या ?

हो चुकी जब सुबह तो झोंका हवाए-नर्मका
लेके बूए-गेसु-ए अम्बरफ़िशाँ[९] आया तो क्या ?

....

जब कफ़नमें छुप गई उरयानिए-उम्रे-ज़बूँ[१०]
कोई लेकर अब हरीरो[११]-परनिया[१२] आया तो क्या ?

उम्र भर तो ठोकरें खाता रहा ज़ौक़े-जमाल[१३]
अब लहदपर[१४] कारवाने गुलरुख़ाँ[१५] आया तो क्या ?

---

१. जीवनके प्यासे ओठरूपी पात्र, २. शराब देनेवाले छोकरे, ३. मधुशाला-स्वामी, ४. जीवनरूपी महलपर, ५. अमृतरूपी बादल, ६. सरू वृक्ष जैसे क़दवाला, ७. ख़रीददारोंके अभावसे, ८. क़ीमती सामानका गाहक, ९. कस्तूरीकी सुगन्ध जिसकी ज़ुल्फ़ोंमें आती है, १०. बदसूरतीकी नग्नता, ११. रेशमी वस्त्र, १२. एक प्रकारका फूलदार कपड़ा, १३. सौन्दर्यका, शौक़, १४. क़ब्रपर, १५. कुसुम जैसी कोमलाङ्गियोंका दल ।

ज़िन्दगीने इक तबस्सुम भी न पाया भीकमें
अब जलूसे-ख़न्दाहाए महवशाँ[1] आया तो क्या ?
ज़िन्दगी थी और ज़मींकी मुत्तसिल पाबोसियाँ[2]
अब मेरी तुर्बतपै झुकने आस्माँ आया तो क्या ?
जंगलोंमें जो मुसाफ़िर सर पटककर मर गया
अब उसे आवाज़ देता कारवाँ[3] आया तो क्या ?
उड़ चुकी जब ख़ाक तक मेरी हवाके दोशपर[4]
होशमें ऐ 'जोश' ! अब हिन्दोस्ताँ आया तो क्या ?

१. हँसते हुए माशूक़ोंका जलूस, २. जीवन भर झुकनेको मजबूर रहे,
३. यात्रीदल, ४. कन्धे पर ।

रफ़ीक़-ए-हयातसे[1]

[फरवरी १६४६] ३८ में-से १६

'जोश'-जैसे रिन्द और आशिक़ मिज़ाजका दाम्पत्य-जीवन कैसा रहा होगा ? अपनी पत्नीके प्रति व्यवहार कैसा रहा होगा ? दोनों हाथोंसे दौलत लुटाने, बे-परवाह ज़िन्दगी, उदार और क्रोधी स्वभावसे गार्हस्थ्य जीवनमें कितना उथल-पुथल हुआ होगा ? दिन-रात रिन्दोंके जमघटोंने, महफ़िलोंने पत्नीके कलेजे पर कैसे-कैसे तीर चलाये होंगे ? पत्नी आठ-आठ आँसू रोते हुए भी किस सुघड़तासे गृहस्थी चलाती होगी ? जोशका अपनी पत्नीके प्रति किस प्रकारका बर्ताव रहा होगा ? इसीतरहके प्रश्न पाठकोंके मनमें उठने स्वाभाविक हैं। इन प्रश्नोंका समाधान कुछ-कुछ इस नज़्मसे होगा। जोश पत्नीके उपालम्भ पर अपनी कैफ़ियत यूँ देते हैं—

ऐ मेरी शमए-शबिस्ताँ[2] तेरे दिलमें और यह बात
यानी अब कम हो चला है तुझसे मेरा इल्तफ़ात[3]
अल्लामाँकी[4] बन्दे फ़ितरतसे[5] और इतना सूएज़न[6]
ऐ अनीसे-पाकफ़ितरत[7] ! ऐ रफ़ीक़े-पाकतन[8] !!
तू मेरे बच्चोंकी माँ है, मेरे घरकी रोशनी
और बहू है तू मेरे ख़ुल्द-आशियाँ[9] माँ-बापकी

---

१. जीवन-संगिनीसे, २. शयनागारके प्रकाश, ३. प्रेम, ४. खुदाकी पनाह, ५. स्वभावसे, ६. बदगुमानी, अविश्वास, ७. पवित्र स्वभाववाली सहयोगिनी, ८. शुद्धतनवाली मित्र, ९. जन्नतवासी।

तू है ज़ामिन[1] मेरे हर आग़ाज़ हर अंजामकी[2]
तुझपै है बुनियाद मेरी नस्ल, मेरे नामकी
खेई है तूने न जाने कितने तूफ़ानोंमें नाव
तेरे दिलमें किस क़दर हैं मेरे रोमानोंके[3] घाव
मेरी रंगीनीकी हातों मुद्दतों शामो-सहर
तेरे दिलसे ख़ूनकी टपकी हैं बूँदें किस क़दर
मेरी शबगर्दीके[4] तूफ़ानोंमें ऐ शमए-हरम[5]
नूहकी कश्तीसे बढ़कर तू रही साबित क़दम

....

उक्त अशआरसे ध्वनित होता है कि 'जोश' अपनी पत्नीको अत्यन्त आदरकी दृष्टिसे देखते हैं। उसे ही अपना जीवन-सर्वस्व और वंशकी प्रतिष्ठा समझते हैं। लेकिन स्वभावसे लाचार होकर जोश उन कामोंसे भी बाज़ नहीं आते, जिनसे पत्नीके हृदयको ठेस लगना स्वाभाविक है। वे अपनी इस कमज़ोरीको स्वीकार करते हुए, उन्हें बाल-सुलभ अपराधोंके समान क्षमा कर देनेके लिए याचना करते हुए कहते हैं—

ऐब तिफ़लाना कुछ ऐसा बदनुमा होता नहीं
कोई बच्चोंकी शरारतपर ख़फ़ा होता नहीं
हाँ मगर इसका यक़ीं करले जो कुछ कहता हूँ मैं
देर तक तुझसे कभी ग़ाफ़िल नहीं रहता हूँ मैं

....

१. मेरी प्रामाणिकताकी साक्षी, २. प्रारम्भ, और परिणामकी, ३. दूसरी स्त्रियोंसे इश्क़ लड़ानेके, ४. रातोंको भटकनेके, ५. महलकी दीपशिखा।

अब भी मेरे सरपै इक बदली-सी है छाई हुई
ख़ूनमें शादीकी शहनाई है लहराती हुई

....

डूब ही सकता नहीं, ता-उम्र जिसका आफ़ताब[1]
तेरे रुख़सारोंके[2] पर्देमें है वोह सुबहे-शबाब
इत्र और उबटनसे था जो कल चमन अन्दर चमन
अब भी नज़रोंमें है तेरा वह उरूसी बाँकपन[3]
यादे-माज़ीसे[4] जो रुख़पर[5] है अरक़[6] उसको न कोस
यह तो है आग़ाज़की[7] भीगी हुई रातोंकी ओस

....

आईनेके सामने खुलती हैं जब ज़ुल्फ़ें तेरी
अपने सेहरेकी महक आती है मुझको आज भी
क्यों है लटकी इस सफ़ेदीसे तेरे दिलमें कसक
यह तो है धुँदले सुहाने ख़ीते-अबेज़ेकी झलक[8]
एक मुबहम-सी[9] सफ़ेदीसे न हो यूँ बदगुमाँ[10]
यह तो गुज़री चाँदनी रातोंकी हैं परछाइयाँ
रास्तगोई[11] है मेरा ईमाँ कि अफ़ग़ाँज़ादा[12] हूँ
कल था जैसा आज भी वैसा तेरा दिलदादा[13] हूँ

१. सूर्य्य, २. गालोंके ३. दुल्हनवाला बाँकपन, ४. भूतकालकी यादसे, ५. कपोलपर, ६. पसीना, ७. शुरू-शुरूकी, ८. अँधेरी चाँदनी रातोंकी झलक, ९. व्यर्थ-सी, १०. अविश्वासी, ११. सच बोलना, १२. पठान, १३. हृदयाभिलाषी।

प्रोग्राम

[१६३३]

ऐ शख़्स ! अगर 'जोश' को तू ढूँढना चाहे
वह पिछले पहर हल्क़-ए-इरफ़ाँमें[1] मिलेगा
और सुबहको वह नाज़रे-नज़्ज़ारा-ए-क़ुदरत[2]
तरफ़े-चमनो-सहने-बयाबाँमें[3] मिलेगा
और दिनको वह सरगुश्त[4]-ए-इसरारो-मुआनी[5]
शहरे-हुनरो[6]-कूए-अदीबाँमें[7], मिलेगा
और शामको वह मर्दे-ख़ुदा रिन्दे-ख़राबात[8]
रहमतकदा-ए-बादा[9] फ़रोशाँ[10]में मिलेगा
और रातको वह ख़िलवती-ए-काकुलो-रुख़सार[11]
बज़्मे-तरबो[12]-कूच-ए-ख़ूबाँमें[13] मिलेगा
और होगा कोई जब्र[14] तो वह बन्द-ए-मजबूर[15]
मुर्देकी तरह ख़ान-ए-वीराँमें[16] मिलेगा

१. अध्यात्म-प्रेमियोंमें, सत्यकी खोज करनेवाले महानुभावोंमें, २. प्राकृतिक सौन्दर्योपासक, ३. उपवनों और उद्यानोंकी तरफ़, ४. हैरान आवारा, भटका हुआ, ५. भाषा-शास्त्रकी गुत्थियोंके सुलझानेमें (लीन) ६. कला-विज्ञोंके नगरमें, ७. साहित्योंके स्थानोंपर, ८. मदिरालयका भक्त, ९. कृपाओंसे परिपूर्ण १०. मद्य-वितरकोंके यहाँ, ११. सौन्दर्य और एकान्त प्रेमी, १२. आनन्दपूर्ण मजलिसों, १३, सुन्दरियोंके कूचेमें, १४. अत्याचार, दबाव पड़ना, १५. लाचार, १६. वीरान जंगलोंमें।

प्रकृति-सुषमा एवं शब्द-चित्र

१. हुस्नके इशारे
२. शामकी बज़्म-आराइयाँ
३. ज़ोहयात मनाज़र
४. घटा
५. दुरंगी
६. बरसातकी पहली घटा
७. शबे-माह
८. पैग़म्बरे-फ़ितरत
९. चलो चलके जंगलमें मंगल मनायें
१०. सुहागन बेवा
११. बादशाहका जनाज़ा
१२. एक तक़ाबुल
१३. सरमायादार शहरयार
१४. मौलवी

हूरके इशारे

भरी बरसातमें जिस वक़्त बादल घिरके आते हैं,
बुझा कर चाँदकी मशअल[1] सियहपरचम[2] उड़ाते हैं,
मकाँके बामोदर बिजलीकी रौमें जब झलकते हैं,
सुबक बूँदोंसे दरवाज़ोंके शीशे जब खनकते हैं,

सितारे दफ़्न[3] हो जाते हैं, जब आग़ोशे-ज़ुल्मतमें[4]
लपक उठता है, इक कौंदा-सा जब शाइरकी फ़ितरतमें

कड़कसे आँख खुल जाती है, जब कमसिन हसीनोंकी
झलक उठती है, मौजेबर्क़से[5] अफ़शाँ-जबीनोंकी[6]

हवाए-दिलसताँ जब राग सावनके सुनाती है,
किसी क़ाफ़िरकी जब रह-रहके दिलमें याद आती है,

....

सिमट जाती है, जब बिजली दिखाकर अब्रसे झलकी
फ़लक़पर दफ़अ़तन जब साँस रुक जाती है, बादलकी

....

मुअन इक हूर इस रोज़नमें आकर मुसकराती है
इशारोंसे मुझे अपनी घटाओंमें बुलाती है,

---

१. मसाल, २. काला झण्डा, ध्वजा, ३. छिपजाते, ४. अँधेरीकी गोदमें, ५. बिजलीकी लहरोंसे, ६. माथेकी चमक।

शामकी बज़्म-आराइयाँ[1]

झुटपटा होने लगा तारीकियाँ[2] छाने लगीं
बदलियाँ जंगलमें इक वहशत[3]-सी बरसाने लगीं
सुबहकी रंगीनियाँ ख़्वाबे-परीशाँ हो गईं
ज़ुल्मतें[4] ग़मगीं फ़िज़ामें[5] बाल बिखराने लगीं
फूल कुम्हलाये चरागाहोंका रंग उड़ने लगा
साहिले-ख़ामोशपर[6] मायूसियाँ[7] छाने लगीं
....

मीठा-मीठा दर्द फिर सीनेमें पैदा हो गया
सुहबतें बिछुड़ी हुईं फिर हाय याद आने लगीं
....

१. संध्याके जल्से, २. अँधेरियाँ, ३. डर-सा, ४. अँधेरे, ५. रंजके वातावरणमें, ६. शान्त दरियाके किनारे, ७. निराशाएँ।

ज़ौहयात मनाज़िर

.खामुशी दश्तपै[1] जिस वक़्त कि छा जाती है
उम्र भर जो न सुनी हो, वह सदा[2] आती है

भीनी-भीनी-सी मचलती है, फ़ज़ामें[3] .खुशबू
ठंडी-ठंडी लबे-साहिलसे[4] हवा आती है

दश्ते-ख़ामोशकी उजड़ी हुई राहोंसे मुझे
जादह पैमाओंके क़दमोंकी सदा आती है

पास आकर मेरे गाती है, कोई जौहरा-जमाल[5]
और गाती हुई फिर दूर निकल जाती है

आँख उठाता हूँ तो खुशचश्म नज़र[6] आते हैं
साँस लेता हूँ तो एहबाबकी[7] बू आती है

दश्नां[8] रख देता है घबराके रगे-जाँ पै[9] कोई
जब कली ख़ाकपै दम तोड़के गिर जाती है

मुसकराती है, जो रह-रहके घटामें बिजली
आँख-सी कोहो-बयाबाँकी[10] झपक जाती है

....

१. रास्तोंमें, २. आवाज़, ३. बहारमें, ४. दरिया किनारेसे, ५. सुन्दरी, ६. सुन्दर नेत्र, ७. इष्ट-मित्रकी, ८. खंजर, ९. हृदय-नाड़ी पर, १०. पर्वतों और बनों की।

मुझसे करते हैं, घने बाग़के साये बातें
ऐसी बातें कि मेरी जानपै बन आती है
गुनगुनाते हुए मैदानके सन्नाटेमें
आप ही आप तबीयत मेरी भर आती है
यूँ नबातातको छूती हुई आती है, हवा
दिलमें हर साँससे इक फाँस-सी चुभ जाती है
जब हरी दूबके मुड़ जाते हैं नाज़ुक रेशे[१]
शीशए-क़ल्बमें[२] इक ठेस-सी लग जाती है

....

इन मनाज़रको मैं बेजान समझलूँ क्यों कर
'जोश' कुछ अक़्लमें यह बात नहीं आती है

घटा

उठी घटा वह-रंगो-बूका कारवाँ[३] लिये हुए
जिलौमें[४] कायनातकी[५] जवानियाँ लिये हुए
लिये हुए पयामे[६]-जाँ हरेक रसकी बूँदमें
हर-एक रसकी बूँदमें पयामें-जाँ लिये हुए

....

अदा-ओ-नाज़ दिलबरीकी रंगबेज़ छाँवमें
नई-नई जवानियोंकी झलकियाँ लिये हुए

---

१. घासके कोमल अंश, २. हृदय-दर्पणमें, ३. यात्री दल, ४-५. विश्वकी बाग़डोर रूपी, ज़वानियाँ, ६. जीवन-सन्देश ।

दुरंगी

[१९४४ ई०] ५ में-से २

धूमें मची हुई हैं, बरसातकी हवामें
दौड़ी हुई हैं, क्या-क्या जौलानियाँ[1] फ़िज़ामें[2]
रंगीनियाँ गुलोंपर, अठखेलियाँ सबामें[3]
घनघोर गुनगुनातीं गाती हुई घटामें
लैला-ए-ज़िन्दगीकी[4] ज़ुल्फ़ें सँवर रही हैं
और रास्तेसे कितनी लाशें गुज़र रही हैं,

मेला जमा हुआ है, पकवान पक रहे हैं,
बाजेके ग़ुलग़ुलोंसे घोड़े भड़क रहे हैं,
बूढ़े चहक रहे हैं, बच्चे फ़ुदक रहे हैं,
झूलोंकी गरदिशोंमें चहरे दमक रहे हैं,
मैंदाँमें आसमाँसे हूरें उतर रही हैं,
और रास्तेसे कितनी लाशें गुज़र रही हैं

---

१. उमंगें, प्रसन्नताएँ, २. वातावरणमें, ३. हवामें, ४. जीवन रूपी लैलाकी, ५. शोरसे ।

बरसातकी पहली घटा

क्या जवानी है फ़िज़ामें[1] मरहबा[2] सद मरहबा
चल रही है, रूहको[3] छूती हुई ठण्डी हवा
आ रही है, दूरसे काफ़िर पपीहेकी सदा
हुस्न उठा है, ख़्वाबसे अँगड़ाइयाँ लेता हुआ
झूमकर बरसी है क्या, बरसातकी पहली घटा

आर्ज़ूमें[4] है तलातुम[5], जोश अरमानोंमें है,
हसरतोंमें[6] वलवले हैं, ताज़गी जानोंमें है,
नौ-जवानीका तबस्सुम[7] सर्द मैदानोंमें है,
रोशनी है, दश्तमें[8] ख़ुशबू बयाबानोंमें[9] है,
झूम कर बरसी है क्या, बरसातकी पहली घटा

मुतरबोंने[10] साहिलोंपर[11] जाके छेड़े हैं, सितार
हल धरे काँधों पै हँसते जा रहे हैं काश्तकार
मस्त है जंगलमें चरवाहा[12] चमनमें जो-ए-बार[13]
गा रहा है, नाख़ुदा[14] दरियाके सीनेपर मलार[15]
झूमकर बरसी है क्या, बरसातकी पहली घटा

१. वातावरणमें, २. शाबाश, ३. दिलको, ४. इच्छामें, ५. जोश, वलवला, लहर-पानीकी थपेड़ें, ६. अभिलाषाओंमें, ७. मुसकान, ८. रास्तोंमें, ९. बनोंमें, १०. गायकोंने, ११. दरियाके किनारोंपर, १२. पशु चरानेवाला, १३. वर्षाकी नहर, १४ मल्लाह, १५. मल्हार।

छा गई लो दफ़अतन[1] आमोंके बागोंपर बहार
उठ रही है, सोंधी-सोंधी-सी शमीमे-ख़ुशगवार[2]
शाख़पर कोयल ग़ज़ल ख़्वाँ है, लबेजू मै-गुसार[3]
गा रहे हैं, रखके डोली नीमके नीचे कहार
झूम कर बरसी है क्या, बरसातकी पहली घटा

१. अकस्मात्, २. भली-भली हवा, ३. दरियाके किनारे मद्यप।

शबे-माह[1]

अल्लाहमाँ क्या चाँदनी छिटकी हुई है दूरतक
गिर रहे हैं, ख़ाकपर चाँदीके लाखों आबशार[2]

कह रही है, क़ल्बे-सोज़ाँसे[3] यह ठण्डी चाँदनी
जोशमें आती न कब तक रहमते-परवर्दिगार

यह शगूफ़ोंका[4] तबस्सुम[5] यह सितारोंका जमाल[6]
मौजे-रंगींके यह हलकोरे यह दरियाका निखार

उजली-उजली चोटियोंपर यह रूपेहली चाँदनी
यह हवाकी नग़मारेज़ी[7] यह सकूते-कोहसार[8]

जा-बजा यह अब्रके टुकड़ोंमें तारोंकी धमक
दूर तक यह झाड़ियोंमें जुगनुओंका इन्तशार[9]

यह सनकते सर्द झोंके कारवाँ-दर-कारवाँ
यह हुमकती चुलबुली मौजें क़तार-अन्दर-क़तार

तैरता फिरता है यह बादलके टुकड़ोंमें हिलाल[10]
यह ज़मुर्रदका[11] सफ़ीना[12] दरमियाने जूए-बार[13]

---

१. चाँदनी रात, २. छींटें, बूँदें, ३. व्यथित दिलसे, ४. फूलोंका, ५. हँसना, ६. यौवन, ७. संगीत, ८. पर्वतोंकी शान्ति, ९. परेशानी, फैलाव, १०. दूजका चाँद, ११. जवाहरातका, १२. डोंगा, नाव, १३. दरियामें।

या कलीपर क़तरए-शबनममें[1] है, नूरे-क़मर[2]
आँखकी पुतलीमें या ग़ल्ताँ[3] है अक्से-रूएयार[4]

....

यह घनी शाखोंमें छनकर आ रही है, चाँदनी
क़ल्बे-शबमें[5] या तसव्वुर[6] सुबहका है, बेक़रार

....

तेरा दरिया नुत्क़की[7] वादीमें[8] बह सकता नहीं
आदमी महसूस[9] कर सकता है, कह सकता नहीं

१. ओसकी बूँदोंमें, २. चाँदका प्रकाश, ३. झलकता हुआ, घुला-मिला, ४. प्रेयसीका प्रतिबिम्ब, ५. रातके दिलमें, ६. ख़याल, ७. वाणीकी, ८. घाटीमें, ६. अनुभव।

पैग़म्बरे-फ़ितरत[1]

तारोंने झिलमिलाके जो छेड़ा सितारे-सुबह[2]
गाने लगी चमनमें नसीमे-बहारे[3]-सुबह
ग़ुञ्चोंकी[4] चश्मे-नाज़से टपका ख़ुमारे-सुबह[5]
उभरा उफ़क़से[6] जामे-ज़मुर्रद[7] निगारे-सुबह
शाइरकी रूह इश्क़की हमराज़[8] हो गई
दुनिया तमाम जल्वागहे-नाज़ हो गई

शमएँ[9] हुईं ख़मोश, चहकने लगे तयूर[10]
उल्टी नक़ाब चर्ख़ने[11] झलका ज़मींपै नूर[12]
सीनोंमें अहले-दिलके हुए क़ल्ब[13] चूर-चूर
आँखोंसे रुख़पै[14] दौड़ गया आँसुओंका नूर[15]
दरिया बहे, चटक गईं कलियाँ गुलाबकी
फूटी कुछ इस अदासे किरन आफ़ताबकी[16]

---

१. प्रकृतिका सन्देशवाहक, २. प्रातःकालीनरूपी सितार, ३. प्रातः-कालीन पवन, ४. कलियोंकी, ५. नशाका उतार; ६. उषासे, ७. जवाहरातोंका बना मद्य-पात्र, ८. भेदोंसे परिचित, ९. दीपक, १०. परिन्दे, ११. आसमानने, १२. प्रकाश, १३. दिल, १४. कपोलोंपर, १५. प्रकाश, १६. सूर्यकी ।

या कलीपर क़तरए-शबनममें[१] है, नूरे-क़मर[२]
आँखकी पुतलीमें या ग़ल्ताँ[३] है अक्से-रूएयार[४]

....

यह घनी शाखोंमें छनकर आ रही है, चाँदनी
क़ल्बे-शबमें[५] या तसव्वुर[६] सुबहका है, बेक़रार

....

तेरा दरिया नुत्क़की[७] वादीमें[८] बह सकता नहीं
आदमी महसूस[९] कर सकता है, कह सकता नहीं

१. ओसकी बूँदोंमें, २. चाँदका प्रकाश, ३. झलकता हुआ, घुला-मिला, ४. प्रेयसीका प्रतिबिम्ब, ५. रातके दिलमें, ६. खयाल, ७. वाणीकी, ८. घाटीमें, ९. अनुभव।

पैग़म्बरे-फ़ितरत[1]

तारोंने झिलमिलाके जो छेड़ा सितारे-सुबह[2]
गाने लगी चमनमें नसीमे-बहारे[3]-सुबह
गुञ्चोंकी[4] चश्मे-नाज़से टपका ख़ुमारे-सुबह[5]
उभरा उफ़क़से[6] जामे-ज़मुर्रद[7] निगारे-सुबह
शाइरकी रूह इश्क़की हमराज़[8] हो गई
दुनिया तमाम जल्वागहे-नाज़ हो गई

शमएँ[9] हुई ख़मोश, चहकने लगे तयूर[10]
उल्टी नक़ाब चर्ख़ने[11] झलका ज़मींपै नूर[12]
सीनोंमें अहले-दिलके हुए क़ल्ब[13] चूर-चूर
आँखोंसे रुख़पै[14] दौड़ गया आँसुओंका नूर[15]
दरिया बहे, चटक गईं कलियाँ गुलाबकी
फूटी कुछ इस अदासे किरन आफ़ताबकी[16]

---

१. प्रकृतिका सन्देशवाहक, २. प्रातःकालीनरूपी सितार, ३. प्रातः-कालीन पवन, ४. कलियोंकी, ५. नशाका उतार; ६. उषासे, ७. जवाहरातोंका बना मद्य-पात्र, ८. भेदोंसे परिचित, ९. दीपक, १०. परिन्दे, ११. आसमानने, १२. प्रकाश, १३. दिल, १४. कपोलोंपर, १५. प्रकाश, १६. सूर्यकी।

बादे-सहरके जामपर[1] क़ुरबाँ[2] हज़ार जम[3]
दामन तमाम शबनमे-ताज़ासे[4] जिसका नम
झोंके नहीं यह अब्रसे[5] हैं, बारिशे-करम[6]
हर साँस ग़ुस्ल[7] देती है, सीनेको दम-ब-दम
थी रूहमें[8] जो शबकी[9] कसाफ़त[10] वह धुल गई
गहरी जो साँस ली तो गिरह दिलकी खुल गई

दूल्हा बने हुए हैं, शगूफ़ोंसे[11] बोस्ताँ[12]
कुन्दन बनी हुई हैं, पहाड़ोंकी चोटियाँ
तारोंका बज़्मे-चर्ख़पै[13] बाक़ी नहीं निशाँ
आँखें हैं, बन्द साकितो-सामत[14] है, आसमाँ
हाथोंपै आफ़ताबे-दरख़्शाँ[15] लिये हुए
हुस्ने-अज़लका[16] दिलमें तसव्वुर[17] किये हुए

१-२-३. प्रातःकाल रूपी मद्यपात्र पर हज़ारों जामे-जम न्योछावर, (जमशेद बादशाहका वह जामेजम (प्याला), जिसमें विश्वकी झलक दिखाई देती थी) ४. ताज़ा ओससे, ५. बादलोंसे, ६. महर्बानियोंकी बारिश, ७. स्नानकी ताज़गी, ८. जिस्ममें (आत्मामें), ९. रातकी, १०. आलस, गन्दगी, भद्दापन, ११. फूलोंसे, १२. बाग़, १३. आकाशकी सभामें, १४. चुप-शान्त, १५. चमकता सूर्य, १६. प्राकृतिक सौन्दर्यका, १७. चिन्तन, ख़याल ।

चलो चलके जंगलमें मंगल मनायें

[१९४६] १३ में-से ६

वोह घिरती चली आ रही हैं घटाएँ
जवानीकी जैसे मसकती क़बाएँ
नुक़ीले इशारे, कटीली अदाएँ
मज़ा जब है दरियाके उस पार जाएँ
हसीनोंको यह कहके पट्टी पढ़ाएँ
चलो चलके जंगलमें मंगल मनाएँ
कि जंगलमें मंगल मनानेके दिन हैं

मलारोंकी मौज़ोंपै रक़्सा हैं धारे
बयाबानों - गुलज़ार जल-थल हैं सारे
डुपट्टोंको ढलकाए, सीना उभारे
हसीं आ रहे हैं किनारे-किनारे
उन्हें बढ़के आओ गलेसे लगाएँ
चलो चलके जंगलमें मंगल मनाएँ
कि जंगलमें मंगल मनानेके दिन हैं

यह गलियोंकी नहरें, यह कूचोंके टापू
यह भीगे डुपट्टे, यह नमनाक गेसू
यह मोरोंकी गूँजें, यह मिट्टीकी ख़ुशबू
यह कू-कू, यह रिम-झिम, यह पी-पी, यह हू-हू
उठो हम भी साग़रपै साग़र लुँढाएँ
चलो चलके जंगलमें मंगल मनाएँ
कि जंगलमें मंगल मनानेके दिन हैं

लगाएँ तपे-हिज्रके मुँहको लूका
कि ऋतु वस्लकी है, ज़माना सुबूका
रुख़े-आ.ज़ूको बनाएँ भबूका
तमन्नाको पहनाएँ धानी सलूका
सदा रंग अरमाँको दूल्हा बनाएँ
चलो चलके जंगलमें मंगल मनाएँ
कि जंगलमें मंगल मनानेके दिन हैं

तराने हैं नौख़ेज़, साक़ी जवाँ है
जुनूँ पुरफ़िशाँ है, फ़सूँ नग़माख़्वाँ है
ज़मीं परनियाँ है, आस्माँ गुलसिताँ है
गुलाबींमें शोले हैं, सरपर धुआँ है
उठो छाएँ, लहराएँ, धूमें मचाएँ
चलो चलके जंगलमें मंगल मनाएँ
कि जंगलमें मंगल मनानेके दिन हैं

खिलें आसमानोंपै गुलज़ार बनकर
उड़ें रंगे - बालाए - कुहसार बनकर
हवाओंपै लहराएँ झनकार बनकर
फ़ज़ाओंपर अब्रे - गुहर बार बनकर
उठो हम भी गरजें घिरें, घड़घड़ाएँ
चलो चलके जंगलमें मंगल मनाएँ
कि जंगलमें मंगल मनानेके दिन हैं

सुहागन बेवा

नेक तुलसीदास गंगाके किनारे वक़्ते-शाम
जा रहा था इस तरफ़ बश्शाश[1] जपता हरिका नाम
चर्ख़की[2] नैरंगियोंसे[3] गुफ़्तगू करता हुआ
रंगे-इर्फ़ाँ[4] रूहकी[5] तसवीरमें भरता हुआ
झाड़ियाँ थी सब्ज़ दरियाके किनारे-जा-ब-जा
फूल कुम्हलाये हुए थे सुस्त थी मौजे-हवा
राहमें जाले लगे थे पत्तियोंपर गर्द थी
लाँबी-लाँबी घास हिलती थी, पपतार ज़र्द[6] थी
जमा थे इस तरह पत्ते जा-बजा सूखे हुए
जिस तरह शादीके ख़ेमे सुबहको उलटे हुए
झाड़ियोंसे यूँ दबे पाँओं गुज़रती थी हवा
बाँसरीकी दूरसे जिस तरह आती हो सदा[7]
यूँ पड़े थे ज़ेरे[8]-शाख़े-गुल-शगूफ़े[9] चाक-चाक[10]
जैसे गर्दे-शमअ़[11] वक़्ते सुबह परवानोंकी ख़ाक
ताइरे-दरमाँदा[12] कोई बोल उठता था अगर
एक सन्नाटा-सा छा जाता था कोहो-दश्तपर[13]

---

१. प्रसन्न चित्त २-३. आकाशकी रंगीनियोंको देखता हुआ, ४. ईश्वरीय ज्ञान, ५. आत्म-पटलमें, ६. पत्ते पीले थे, ७. आवाज़। ८. नीचे, ९. पेड़ों, फूलोंकी पत्तियाँ, १०. टूटे हुए, ११. दीपकके आस-पास, १२. पक्षी, १३. पर्वतों और मार्गों पर।

उस तरफ़ रंगे-शफ़क़[1] था चर्ख़पर[2] छाया हुआ
इस तरफ़ दिल कोहो-सेहराका[3] था मुर्झाया हुआ

ख़ारो-ख़सपर[4] तितलियाँ हरसू[5] पड़ी थीं बेख़बर
अब्रके[6] दो-एक टुकड़े थे परेशाँ चर्ख़पर[7]

शामका चेहरा-ग़मे-पिनहाँसे[8] कुछ उतरा-सा था
पानी थम-थमके जो बहता था तो सन्नाटा-सा था

ख़ुद-ब-ख़ुद तारीक[9]-साहिलपर[10] भरा आता था दिल
बढ़ रही थी तीरगी[11] रह-रहके घबराता था दिल

कह रहा था रंग, ग़मका अब्र छा जानेको है
सानहा[12] कोई क़यामत ख़ेज़ पेश आनेको है

जाते-जाते एक गोशेकी[13] तरफ़ पहुँची नज़र
फ़र्ते-ग़मसे रह गया शाइर कलेजा थामकर

देखता क्या है कि, दरियाकी रवानी[14] है, उदास
जल रहा है, इक जनाज़ा रोशनी है, आस-पास

काँप-काँप उठती है, जंगलकी सियाही बार-बार
उठ रहे लाशसे शोले, फ़ज़ा है, बेक़रार

रोशनी शोलोंकी[15] एक पेशानिये[16]-ज़र्रींपै है,
ज़ुल्मते-अन्दोह[17] बेवाके रुख़े ग़मग़ींपै[18] है,

---

१. ऊषाकी लाली, २. आकाशमें, ३. पर्वतों-जंगलोंका, ४. काँटों और तिनकोंपर, ५. हर तरफ़, ६. बादलोंके, ७. आसमानपर, ८. अप्रकट रंजसे, ९. अंधेरे, १०. दरिया किनारेपर, ११. अँधेरी, १२. घटना, १३. कोनेकी, १४. बहाव, १५. आगकी लपटोंकी, १६. चमकते माथेपर, १७. परेशानियोंका दुःख, १८. दुःखी मुखपर।

है रँड़ापा सरपै शमशीरे-जफ़ा[१] तोले हुए
सरनिगूँ[२] बैठी है, रुख़पर काकुलें[३] खोले हुए

कुन्दनी शोले[४] हैं, ग़ल्ताँ चम्पई रुख़सारमें
दिल धड़कनेसे है जुम्बिश-सी गलेके हारमें

एहतमामे-मर्गमें[५] यह शाइरी लबरेज़-यास[६]
हाथमें मेंहदी रची है, बरमें चौथीका लिबास

आह ! यह आलम कि अब तक मस्त है, मौजे-नसीम
आ रही है, जिस्मसे शादीके फूलोंकी शमीम

कह रही है, क्या बताऊँ क्या तमन्ना दिलमें है,
शमअ़ यह किसके जनाज़ेकी मेरी महफ़िलमें है,

ख़ाकसे उठती है, फिर करती है, शोलोंका तवाफ़[७]
कहती है, ऐ शर्मकी देवी ! मुझे करना मुआ़फ़

मुड़के फिर मैयतसे कहती है इजाज़त दीजिए
अब तो इस ईंधनको[८] भी जलनेकी रुख़सत दीजिए

"आपको मौत आगई आलम परीशाँ हो गया
घर अभी बसने न पाया था कि वीराँ हो गया

याद है हाँ मुझको शादीका तरन्नुम याद है,
हाँ इन्हीं होंटोंपै आया था तबस्सुम[९] याद है,

---

१. अत्याचारी तलवार, २. सर झुकाये, ३. बालबखेरे, ४. सोने जैसे आगके शोले भड़क रहे हैं, ५. मरनेकी तैयारीमें, ६. निराशामें भरपूर, ७. सुगन्ध, ८. परिक्रमा, ९. मुसकान ।

आपके सीनेसे शोले उठ रहे हैं, बार-बार
जल रही है, यह मेरी उजड़ी जवानीकी बहार

पूछिए उससे कि दुनिया क्या थी और क्या होगई
जिसने घूँघट भी न उल्टा था कि बेवा हो गई

फुँक गईं मेरी बहारें, जल गया मेरा सिंगार
तेरी बन्द आँखें हैं, मेरी ज़ेबो-ज़ीनतका[1] मज़ार[2]

घर मेरे हमजोलियाँ मिल-जुलके गाने आई थीं
मालिनें फूलोंका गहना कल पिन्हाँने आई थीं

आज-कुर्बांगाहे-इबरत[3] पर चढानेके लिए
मौत आती है मेरा ज़ेवर बढ़ानेके[4] लिए

ज़िन्दगी जा दूर हो, दुनिया है, आँखोंमें उजाड़
मौत, जल्दी कर कि टूटा है, रँडापेका पहाड़

क्यों खड़ी है दूर यूँ डाले हुए त्योरीपै बल
मुझको भी खा ले, क़सम है, तुझको ओ डायन अजल!"

....

कहके यह लपकी चिताकी सिम्त[5] वह ना.जुक ख़राम[6]
और कहा "ऐ दुःख भरे संसार ले, मेरा सलाम"

---

१. शृंगार, २. क़ब्र, ३. क्षणभंगुरताके पाठ रूपी बलिदान स्थलपर, ४. उतारनेको (बढ़ाना मुहावरा है, जैसे दुकान बढ़ा दो, यानी बन्द कर दो), ५. तरफ़, ६. नज़ाकतसे चलनेवाली।

बस यह सुनना था कि झपटे उसकी जानिब, 'दास'[1] भी
देखते ही आपको कमसिन तो थी घबरा गई
रोके फिर कहने लगी "बाबा दुआ़ दीजे मुझे
ज़िन्दगीके पापसे जल्दी छुड़ा दीजे मुझे"
दासने फिर तो क़रीब आकर ब-नरमी[2] यूँ कहा
"ऐ मेरी नादान बच्ची सोच तो कहती है, क्या
मरना-जीना एक है जिनको ज़रा भी ज्ञान है,
वह उधरका मर्तबा है, यह इधरकी शान है,
ज़िन्दगी है, रूहको[3] महदूद[4] कर लेनेका नाम
मौत है, इन्साँके ला-महदूद[5] हो जानेका नाम
कहते हैं, फ़ानी[6] जिन्हें हम वह .फना[7] होते नहीं
मरनेवाले अस्लमें हमसे जुदा होते नहीं
क़ैदे-हस्तीसे[8] कोई ज़र्रा रिहा होता नहीं
टूट जाता है, क़फ़स, ताइर[9] .फना होता नहीं
इश्क़की मालाका इक मोती बिखर सकता नहीं
इत्तिहादे - बातिनी[10] मरनेसे मर सकता नहीं
इश्क़की शाख़ें किसी आँधीसे झुक सकती नहीं
रूहकी सरगोशियाँ मरनेसे मर सकती नहीं

---

१. तुलसीदास, २. कोमल आवाज़से, ३. आत्माको, ४. संकुचित, ५. विस्तृत, ६. नश्वर, ७. मरना, ८. जीवन-क़ैदसे, ९. पंछी, १०. ज़ाहिरा-रिश्ता।

ज़िन्दगी बेरूह आवाज़ोंमें देती है पयाम[१]
मौत सर्द अल्फ़ाज़को ठुकराके करती है, कलाम

ज़िन्दगीसे तंग साँचेमें समा जाता है इश्क़
मौतसे आलमकी पहनाईपै छा जाता है इश्क़

ज़िन्दगीकी मौजपर गुल बर्गे-तर बनता है इश्क़
मौतके गिर्दाबमें[२] लालो-गुहर बनता है इश्क़

बादे-तूफ़ानीके देवता[३] पास आ सकते नहीं
इस दियेको मौतके झोंके बुझा सकते नहीं

....

ज़िन्दगी धुंदला-सा इक जल्वा है, और कुछ भी नहीं
मौत इक बारीक-सा पर्दा है, और कुछ भी नहीं

ग़ौरकर दिलमें कि हो जाये हक़ीक़त बे-नक़ाब
टूटते देखे तो होंगे बार-हा तूने हुबाब[४]

मरके भी दरियाके सीनेसे कहीं जाते नहीं
रहते हैं, दरिया ही में लेकिन नज़र आते नहीं

यूँ ही तेरी शमए-सोज़ाँ[५] भी तेरी महफ़िलमें हैं
मरनेवाला आँखसे ओझल है लेकिन दिलमें है

---

१. सन्देश, २. बहावमें, ३. तूफ़ानी फ़रिश्ते, ४. दरियाके बुलबुले, ५. प्रकाशमान दीपक।

जो चितामें जल रहा है, वह तेरे पहलूमें है
काँपते होंटोंमें है, बहते हुए आँसूमें है

यह कहा शाइरने और कुछ देर आँखें बन्द कीं
देखते ही देखते बेवाकी आँखें खुल गईं

हँसके फिर कहने लगी बाबा मेरा विश्वास था
दूर मैं जिसको समझती थी वह मेरे पास था

....

ख़ाक[1], तुलसीकी नज़रसे रश्के-गुलशन[2] हो गई
मारफ़तमें[3] डूबकर बेवा सुहागन हो गई

१. मिट्टी, २. उद्यानोंकी ईर्ष्यायोग्य, ३. आध्यात्मिक ज्ञानमें।

बादशाहका जनाज़ा

खड़े हुए हैं, कमर-बस्ता[1] हाजिबो-दर्बां[2]
निकल रहा है, हरमसे[3] जनाज़-ए-सुल्तां[4]
दबा हुआ है, कफ़नसे जलाले-सुलतानी[5]
झुका हुआ है, सरे-नाज़िशे[6]-जहाँ - बानी[7]
बिछा हुआ है, पए-ख़ाक[8], ख़ाकका बिस्तर
नज़र झुकाये हुए हैं, ग़रूरे-ताजो[9]-कमर
वह हल्क़ जिसकी गरजमें था शोरे-बादे-समूम[10]
नफ़सकी[11] आमदो-शुदसे[12] भी आज है, महरूम[13]
उड़ा हुआ है, रुख़े-शाने-[14] ख़ुसरुवानाका[15] रंग
क़ज़ाके[16] साएमें[17] है, नाज़ो-अफ़्सरो-औरंग
दरीचा बन्द है, दौलतपै ऐशो-इशरतका[18]
मुक़ामे - इज्ज़में है, तनतना हकूमतका[19]

१. कमर बाँधे, २. दरबान, दरबारी, ३. रनिवाससे, ४. बादशाहकी अर्थी, ५. बादशाही रौब, ६-७. हकूमतका नख़रा, ८. मिट्टीके लिए, ९. बादशाही अभिमान, १०. आँधी और लूओंका शोर, ११-१२-१३. श्वाँस लेनेके भी योग्य नहीं, १४-१५. बादशाही शानो-शौकतका रंग, १६. मृत्युकी, १७. छायामें, १८. धनके परिणाम स्वरूप होनेवाले भोग-विलासका द्वार बन्द हो गया है, १९. शासनका रोब-दाब नम्र हो गया है, गिड़गिड़ा रहा है।

इधर है, अहले-क़लम ग़मसे[१] सर झुकाये हुए
उधर खड़े हैं, सिपाही परे[२] जमाये हुए

बताओ है, कोई ऐसा सिपाहियोंमें जवाँ
छुड़ाले मौतकी चुटकीसे दामने-सुल्ताँ[३]

क़ज़ा[४] चली है, लिये शहको सूए गोशहेतार[५]
बढ़े किधर हैं, शहंशाहका सिपहसालार

कहो तबीबसे[६] सोते हुए को चौंकादे
अरूके-मुर्दा-ए[७]-सुलताँमें ख़ून दौड़ा दे

सदा[८] दो कोई ख़ज़ानेके साज़ो - सामाँको
दफ़ीना[९] दफ़्न न होने दे अपने सुलताँको

....

१. पढ़े लिखे ख़ुशामदी, २. पंक्तिबद्ध, ३. बादशाहका दामन, ४. मृत्यु, ५. अँधेरे कोनेकी तरफ़, ६. हकीमसे, ७. मृतकके शरीरमें, ८. आवाज़, ९. ख़ज़ाना (गड़ा हुआ धन)।

एक तक़ाबुल[1]

[१६ में-से ७]

मालका वह दर्जा जिसमें रेलके मज़दूर थे,
आके ठहरा दूसरे दर्जेके बिलकुल सामने
उस तरफ़ नापाकियाँ थीं, ख़ाकका अम्बार था
इस तरफ़ हर ज़र्रा गोया मिस्लका बाज़ार था

....

चीथड़ोंमें उस तरफ़ लिपटी हुई थी ज़िन्दगी
इस तरफ़ थी मख़मलो-संजाबकी रख़शन्दगी[2]

....

आह इन दोनोंमें इक शै[3] मुश्तरक[4] जौ भर न थी
इनके जूतोंपर चमक थी, उनके चेहरोंपर न थी

....

अल्लाह-अल्लाह इस क़दर अ़द्लो-[5] तनासुबकी[6] कमी
उस तरफ़ भी आदमी थे, इस तरफ़ भी आदमी
कोई महरूम[7], और कोई .रहमतोंसे[8] बहरः[9]-मन्द
आदमी और आदमीमें इस क़दर पस्तो[10]-बुलन्द[11]
आह इस मंज़िलसे बेमातम[12] गुज़र सकता है कौन?
जुज़ ख़ुदा[13] इस ज़ुल्मको बरदाश्त कर सकता, है, कौन?

---

१. तुलनात्मक दृष्टि, २. चमक-दमक, ३. चीज़, ४. समान, ५. इन्साफ़, न्याय, ६. एक-दूसरेकी समानतामें, ७. उपेक्षित, ८. ईश्वरीय कृपाओंसे, ९. परिपूर्ण, १०. गिरावट, पतन, ११. ऊँचाई, १२. खिन्नता रहित, १३. ईश्वरके अतिरिक्त ।

सरमायादार-शहरयार

[३३ में-से १२]

मौतके बिस्तरपर इक दोशीज़ा[1] है लेटी हुई
जिसने देखी हैं, अभी चौदह बहारें उम्रकी
चेहरः-ए-गुलरंग है, इस तरह बीमारीसे फ़क़[2]
झुटपुटेके आख़िरी लमहातकी[3] जैसे शफ़क़[4]
ज़ोफ़की[5] शिद्दतसे[6] है, यह रंग चश्मे-सुरमगीं
यूरिशे-औहामसे[7] पज़मुर्दा[8] हो, जैसे यक़ीं[9]
दिलमें कुछ हौल उठ रही है, पै-ब-पै रह-रहके हूक[10]
फ़लसफ़ीके क़ल्बमें[11] जिस तरह चुभते हैं, शकूक[12]
ताबे-रुख़[13] यूँ मुज़महिल[14] है, रौमें एहसासातकी[15]
कूचमें हो चाँदनी जिस तरह पिछली रातकी
वाए-महरूमी[16] मआले-हुस्न[17] और इतना मुहीब[18]
फेफड़े माऊफ़ हैं, और साँस रुकनेके क़रीब

१. कन्या, २. सफ़ेद, मलीन, ३. सन्ध्याकालीन, ४. उषा, ५. निर्बलताकी, ६. अधिकतासे, ७. अन्धविश्वासोंके आक्रमणसे, ८. मुर्झाया हुआ, ९. यक़ीन, विश्वास, १०. पल-पलमें हूक, ११. दार्शनिकके हृदयमें, १२. वहम, शक, १३. मुखकी कान्ति, १४. नष्ट, मिटी हुई, १५. भावनाओंके वेगमें, १६. हाय निर्धनता, १७. सौन्दर्यका परिणाम, १८. इतना भयानक।

पाइँती मजबूर माँ बैठी हुई है, सरनिगूँ[1]
कह रही है, किससे माँगू भीक मौला क्या करूँ

सीमो-ज़र तो इक बड़ी दौलत है, रब्बुल-आलअमीनं[2]!
मेरे घर तो चन्द पैसोंके सिवा कुछ भी नहीं

....

खाये जाते हैं, मुझे यह सर्द लमहे रातके
चन्द टुकड़े या इलाही चन्द टुकड़े घातके

....

क्या हुआ जाता है, बच्चीको अरे दौड़ो कोई
हाय, तकियेसे ढली जाती है, गर्दन फूल-सी

....

लाशका चेहरा ख़ुदा मालूम क्या कहने लगा
गिर पड़ी चकराके माँ सरसे लहू बहने लगा

....

अन्तमें हुकूमतसे कहते हैं—

जिसके ला-तादाद मुर्दोंको कफ़न मिलता नहीं
उसके परचमको[3] निगल जाती है, बिल-आख़िर ज़मीं

....

१. सर झुकाये, २. ईश्वर, ३. झण्डेको।

मौलवी

हुई इक मौलवीसे कल मुलाक़ात
शबीहे - क़ुब्ब-ओ- तसवीरे - मिम्बर[1]
वही होंगे जो फ़िरदौसे - बरींमें
ख़ुदाके फ़ज़्लसे हूरोंके शौहर[2]
अमामा बर-सरो - मिसवाक दर-जेब[3]
उटंगा पायजामा दल्क़ दर-बर[4]
हिनासे रीश सुर्ख़[5], आँखोंमें सुर्मा
लटें महकी हुई ज़ुल्फ़ें मुअत्तर[6]
झुके शानेपै[7] चौख़ानेका रूमाल
अबाके बन्दमें तसबीहे - अहमर[8]
कुशादा सद्र[9] और कोताह गर्दन[10]
शिकम पुर-रोब[11], क़द रश्के-सनोबर[12]
लटें बिखरी हुई आँखोंपै ऐनक
लबें[13] तरशी हुई, दाढ़ी शिकमपर[14]

---

१. गोल-मटोल शक्ल और भाषण-मंचकी-सी सूरत २. पति, ३. साफ़ा सरपर और दतौन जेबमें, ४. घुटनोंसे ज़रा नीचा पायजामा और चुग़ा (गुदड़ी) बग़लमें, ५. दाढ़ी मेंहदीसे लाल, ६. सुगन्धित, ७. कन्धोंपर, ८. चोग़ेकी तनीसे माला बँधी हुई, ९. सीना चौड़ा, १०. गर्दन छोटी, ११. पेट बारौब, १२. चीड़के पेड़ जैसा लाम्बा क़द, १३. मूँछें कतरी हुईं १४. तोंदपर ।

अबा उन्नाबगूँ[१], धानी अमामा[२]
गिलौरी मुँहमें, लब ख़ूने - कबूतर[३]
जबींका[४] दाग़ इक दहकी हुई रात
कमरका घेर इक सिमटा समुन्दर
बुतोंकी चाहमें हम-रश्के - मजनूँ[५]
ख़ुदाके इश्क़में वह देव पैकर
वज़ूके फ़ैज़से शादाब[६] डाढ़ी
ख़ुदाके ख़ौफ़से चेहरा गुले-तर[७]
सजूदे - बे-रिया, माथेकी बेन्दी[८]
दरूदे - बासफ़ा, होंटोंका पौडर[९]
इरमके तज़किरे[१०] किस - किस मज़ेसे
हिनाई रीश[११] मुट्ठीमें पकड़ कर
जबीं गहवार-ए - अनवारे - यज़दाँ[१२]
ज़बाँ आईनए – ख़ुल्क़े पयम्बर[१३]
मगर आँखोंमें हंगामे - तबस्सुम[१४]
रियाकी चश्मकें[१५] अल्लाहो अकबर

---

१. चोग़ा उन्नाबी रंगका, २. पगड़ी धानी रंगकी, ३. पानसे मुँह कबूतरके ख़ून जैसा लाल, ४. नमाज़ पढ़नेसे माथेवाला दाग़, ५. माशूक़ों की चाहतमें मजनूँके प्रतिद्वन्द्वी, ६. हरी-भरी, ७. लाल, ८. माथेपर काला दाग़ इसलिए डाला है ताकि लोग जान सकें, नमाज़ी हैं, ९. होंटोंमें दुआ-रूपी पाउडर, १०. जन्नतकी चर्चाएँ, ११. मेंहदीसे रंगी दाढ़ी, १२. माथेमें ईश्वरका नूर (चमक) ध्यान, १३. बोली पैग़म्बरोंकी-सी १४. आँखोंमें मुसकानका ज़ोर, १५. दिखावटी और ढोंगपूर्ण नमाज़का प्रदर्शन ।

मदिरालय

१. पन्द-नामा
२. नमाज़े-सब्रूही
३. दिलकी दुनिया

पन्द-नामा[1]

उर्दूके प्रसिद्ध युवक शाइर 'मजाज़' बहुत अधिक सुरा-पान करने लगे थे। यहाँ तक कि भरी जवानीमें मस्तिष्कका सन्तुलन अव्यवस्थित हो जानेके कारण उन्हें पागलखानेमें भी रहना पड़ा था और इसी सुरापानकी अधिकताके कारण एक रोज़ वे हस्पतालमें मरे पाये गये।

मजाज़-जैसे प्रतिभा-सम्पन्न शाइरसे उर्दू-संसारको बहुत आशाएँ थीं। उन्होंने जवानीकी चौखटपर पाँव रखते-रखते अपने कला-सौन्दर्य्यसे लोगोंके मन मोह लिये थे। उन्हीं मजाज़को सुरा-राक्षसीसे दामन उलझाये देख जोश-जैसे मशहूर रिन्दका भी आसन हिल उठा। उन्होंने १६४६ ई० में १५२ अशआरकी 'पन्दनामा' नज़्म लिखी। जिसके ६१ शेर यहाँ दिये जा रहे हैं—

नाक़िदे-इशवए-शबाब[2] है तू
सुबहे-फ़रदाका[3] आफ़ताब[4] है तू
तुझको आया हूँ आज समझाने
हैफ़[5] है तू अगर बुरा माने
ख़ुदको ग़र्क़े-शराबे-नाब न कर
देख अपनेको यूँ ख़राब न कर
शाइरीको तेरी ज़रूरत है
दौरे-फ़रदाकी[6] तू अमानत है

१. भलाईकी बात, २. यौवनके चमत्कारका पारखी, ३. भविष्यका, ४. सूर्य्य, ५. अफ़सोस, खेद, ६. भविष्यकी।

सिर्फ़ तेरी भलाईको ऐ जाँ!
बनके आया हूँ 'नासेहे-नादाँ'
शर्मकी बात है वजूदे-सक़ीम[1]
नातवानी[2] है इक गुनाहे-अज़ीम[3]
जिस्म, और इल्म तुर्फ़ा[4] ताक़त है
यही इन्सानकी नबूवत[5] है
जो ज़ईफ़ो-अलील[6] होता है
इश्क़में भी ज़लील[7] होता है
हर हुनरको जो एक दौलत है
इल्म और जिस्मकी ज़रूरत है
कसरते-बादा[8] रंग लाती है
आदमीको लहू रुलाती है
ख़ुश-दिलोंको रुलाके हँसती है
शमए-'अख़्तर' बुझाके हँसती है
और जब आफ़त 'जिगरपै'[10] लाती है
रिन्दको[11] मौलवी बनाती है
मैसे होता है मक़सदे-दिल[12] फ़ौत[13]
मै है बुनियादे-मौलवीयत-ओ-मौत

१. अवगुणोंका अस्तित्व, २. रुग्णता, कमज़ोर होना, ३. बहुत बड़ा पाप, ४. शरीर और बुद्धि दोनों अनोखी शक्तियाँ हैं, ५. पैग़म्बरी, ६. वृद्ध और रुग्ण, ७. ख्वार, असफल, नीचा देखता है, ८. मदिरापानकी अधिकता, ९. मद्यपानकी अधिकताके कारण अख़्तर शीरानीकी मृत्यु हुई, १०. जिगर मुरादाबादी, ११. मद्यपको, १२. जीवनका वास्तविक उद्देश्य, १३. नष्ट, मरण।

कानमें सुन, यह बात है नश्तर[1]
मौलवीयत है मौतसे बद्तर
इससे होता है कारे-उम्र[2] तमाम[3]
इससे होता है अक़्लको सरसाम
इसमें इन्साँकी जान जाती है
इसमें शाइरकी आन जाती है
यह ज़मीं, आस्मान क्या शै है
आन जाये तो जान क्या शै है
गोहरे-शाहवार[4] चुन प्यारे
मुझसे इक गुरकी बात सुन प्यारे
ग़म तो बनता है चार दिनमें निशात[5]
शादमानीसे[6] रह बहुत मोहतात[7]
ग़मके मारे तो जी रहे हैं हज़ार
नहीं बचते हैं ऐशके बीमार
आनमें दिलके पार होती है
पंखड़ीमें वह धार होती है
जूए-इशरतमें[8] ग़मके धारे हैं
यख़ो[9]-शबनममें[10] भी शरारे[11] हैं
हाँ सँभल कर लताफ़तोंको[12] बरत
टूट जाये कहीं न कोई परत

१. नश्तर जैसी चुभनेवाली, २. जीवनोद्देश्य, ३. नष्ट, ४. बादशाहोंके योग्य मोती, ५. ऐश्वर्य्य, ६. सुख-वैभवसे, ७. सावधान (सुखकी सीमाको न छू, क्योंकि दुःखकी सीमा उसीके साथ लगी हुई है) ८. भोगविलासके दरियामें, ९. एक प्रकारकी बर्फ़, १०. ओसमें, ११. स्फुलिंग, चिनगारियाँ, १२. सौन्दर्य्यको, आनन्दको।

देखकर शीशए-निशात[1] उठा
यह वरक़ है, वरक़ है सोनेका
काग़ज़े-बाद यह नगीना[2] है
बल्कि ऐ दोस्त ! आबगीना[3] है
साग़रे-शबनमे-.खुशआब[4] है यह
आबगीना[5] नहीं, हुबाब[6] है यह
रोकले साँस जो क़रीब आये
ठेस इसको कहीं न लग जाये
तेग़े-मस्तीको एहतियातसे छू
वर्ना टपकेगा उँगलियोंसे लहू

....

हाँ अदबसे उठा, अदबसे जाम
ताकि आबे-हलाल हो न हराम
जामपर जाम जो चढ़ाते हैं
ऊँटकी तरह बलबलाते हैं
ज़िन्दगीकी हविसमें मरते हैं
मैको रुसवाये-दहर[7] करते हैं
याद है जब जिगर चढ़ाते थे
क्या अलक़ होके हिनहिनाते थे

....

१. भोगविलासरूपी सुरापात्र, २. काग़ज़ी सुरापात्र, ३. अश्रुपूर्ण पात्र, ४. शराबसे नहीं, ओससे भरा हुआ देखनेमें सुन्दर पात्र, ५. सुरापात्र, ६. बुलबुलेका गिलास, ७. संसारमें बदनाम ।

लात-घूँसा, छड़ी, छुरी चाक़ू
लबलबाहट, लुआब, कफ़, बदबू
लड़खड़ाहट, बिलोते, बड़, हिज़यान
बेकली, नींद, बेख़ुदी[1], निसयान[2]

....

शोर, हू-हक़, अबे - तबे, है-है
ओखियाँ, गालियाँ, धमाके, क़ै
मसमसाहट, ग़शी, तपिश, चक्कर
सोज़, सैलाब, सनसनी, सरसर

....

लप्पा-डुक्की, लताड़, लाम, लड़ाई
हौला, हैजान, हाँक, हाथापाई

....

धौलधप्पा, धकड़-पकड़ धुतकार
तहलका, तू-तड़ाक़, तुफ़, तकरार
बू, भभक, भय, बिकस, बरर, भूँचाल
दबदबे, दनदनाहटें, धम्माल
बलबलाहट, बुख़ार, भन्नाटा
ग़ुलग़ुला, ग़ुल, ग़रयू, ग़न्नाटा

....

१ बेहोशी, २. भुलक्कड़पन।

अक़्लकी मौत, इल्मकी पस्ती
अल्लमाँ लानते - सियह - मस्ती
सिर्फ़ नश्शेकी भीगने दे मसें
उनको बनने न दे कभी मूँछें

....

रातको लुत्फ़े-जाम है प्यारे
दिनका पीना हराम है प्यारे

....

दिन कड़ी धूपकी बदआहंगी
रात पिछले पहरकी सारंगी
दिन बहादुरका बान, बीरका रथ
रात चम्पाकली, अँगूठी, नथ

....

आफ़ताबो-शराब हैं बैरी
बोतलें दिनको हैं पिछल पैरी

....

पी, मगर सिर्फ़ शामके हंगाम
और वह भी ब-क़दरे यक-दो जाम
वही इन्सान है ख़ुर्रमो-ख़ुरसन्द
जो है मिक़दारो वक़्तकी पाबन्द
मेरे पीने ही पै न जा मेरी जान !
मुझसे जीना भी सीख, मैं क़ुर्बान

उसके पीनेमें रंग आता है
जिसको जीनेका ढंग आता है
यह नसायह[१] बहुत हैं बेश-बहा[२]
जल्द सो, जल्द जाग, जल्द नहा
बाग़में जा तुलूअ़से[३] पहले
ता-निगारे-सहरसे[४] दिल बहले
सरूर-रेओ-शमशादको[५] गलेसे लगा
हर चमन ज़ादको गलेसे लगा

....

फैंक संजीदगीका सरसे बार
नाच, उछल, दनदना, छलाँग मार

....

मस्त चिड़ियोंका चहचहाना सुन
मौजे-नौमश्क़का तराना सुन

....

ऐ पिसर[६]! ऐ बिरादर[७]! ऐ हमराज़[८]
बन न इस तरह दूरकी आवाज़
कोई बीमार तन नहीं सकता
ख़ादिमे-ख़ल्क़[९] बन नहीं सकता

१. नसीहतें, २. क़ीमती, ३. सूर्योदयसे, ४. सुबहके दृश्यसे, ५. वृक्षोंके नाम, ६. पुत्र, ७. भाई, ८. साथी, ६. जनताका सेवक।

खिदमते-ख़ल्क़[1] फ़र्ज़[2] हैं तुझपर
दौरे-माज़ीका[3] क़र्ज़ है तुझपर
अस्रे-हाज़िरके[4] शाइरे-खुद्दार[5]!
क़र्ज़दारीकी मौतसे हुश्यार
ज़हने-इन्सानियत उभारके जा
ज़िन्दगानीका क़र्ज़ उतारके जा
तुझपै हिन्दोस्तान नाज़ करे
उम्र तेरी ख़ुदा दराज़[6] करे

१. जनताकी सेवा, २. कर्तव्य, ३. पिछले युगका, ४. वर्त्तमान युगके, ५. स्वाभिमानी शाइर, ६. बड़ी-लम्बी।

नमाज़े-सबूही[1]

वफ़ाशआर[2] हूँ तर्के-वफ़ा[3] नहीं करता
कभी नमाज़े-सबूही क़ज़ा नहीं करता[4]

सिवाय बाद:-ए-देरीना-ओ-बुते-नौ-ख़ेज़
ख़ुदासे और कोई मैं दुआ नहीं करता[5]

जो नामुराद कि करता नहीं गुनाह कोई
वह हक़्क़े-हज़रते-आदम अदा नहीं करता[6]

---

१. प्रातःकालीन मदिराकी आराधना, २. नेकीका आदी, ३. नेकी करना कैसे छोड़ दूँ? ४. प्रातःकाल मदिरा न पिऊँ, यह कभी नहीं हो सकता, (भला 'जोश'-जैसा वफ़ादार रिन्द कभी अपनी प्रियतमा मदिरासे बेवफ़ाई कर सकता है? जोश मदिरा-पानको अपनी सांकेतिक भाषामें नमाज़ अदा करना कहा करते थे। मुसलमानोंको जब सुबहकी नमाज़ पढ़ना लाज़िमी है, तो 'जोश' क्यों चूकें? हाँ, यह अपना-अपना तरीक़ा है कि दूसरे लोग नमाज़े-हरम अदा करते हैं, जोश नमाज़े-सबूही) ५. पुरानी मदिरा और नई-नवेली प्रियाके अतिरिक्त जोश ख़ुदासे और कोई अभिलाषा नहीं रखते, ६. ख़ुदाके निषेध पर भी आदमीके पूर्वज आदम और हौवा गुनाह करनेसे न चूके, तब उनकी सन्तान होकर गुनाह न करना पूर्वजोंके मार्गसे विमुख होना है, अपने पूर्वजोंकी अवहेलना है।

जज़ाए-ख़ैरका[1] इस बेख़ुदीमें[2] तालिब[3] हूँ
कि मैं तसव्वुरे-योमे-जज़ा[4] नहीं करता

हज़ार बार किया अहद तर्के-सहबाका[5]
मगर तबस्सुमे-साक़ी, ख़ता[6] नहीं करता

दिलकी दुनिया

कौन यह दर खटखटाता है, मेरा पूछे कोई
ख़ैर[7] हो क्या इस तरफ़ भी आ गये अहले-ज़मीं[8] ?
"आये हैं दुनियाके कुछ अवतार मुजरेको हुज़ूर" !
कह दो वापिस जायें मिलनेकी मुझे फ़ुर्सत नहीं

१. भलाईके उपहारका, २. तल्लीनतामें, ३. इच्छुक, ४. नेकियोंका बदला मिलानेका भी कोई दिन आयगा, यह नहीं सोचता, (नेक कार्योंका बदला मैं नहीं चाहता) ५. मदिरा-त्यागकी लाख प्रतिज्ञाएँ कीं, ६. साकीकी मुसकानकी सौगन्द, उसे न पानेकी भूल मैंने कभी नहीं की, (मदिरा - त्यागका अपराध भला कैसे करता ?) ७. कुशल रहे, ८. दुनियावाले ।

रुबाइयात और गीत

●

'जोश' रुबाइयाँ कहनेमें कमाल रखते हैं। आपके प्रायः हर संकलनमें रुबाइयाँ मुद्रित हैं। १९४५-४६ में कही गईं और 'सम्बुल-ओ-सलासल' में प्रकाशित ३९८ में-से चुनकर ३२ रुबाइयाँ दी जा रही हैं—

मस्जिदमें जब इस्तादा[1] नज़र आते हैं
सब भीकपर आमादा नज़र आते हैं
तह्सीन[2] ही के सिर्फ़ नहीं यह तालिब[3]
उजरतके[4] भी दिलदादा[5] नज़र आते हैं

ग़ज़ब[6]-ओ-ग़ैबतके[7] मशग़ले[8] हैं दिन-रात
ईमानको दे चुके हैं सौ मर्त्तबा मात
वह जाम[9] उठानेसे ख़फ़ा होते हैं,
जो लोग उठा चुके हैं, अल्लाहपै हात

ऐ ख़्वाब ! बता यही है, बाग़े-रिज़वाँ[10] ?
हूरोंका कहीं पता न, गिल्माँका निशाँ
इक कुंजमें[11] ख़ामोशो-मलूलो[12]-तनहा[13]
बेचारे टहल रहे हैं, अल्लाह मियाँ

---

१. नमाज़के लिए तत्पर नमाज़ी, २. सराहनाके, ३. इच्छुक, ४. एवज़, मज़दूरी, बंदलेके, ५. फ़रेफ्तः, आशिक़ (अभिलाषी) ६. मुसीबत अंधेर, आफ़त, ज़ुल्म, ७. पीठ पीछे बुराई, निन्दा, ८. चर्य्या, दिलबहलाव, ९. मद्य-पात्र, १०. स्वर्गका उद्यान, ११. एकान्त, कोनेमें, १२. चिन्तित, १३. अकेले।

यह रुख़[1] यह इबादतका[2] भयानक पिन्दार[3]
यह रीश[4] यह अम्मामा[5] यह ढीली शलवार
अपनी इक सालकी कमाई दे दूँ
यह रीछकी नक़ल पर अगर हो तैयार

बाछें यह फटी हुईं, दहनका[6] यह ग़ार[7]
उभरे हुए यह दराज़[8] दाँतोंकी क़तार
और उसपर यह मकरूह[9] हँसीका अन्दाज़
घोड़ा जैसे है काटनेपर तैयार

इक उम्र तसव्वुफ़ने[10] मुझे चकराया
इस बहरमें[11] एक भी न मोती पाया
हर मर्त्तबा जब कि जाल खींचा मैंने
तो एक-न-इक वहम अटककर आया

पीरोंमें[12] मज़म्मते[13]-सुबू[14] होती है
बूए-सहबापै[15] गुफ़्तगू होती है
कौन उनसे कहे कि खाद है, ज़हनको[16] मै[17]
और खादमें ज़ाहिर है, कि बू होती है

---

१. कपोल, २. उपासना, नमाज़का, ३. अभिमान, ४. दाढ़ी, ५. पगड़ी, ६. मुँहका, ७. सुरंग, गढ़ा, ८. लम्बे, ९. बनावटी, घृणित, १०. सूफ़ियोंके धर्मने, ११. महासागरमें, १२. फ़क़ीरोंमें, १३. बुराई, १४. मद्य-पात्र, १५. शराबकी दुर्गन्धपर, १६. मस्तिष्कको, १७. शराब।

ऐ मर्दे-ख़ुदा[1] ! नफ़्सको[2] अपने पहचान
इन्सान यक़ीन है, और अल्लाह गुमान[3]
मेरी ब.एतके[4] वास्ते हात बढ़ा
पढ़ कलमा ला-इल्लह इल-इन्सान

दिल काँप रहा है, इल्तजाओंमें[5] हनूज़[6]
इक कैफ़[7] है, भगतीकी सदाओंमें[8] हनूज़
दम तोड़ चुका है, आस्मानपर भगवान्
गाँधी मसरूफ़[9] हैं, दुआओंमें हनूज़

कम-रौ[10] इन्सानसे खिलौना बेहतर
बे-अक़्ल-दराज़[11] क़दसे बौना बेहतर
तक़्लीदके[12] फूलोंके ख़ुनक[13] बिस्तरसे
तहक़ीक़के[14] काँटोंका बिछौना बेहतर

हर शख़्सको दावा है, कि हूँ लासानी[15]
अब तक न मेरी क़द्र किसीने जानी
देखा जो घड़ा तो जलके छलनीने कहा—
"अन्धोंने भरा कभी न हममें पानी"

---

१. खुदाके बन्दे, २. आत्माको, ३. शक, कल्पना, ४. मुफ़्तर ईमान लानेके लिए, ५. प्रार्थनाओं, याचनाओंमें, ६. अभी तक, ७. नशा, मस्ती, ८. प्रार्थनाओंमें, इबादतोंमें, ईश्वरकी पुकारमें, ९. व्यस्त, लीन, १०. जोश रहित, उत्साह हीन, ११. लम्बा, १२. अनुकरणके, नक़लके, १३. ठण्डा, १४. अनुसन्धानके, खोजके, १५. अनुपम ।

जो साहबे-नअ़मत[1] हैं, वह हैं, सब ओबाश[2]
जो अह्ले-नज़र[3] हैं, वह हैं, मअ़तूबे[4]-मआ़श[5]
मुफ़लिसकी निगाहमें है, रोटीकी तलब[6]
मुनेअ़मकी[7] नज़रको मसख़रेकी है, तलाश

उनका न कभी कोई निशाना चूका
शैतान है, उनके आगे नंगा-भूका
इन मुर्दा रियासतोंके वाली हैं, वोह फल
जिसने रक्खा ज़बाँपर उसने थूका

ना भाई ! मुशाअ़रोंमें और मैं जाऊँ
जहाँको गानेके एवज़ शेर सुनाऊँ
अब मुझको नहीं रहा है, इस बातका शौक़
भैंसे पगलाएँ और मैं बीन बजाऊँ

फ़ितरत[8] मेरी नज़रोंसे गिराती है, मुझे
जिस वक़्त मुशाअ़रोंमें पाती है, मुझे
होता हूँ जो निरग़ेमें[9] ग़ज़ल गोओंके
अपनी अज़मतसे[10] शर्म आती है, मुझे

---

१. दौलत मन्द, धनिक, २. लुच्चे, बदमाश, आवारा, ३. दृष्टि-वाले, ४. गुस्सा किया गया, ५. आजीविका (आजीविकासे परेशान) ६. माँग, इच्छा, ७. धनिककी, ८. प्रकृति स्वभाव, ९. भीड़में, १०. महानतासे, प्रतिष्ठासे ।

जेबें लफ़्ज़ोंसे भर रहे हैं, शुअ़रा
झुक-झुकके सलाम कर रहे हैं, शुअ़रा
गा-गाके मुशाअ़रोंके मैदानोंमें
तारीफ़की घास चर रहे हैं शुअ़रा

रफ़्तारको मैं दो चन्द करके गुज़रा
मुँह मोड़के, सर बुलन्द करके गुज़रा
बू आई जो फ़रसूदा ग़ज़ल-बानोंकी
मैं राहसे नाक बन्द करके गुज़रा

हर-एक ग़ज़ल-सरा है, मकड़ी गोया
हर शेर है, खीरा और ककड़ी गोया
मज़मूँके टटोलनेमें काम आता है
हर क़ाफ़िया अन्धेकी है, लकड़ी गोया

जो अम्र कि जुह्हालको बहलाता है,
मिट्टीका खिलौना वह नज़र आता है,
मिलती है, मुशाअ़रोंमें जिस शेरकी दाद
वह शेर मेरी नज़रसे गिर जाता है

ऐ अहले-ग़ज़ल बुलन्दो-बाला हूँ मैं
चश्मे - शेरो - सुख़नका तारा हूँ मैं
तुम लोग जो उचको तो मुझे देख सको
और तुमको, झुकूँ तो देख सकता हूँ मैं

इक फ़ित्ना[१] है, नाक़िसोंमें[२] कामिल[३] होना
इक क़हर[४] है, बा-बस्तए-मंज़िल[५] होना
तारीख़के[६] औराक़[७] जो उलटे तो खुला
इक जुर्म है, अहमक़ोंमें आक़िल[८] होना

तामीरपर[९] ख़ालिक़को[१०] न मजबूर करो
तख़लीक़को[११] फिर कौन सँभालेगा कहो
शाइरको पुकारो न मशक़्क़तके लिए
भैंसेका जो काम है, वह घोड़ेसे न लो

क्या ख़ूनकी इक बूँदमें खंजर डूबे ?
आईनेकी आबमें सिकन्दर डूबे ?
मेरा और सर झुकाये शाही[१२]-ओ-ख़ुदाई[१३]
इक क़तर-ए-आबमें[१४] समन्दर डूबे ?

ख़म देता हूँ हर लोचको तलवारोंका
ज़र्रोंको[१५] पिलाता हूँ लहू तारोंका
ज़हने-इन्सांनके[१६] ख़ारो-ख़सके[१७] हक़में
इक खौलता फ़व्वारा हूँ, अंगारोंका

---

१. बला, २. मूर्खोंमें, ३. योग्य, ४. आफ़त, ५. सुमार्ग-रत, ६. इतिहासके, ७. पृष्ठ, ८. बुद्धिमान, ९. नया निर्माण करनेपर, १०. ईश्वरको, पैदा करने वालेको, ११. सृष्टिको, रचनाको १२. राज्य-वैभव, १३. ख़ुदाकी शान, जनता, १४. पानीकी बूँदमें, १५. धूलके-कणोंको, १६. मनुष्यकी बुद्धिके, १७. काँटे-घासके लिए।

मूज़ोंका हुआ ख़्वाह[1] जो है, ख़ुद भी न खाय
गिरदाब[2] ज़दोंका[3] दोस्त[4] कश्ती न चलाय
इस मन्तक़े-बेहूदाके[5] यह मानी हैं
घोड़ोंका जो हमदर्द[6] हो घोड़ा बन जाय

"जी हाँ, मस्जिद यहीं है आगे बढ़ कर
हाजी ग़फ़्फ़ारकी दूकाँके ऊपर"
"लेकिन-लेकिन" "जनाब ! 'लेकिन' कैसी" ?
"मैं पूछ रहा था कि है—मैख़ाना किधर" ?

सख़्ती मेरे क़ल्बको[7] नहीं भाती है
आते ही निकल जाती है, जब आती है
पड़ने नहीं पाती दिलमें नफ़रतकी गिरह
माथेपै शिकन ज़रूर पड़ जाती है

शाहीकी हविसमें[8] की गदाई[10] हमने
अक्सीरकी[11] धुनमें ख़ाक उड़ाई हमने
जब ज़हरके हज़्म कर चुके सौ कुलज़म[12]
तिरयाक़की[13] एक बूँद पाई हमने

---

१. हितैषी, २–३–४ भँवरमें फँसे हुओंका मित्र, ५. बेहूदा दलीलके, ६. हितैषी, शुभेच्छु, ७. हृदय, दिलको, ८. बादशाहतकी, ६. तृष्णामें, १०. फ़क़ीरी, ११. ताबाँ आदि धातुओंसे सोनाब नानेकी विद्यामें, १२. बहुत गहरा दरिया, (वह समुद्र जो मक्का और मिस्रके मध्यमें है।) १३. ज़हरकी दवा, अफ़ीम।

हक़ायिक़

१६४४ ई० में प्रकाशित "जुनूनो हिक्मत" की ४३० रूबाइयोंमें-से चुनकर ४७ दी जा रही हैं—

मै[1] इल्मकी[2] पीना ही न आया अब तक
साहिलपै[3] सफ़ीना[4] ही न आया अब तक
इक नोच-खसोट है, ख़ुशीकी बाहम[5]
इन्सानको जीना ही न आया अब तक

दुनिया है फ़क़त रंज बढ़ानेके लिए
कम्बख़्त बिठाती है, उठानेके लिए
लाज़िम है, कि रोऊँ भी तो हँसनेकी तरह
जब चर्ख़[6] हँसाता है, रुलानेके लिए

इन्साफ़ ! बुतोंकी चाह देने वाले
हुस्न उनको, मुझे निगाह देने वाले
किस मुँहसे मुझे हश्रमें देगा ताज़ीर[7]
दिलको हविसे-गुनाह[8]-देने वाले

हर दावा-ए-इरतक़ाको[9] माना मैंने
हरगोश-ए-कायनात[10] छाना मैंने
सब जान चुका तो ऐ हरीफ़े-दमसाज़ !
मैं कुछ नहीं जानता यह जाना मैंने

१–२. ज्ञान-सुरा, ३. किनारे पर, ४. नौका, ५. परस्पर, ६. आकाश, ७. दण्ड, सज़ा, ८. भोग-विलासकी इच्छा, ९. उत्थान एवं प्रगतिके अधिकारको, १०. संसारका कोना।

यह लमहे[1] ख़ुश-रमीदह आहू[2] तो नहीं ?
इस ऐशमें कोई ग़मका पहलू तो नहीं ?
आँखोंमें है फिर शरारे-इशरत[3] ग़ल्ताँ[4]
डरता हूँ कि इस भेसमें आँसू तो नहीं ?

महशरमें पहना रहे हैं, मुझको ज़ंजीर
इक बन्दए-मजबूरकी आख़िर तक़सीर[5] ?
आवाज़ तो दो कोई, किधर हैं, आख़िर
माहोलो[6]-विरासतो[7]-सरिश्तो[8] - तक़दीर[9]

इस दहरमें[10] ता-दैर[11] ठहरना बहतर
या तेज़ - रवीसे कूच करना बेहतर
बस ज़िन्दा हूँ अब तक इस तज़बुज़बके[12] तुफ़ैल
जीनेमें है फ़ायदा कि मरना बेहतर

ऐसा नहीं जुज़-मुनाफ़िक़ इन्साँ[13] कोई
हो जिससे न बेज़ारो-गुरेज़ाँ[14] कोई
इन्सान वही है, दरहक़ीक़त जिसको
यज़दाँ[15] कोई कहता हो, तो शैताँ कोई

---

१. पल, २. हिरन, ३. भोग-विलासके डोरे, ४. प्रकट, घुले-मिले, ५. भूल, अपराध, ६. वातावरण, ७. जागीर, ८. भाग्य लेख, ९. क़िस्मत, १०. संसारमें, ११. शीघ्रतासे, १२. ऊहापोहके कारण। १३. मनुष्यके अतिरिक्त मक्कार, १४. परेशान, घृणाके भाव लिये हुए, १५. ईश्वर।

इस फ़िक्रमें इक उम्रसे हूँ बे-ख़ूरो-ख़्वाब[1]
किस तरह मुअत्तल[2] हों रसूमो-आदाब[3]
अच्छी तो है, वज़-ए-रास्तगोई[4], लेकिन
बरदाश्त भी कर सकेंगे उसको एहबाब[5] ?

क़ानून नहीं है, कोई फ़ितरतके सिवा
दुनिया नहीं कुछ नमूदे-ताक़तके सिवा
क़ूवत[6] हासिल कर, और मौला बन जा
मअ़बूद[7] नहीं है, कोई क़ूवतके सिवा

अहक़र[8] नहीं कोई नातवाँसे[9] बढ़कर
अबतर[10] नहीं कोई नातवाँसे बढ़कर
अज़रूए-शरीअ़त ख़ुदाए- कमो[11]-वेश
काफ़िर[12] नहीं कोई नातवाँसे बढ़कर

तारीफ़ न कर रफ़ीक़े-जानी[13] ! मेरी
पामाल[14] बहुत है, ज़िन्दगानी मेरी
यह मुझमें शराफ़त जो नज़र आती है
बुनियाद है, इसकी नातवानी[15] मेरी

१. उनींदा, २. नष्ट, ३. रीति-रिवाज, ४. मधुरताका चलन, ५. इष्ट-मित्र, ५. बल, ७. ईश्वर, ८. तुच्छ, ६. निर्बलसे, १०. गिरा हुआ, ११. ख़ुदाके धर्मानुसार कम-ज़्यादा, १२. अधार्मिक, १३. प्राण-सखा, १४. पतित, गिरी हुई, १५. निर्बलता ।

फ़ितनेकी[1] नदीमें नाव खेता हूँ मैं
धोकेकी हवामें साँस लेता हूँ मैं
इतने कोई दुश्मनको भी देता नहीं जुल[2]
जितने .खुदको फ़रेब[3] देता हूँ मैं

.खूनी चश्मे उबल रहे हैं, या रब!
.खंजर सीनोंमें चल रहे हैं, या रब!
तुझको भी .खबर है कि तेरी दुनियामें?
छोटोंको बड़े निगल रहे हैं, या रब!

हर हातमें तेग़े-.खूँ-चुकाँ[4] है, या रब!
हर पाँवमें ज़ंजीरे-[5]गराँ है या रब!
मज़हबकी बिरादरीसे दिल तंग हूँ मैं
इन्सानकी बिरादरी कहाँ है, या रब!

.खंजर है, कोई तो तेग़े उरियाँ[6] कोई
सरसर है, कोई, तो तो बादे-तूफ़ाँ[7] कोई
इन्सान कहाँ है? किस कुरेमें[8] गुम है
याँ तो कोई 'हिन्दू', है 'मुसलमाँ' कोई

१. धूर्तताओंकी २. चकमा, ३. धोका, ४. रक्त-लोलुप तलवार, ५. भारी ज़ंजीर, ६. नंगी तलवार, ७. आँधियाँ, ८. कोनेमें।

जिस वक़्त झलकती है, मनाज़िरकी[1] जबीं[2]
रासिख़[3] होता है, ज़ाते-बारीका[4] यक़ीं[5]
करता हूँ जब इन्साँकी तबाहीपै नज़र
दिल पूछने लगता है, "ख़ुदा है कि नहीं"?

हुस्नो-इश्क़

नग़मे[6] तेरे फ़रियाद हुए जाते हैं,
ख़ूँ-गुश्तए[7]-बेदाद हुए जाते हैं,
रातें यह जवानीकी, मुरादोंके यह दिन
अफ़सोस कि बरबाद हुए जाते हैं

मैं रात गये उठा हूँ सोते-सोते
आँखोंका बुरा हाल है रोते-रोते
तारेके क़रीब माहे[8]-नौ है, ऐ काश!
इस वक़्त मेरे क़रीब तुम भी होते

वह देखते और सिसकियाँ हम भरते
हसरत है कि क़दमोंपै किसीके मरते
ऐ बादे सबा[9]! मिलें तो उनसे कहना—
"मुद्दत हुई इन्तज़ार करते—करते"

---

१. प्राकृतिक दृश्योंका, २. मस्तक, ३. मालूम, ४. ईश्वरका, ५. विश्वास, ६. गीत, ७. अत्याचारके रक्तसे परिपूर्ण, ८. द्वितीयाका चन्द्रमा, ९. प्रातःकालीन मृदु पवन।

गुल्शनमें कहाँसे यह असर आता है ?
तख़ैयुलका[1] हर नक़्श उभर आता है,
ओढ़े हुए हलकी-सी दुलाई कोई शोख़
ख़ुशबूमें चमेलीकी नज़र आता है,

पीराने-सालूस[2]

दूरबीनी[3] नज़रसे आस्ताने[4] देखो
जारी हैं, रियाके[5] कारख़ाने देखो
शैतॉकी उँगलियोंमें गरदिश[6] करते
ज़ुह्हादकी[7] तसबीहके[8] दाने - देखो

ऐ शैख़ ! कभी तो रंज उठाया होता
इस दिलपै कभी तो ज़ख़्म खाया होता
इस तरह लगाता न दमादम ज़रबे
बाबा ! दिल अगर कहीं लगाया होता

नेकीकी हमें राह बताते रहिए
अल्लाहसे हर आन डराते रहिए
पीनेवालोंको कहते रहिए बे - दीन[9]
और शौक़से माले - ग़ैर[10] खाते रहिए

१. कल्पनाका, २. ढोंगी और धूर्त्त पीर, ३. दूरन्देशीकी, ४. पीरोंके स्थान, ५. कपटकी उपासनाके, ६. फिरते हुए, ७. ज़ाहिदोंकी, ८. मालाके, ९. अधार्मिक, १०. दूसरोंके माल हड़पते रहिए।

हम देखके महवशोंको[1] क्या कहते हैं,
इतना ही कि बस "सल्ले अली[2]" कहते हैं,
लेकिन यह ग़ुलामे - ज़र ब-ई-रीशदराज़[3]
मौक़ा[4] हो तो हर बुतको ख़ुदा कहते हैं,

इतना ही नहीं कि जब दुआ देते हैं,
इन्साँ ही को धोकेमें फ़ँसा देते हैं
यह पीर तो हर रोज़ सफ़ें[5] बाँधके 'जोश' !
ख़ुद हज़रते - हक़को[6] भी दग़ा देते हैं

हर रंगमें इब्लीस[7] सज़ा देता है,
इन्साँको ब-हर - तौर[8] दग़ा देता है,
कर सकते नहीं गुनह जो अहमक़, उनको
बे - रूह[9] नमाज़ोंमें लगा देता है,

जन्नतके मज़ोंपै जान देने वालो !
गन्दे पानीमें नाव खेने वालो !
हर ख़ैरपै[10] चाहते हो सत्तर हूरें
ऐ अपने ख़ुदासे सूद[11] लेने वालो !

---

१. सुन्दरियोंको, २. वाह-वा सुब्हान अल्लाह, क्या कहने (हज़रत मुहम्मदका संक्षिप्त नाम), ३. धनके भंगी और लम्बी दाढ़ी वाले, ४. आवश्यकता पड़नेपर, अवसर आने पर, ५. नमाज़की पंक्तिमें खड़े होकर, ६. ईश्वरको, ७. शैतान, ८. हर हालतमें, ९. बेमन, आकर्षण रहित, १०. प्रत्येक शुभ कार्योंके बदलेमें, ११. ब्याज, लाभ.।

ख़ुमरियात[1]

हुशयार कि आफ़ताब होना है तुझे
पैग़म्बरे-इनक़लाब[2] होना है तुझे
हर सुब्हको आती है, यह साक़ीकी सदा[3]—
"बेदार[4] ! कि ख़ुद शराब होना है तुझे"

गुलशनकी रविशपै मुसकराता हुआ चल
बदमस्त घटा है, लड़खड़ाता हुआ चल
कल ख़ाकमें मिल जायगा यह ज़ोर-शबाब[5]
'जोश' आज तो बाँकपन दिखाता हुआ चल

मरने पै नवीदे-[6]जाँ मिले, या न मिले
यह कुंज[7], यह बोस्ताँ[8] मिले, या न मिले
पीनेमें कसर न छोड़ ऐ ख़ाना ख़राब !
मालूम नहीं वहाँ मिले या न मिले

साक़ी ! क़दए-बादए-गुलगूँ[9] लिल्लाह
हलक़ेमें लिये हुए है, दिलको शबे-माह[10]
मैं और तसव्वुरे - बहिश्तो - कौसर[11]
लाहौल विलाक़ूवत इल्ला बिल्लाह

१. मदिरा सम्बन्धी, २. क्रान्तिकारी नेता, ३. आवाज़, ४. सचेत हो, जाग, ५. यौवनका चढ़ाव, ६. प्रसन्नता, जीवनका निमंत्रण, ७. कोना, ८. उद्यानकी छाँव, ९. मद्य-पात्र, १०. चाँदनी रात, ११. जन्नत और मद्यकी नहरका ध्यान ।

क्या फ़ायदा शैख़ ! तुझसे कीनेमें[1] मुझे
ख़ुश्कीमें[2] तुझे लुत्फ़[3] सफ़ीनेमें[4] मुझे
ऐय्याश तो दोनों हैं, मगर फ़र्क़ यह है,
खानेमें तुझे मज़ा है, पीनेमें मुझे

हम दोनों हैं ऐ फ़क़ीर ! दीवाने-से
मतलब है फ़क़त दिलके बहलजाने से
हर शामो-सहर करते हैं, ऐय्याशी हम
तू ज़र्फ़े-वज़ूसे[5] और मैं पैमानेसे[6]

यह वलवला[7], यह शबाब[8], अल्लाह-अल्लाह
यह नहर यह माहताब[9], अल्लाह-अल्लाह
कल तक तो फ़क़त शराबका बन्दा था मैं
और आज हूँ ख़ुद शराब अल्लाह-अल्लाह

कुर्सीसे बुलन्द है, नशेमन[10] अपना
फ़िरदौसपै ख़न्दाज़न[11] है गुलशन[12] अपना
तू कौसरो-तसनीमका[13] छोड़ेगा न ज़िक्र ?
अच्छा तो निचोड़ दूँ मैं दामन अपना ?

---

१. रंजिशमें, २. सूखेमें, ३. आनन्द, ४. नौकामें, ५. वज़ूके बर्तनसे, ६. मधुपात्रसे, ७. जोश, ८. यौवन, ९. चाँद, १०. स्थान, कुटिया, ११. जन्नतपै मुसकराता हुआ, १२. उद्यान, १३. जन्नतकी मद्य-नहरोंका ।

मुतफ़र्रिक़ात

भटके हुए इन्सानको देखो तो ज़रा
इस अक़्लके नादानको देखो तो ज़रा
किस तरह अकड़-अकड़के रखता है, क़दम
दो पाँवके हैवानको देखो तो ज़रा

सावन्त हूँ कब किसीसे डरता हूँ मैं
दोज़ख़से, न ज़िन्दगीसे डरता हूँ मैं
इस तनतना - ओ - बहादुरीके बा - वस्फ़[1]
दुनिया! तेरे आदमीसे डरता हूँ मैं

कब मौतकी दिल्लगीसे डरता हूँ मैं,
महशरसे, न ज़िन्दगीसे डरता हूँ मैं
अग़यारकी[2] दुश्मनीसे डरना कैसा?
एहबाबकी[3] दोस्तीसे डरता हूँ मैं,

डर है कि न तल्ख़[4] ज़िन्दगानी हो जाय
तमहीदे-अलम[5] न शादमानी[6] हो जाय
हाँ यारे-अज़ीज़से ख़ुदारा हुशयार[7]
मुमकिन है, कि अदू-ए-जानी[8] हो जाय

१. होते हुए भी, २. शत्रुकी, ३. इष्ट-मित्रोंकी, ४. कड़वी, ५. दुःख की भूमिका, ६. खुशी, ७. इष्ट-मित्रोंसे ईश्वरके लिए सावधान, ८. जानका दुश्मन।

मर्ज़ी हो तो सूलीपै चढ़ाना या रब !
सौ बार जहन्नुममें जलाना या रब !
माशूक़ कहें—"आप हमारे हैं, बुज़ुर्ग"[1]
नाचीज़को यह दिन न दिखाना या रब !

क़ब्रोंसे उबल रहे हैं, ग़मके सोते
मरने वाले न काश पैदा होते
कुछ बन न पड़ा तो सो गये आख़िरकार
आरामकी आर्ज़ूमें[2] रोते - रोते

पस्ती[3] जो क़रीब आये उभर जा ऐ 'जोश' !
दिल है, तो बिगड़नेमें सँवर जा ऐ 'जोश' !
कौनैन[4] तेरी राहमें हाइल[5] है, अगर
कौनैनको ठुकराके गुज़र जा ऐ 'जोश' !

अपने ही-से कस्बे-नूर[6] करता हूँ मैं
कब ख़्वाहिशे - बर्क़े - तूर[7] करता हूँ मैं,
बन्दे ! मेरे नाज़े - शाइरीसे[8] न बिगड़
अल्लाहसे भी ग़रूर करता हूँ मैं,

१. प्रेयसी यदि चाचा कहने लगे तो सुननेसे पूर्व मरना श्रेष्ठ, २. अभिलाषामें, ३. गिरावट, ४. दुनिया, ५. बाधक, ६. ज्योति-प्राप्त, ७. तूर पर्वतकी बिजलीकी इच्छा (भाव यह है, कि मैं ईश्वरका प्रकाश देखनेके बजाय स्वयं अपनेको प्रकाशमान बना रहा हूँ), ८. कवितापर अभिमान करनेसे ।

क्या शैख़की ख़ुश्क ज़िन्दगानी गुज़री
बेचारेकी इक शब[1] न सुहानी गुज़री
दोज़ख़के तख़ैय्युलमें[2] बुढ़ापा बीता
जन्नतकी दुआओंमें जवानी गुज़री

ज़ाहिदने भी क्या हयाते-फ़ानी[3] काटी
आग़ोशे - लहदमें[4] ज़िन्दगानी काटी
मुल्लाओंकी ख़िदमतमें लड़कपन खोया
पीरोंकी विलायतमें जवानी काटी

तेरी बिजलीको ख़स[5] समझता हूँ मैं,
कौनैनको[6] इक नफ़स[7] समझता हूँ मैं
क्या मुझको डरा-रहा है, मरना-मरना
मरनेको परे-मग्स[8] समझता हूँ मैं

१९४५ में प्रकाशित 'रामिशो-रंग' में १३६ रुबाइयाँ हैं, जिनमें-से ८ चुनकर दी जा रही हैं—

माबूद[9] ! हयात[10] थी सोते गुज़री
हर शामो-सहर[11] जीमें गुज़रते-गुज़री
इस उम्रका भी हिसाब लगा सरे-हश्र[12]
जो उम्र कि हाय-हाय करते गुज़री

१. रात, २. विचारोंमें, ३. क्षणिक जीवन, ४. क़ब्रकी गोदमें ५. तिनका, घास, ६. संसारको, ७. शारीरिक इच्छाएँ, ८. मक्खीका पर, ९. ईश्वर, १०. ज़िन्दगी, ११. रात-दिन, १२. इन्साफ़वाले दिन।

कौनैनकी[१] हर आगको कजलाता[२] है,
आफ़ाक़के[३] हर नूरको[४] धुन्दलाता है,
महताबमें[५] धब्बे हैं, गुलोंमें काँटे
बदबींको[६] बस इतना ही नज़र आता है,

सो जा ऐ क़ल्बे-ज़ारो[७]-मुज़्तर[८] सो जा
वह वादा-फ़रामोश[९] है पत्थर, सो जा
हाँ रात गये किसीने दस्तक[१०] दी है,
मेरे नहीं—हमसायेके दर[११] पर, सो जा,

अरमान[१२] है, वोह धूप कि ढलती ही नहीं,
हसरत[१३] वोह शै[१४] है, जो निकलती ही नहीं
मतलूब[१५] तो हर रोज़ बदल जाते हैं,
कम्बख़्त तलब[१६] है, कि बदलती ही नहीं

हर साँसमें जामे-ज़हर[१७] पीता क्यों है?
हर चाकको[१८] बार-बार सीता क्यों है?
जितने भी जतन[१९] हैं, सब हैं, जीनेके लिए
पर यह भी कभी सोचा कि जीता क्यों है?

---

१. संसारकी, २. मांद करता है, ३. आकाशके, ४. प्रकाशको, ५. चन्द्रमें, ६. कुदृष्टिको, कटु आलोचकको, ७–८. बेचैन, तड़पता दिल, ९. वायदा करके भूलनेवाला, १०. खटखटाना, ११. पड़ौसीके द्वार पर, १२. अभिलाषा, १३. इच्छा, १४. वस्तु, १५. वह वस्तु जिसकी इच्छा हो, १६. इच्छा, १७. विषका प्याला, १८. फटे हुए को, १९. यत्न।

मेरे कमरेकी छतपै है, उसका मक़ान
जलवेका नहीं है, फिर भी कोई इमक़ान[1]
गोया मैं हूँ नदीम[2]! इक ऐसा मज़दूर
जो भूकमें है, सरपै, उठाये हुए ख़्वान[3]

ग़मवक़्ते-ख़ुशी भी दिलको तड़पाता है,
घटनेके एवज़ और भी बढ़ जाता है,
दम भरमें वह आनेको हैं, इक उम्रके बाद
और दिल है, कि कम्बख़्त भरा आता है,

ग़ुंचे[4]! तेरी ज़िन्दगीपै दिल हिलता है,
बस एक तबस्सुमके[5] लिए खिलता है?
ग़ुंचेने कहा कि "इस चमनमें बाबा!
यह एक तबस्सुम भी किसे मिलता है?"

१९४४ से १९५२ ई० तक कही हुई २३८ ई० में-से २७ रुबाइयाँ 'समूमो-सबा' से दी जा रही हैं—

यूँ झूम कि गेतीको[6] झुमादे ऐ दिल!
यूँ नाच कि गरदूँको[7] नचादे ऐ दिल!
इससे पहिले कि दफ़्न[8] हो ज़ेरे-ज़मीं[9]
बालाए-ज़मीं[10] धूम मचादे ऐ दिल!

१. उपाय, २. मित्र, साथी, ३. भोजनका थाल, ४. कली, अविकसित फूल, ५. मुसकानके, ६. संसार, पृथ्वीको, ७. आसमानको, ८. गाड़ा जाय (मरनेसे पूर्व), ९. पृथ्वीके अन्दर, १०. पृथ्वीके ऊपर, (संसार में)।

गुम हो गये एहबाब[1]-शरारोंकी[2] तरह
दमबाज़ हुबाबोंके[3] इशारोंकी तरह
फूटे, हँसती हुई किरनके मानिन्द
टूटे, गिरते हुए सितारोंकी तरह

झिझको, ठिठको न एक पल भी शरमाव
यह दिल तो अज़ल[4] ही से तुम्हारा है पड़ाव[5]
ऐ जुमला[6] हवादसो[7]-ग़मूमों[8]-आफ़ात[9]
बंदे ही का यह ग़रीबख़ाना है, दरआव[10]

हर साँसको इक अज़ाब[11] पाया मैंने
इशरतकी[12] तलबसे[13] हात उठाया मैंने
जब सीना हुआ ख़रोशे-दिलसे[14] महरूम[15]
बोतलको कलेजेसे लगाया मैंने

शराब-बन्दी होनेपर

कहते हैं, दिल रहीने-मस्ती न[16] रहे
कम्बख़्तको झूटो भी तशफ़्फ़ी[17] न रहे
खाता हूँ, शराब पीके, इशरतका[18] फ़रेब[19]
यारोंकी तमन्ना[20] है, कि यह भी न रहे,

१. इष्ट-मित्र, २. आगकी चिनगारियोंके समान, ३. पानीके बुलबुलोंके, ४. सृष्टिके प्रारम्भसे, ५. स्थान, ६. समूह, ७. आपत्तियां, ८. ग़मों, ९. आफ़तों, १०. चले आइए, ११. आफ़त, १२. ऐशो-आरामकी, १३. इच्छासे, १४. हृदस्पन्दन, दिलके शोरसे, १५. रहित, १६. आनन्दित, मस्तीके यहाँ गिरवी, १७. चैन, तसल्ली, १८. ऐशो-आरामका, १९. धोका, २०. इच्छा।

यह हुक्म न बन जायें फ़साने[१] तो सही
इस डाँटसे उभरें न तराने[२] तो सही
मैख़ानोंको ए जेल बनाने वालो!
जेलें न बनें शराबख़ाने तो सही

आना तो सुराहियाँ गिराकर आना
अंगूरकी बेल तक जलाकर आना
मुझ रिन्दके मुँहपै थूक देना जिस रोज़
इन्सानसे मैकशी[३] छुड़ाकर आना

आते नहीं जिनको और धन्दे साक़ी!
औहामके[४] बुनते हैं, वह फन्दे साक़ी!
जिस मैको छुड़ा सका न अल्लाह अब तक
उस मै को छुड़ा रहे हैं, बन्दे साक़ी!

ऐ तर्के-शराबके[५] सियह[६] क़ल्ब[७] वकील
तू जब्रे-हुकूमतको[८] समझता है, दलील
तेरी दहशतसे छोड़ देगा पीना
इन्सानको इस क़द्र समझता है, जलील[९]?

१. कहानियाँ, २. संगीत, ३. सुरा-पान, ४. वहमोंके, व्यर्थ बातोंके, ५. शराबबन्दी क़ानूनके, ६. काले, ७. हृदयके, ८. राज्यके बलको, ९. पतित, कमीना।

ख़ाशाकसे[1] तबए - बोस्ताँको[2] क्या ख़ौफ़ ?
तूफ़ाने-ज़मींसे[3] आसमाँको क्या ख़ौफ़ ?
मस्तीमें पड़े दहशते-हस्तीसे[4] ख़लल[5],
आवाज़े-सगाँसे[6] कारवाँको[7] क्या ख़ौफ़ ?

वाक़िफ़[8] भी हैं, आप ? ज़िन्दगी है, गिरदाब[9],
आँसूकी तरह ग़रीब पीते हैं, शराब
जो वक़्त है, दरअस्ल तरस खानेका
उस वक़्त भी ऐतराज़ करते हैं, जनाब

मुल्ला हो तो ख़ारे-अलम[10] चुनते क्यों हो,
ईमान-गुसिल भाड़में भुनते क्यों हो,
कहते हैं, तुम्हें अहमक़[11] अगर अहले-ख़िरद[12]
तुम अहले-ख़िरदकी बात सुनते क्यों हो,

कुल्फ़तसे[13] जो होती है, वोह बहजत[14] न रहे,
देता है, जो इफ़लास[15] वोह दौलत न रहे
मर जायें गले काटके रहमत[16] वाले
दुनियाको अगर रहमकी[17] हाजत[18] न रहे

---

१. घासके तिनकोंसे, २. उद्यानको, ३. पृथ्वीके तूफ़ानोंसे, ४. संसारके भयोंसे, दुनियाके ख़ौफ़से, ५. विघ्न, ६. कुत्तोंके भोंकनेसे, ७. यात्री-दलको, ८. अभिज्ञ, जानकार, परिचित, ९. भँवर, १०. रंज़ो-ग़मके काँटे, ११. मूर्ख, १२. बुद्धिमान, १३. तकलीफ़से, रंजसे १४. ताज़गी, ख़ुशी, १५. मुफ़लिसी, दारिद्र्य, १६. दयालु, १७. दयाकी, १८. ज़रूरत, आवश्यकता।

इब्ने-आदमको[1] साहबे-जाह[2] करो
कमबख़्तको अब और न गुमराह करो
अल्लाहसे इन्सान है कबका वाक़िफ़
इन्सानसे इन्सानको आगाह[3] करो

फ़न इन्साँ-कुशी[4] सिखाया है, इसे
ज़ौक़े-हक़का[5] लहू पिलाया है, इसे
क़ातिल सही, दुनियाकी मज़म्मत[6] न करो
अल्लाहतालाने बनाया है, इसे

टूटी क़ब्रोंपै नस्ब[7] करते हैं, निशाँ
मुर्दोंपै लुटाते हैं, मताये-दिलो-जाँ[8]
इन मौत-परस्तोंकी[9] नज़रमें सद हैफ़[10]
लौसे[11] बेहतर है, शम-ए-कुश्ताका धुँआँ[12]

सौ बार मेरी धूपको सँवलाया था
ख़ुद मेरे हुनरसे मुझे शरमाया था
आया है, मेरी राखपै, वोह बहरे-सजूद[13]
कल जिसने मेरी आगको ठुकराया था।

१. मानव-सन्तानको, २. गौरवान्वित, प्रतिष्ठित, ३. परिचित, ४. मानव-वधकी कला, ५. अध्यात्मवादका, ईश्वरीयताका, ६. अनादर, बुराई, ७. निर्माण, ८. दिलोजानकी दौलत, ९. मृतक-पूजकोंकी, १०. शत-शत खेद, ११. दीपककी लौ, ज्योतिसे, १२. बुझे हुए दीपककी बातीका धुआँ, १३. मत्था टेकने, सजदा करने।

करती है, गुहरको[1] अश्कबारी[2] पैदा
तमकीनको[3] मौजे - बेक़रारी[4] पैदा
सौ बार चमनमें जब तड़पती है नसीम[5]
होती है, कलीपर एक धारी पैदा

इस गरदने - कोताहपै[6] रीश[7] दराज़[8]
जैसे लबे-नहर कोई ऊँघी हुई क़ाज़[9]
मिम्बरपै[10] जो खोलता है, मुँह क़ाज़ी-ए-शहर
आती है, मुआनन टिली-लिलीकी आवाज़

दिल बेकसी - ए - अदबपै[11] थर्राता है,
मरतूब[12] फ़िज़ाँमें[13] दम घुटा जाता है,
फ़िरदौसी[14]—ओ-रूदकी[15] समझता हूँ उसे
मिसरा भी मेरा जो आज दुहराता है

इक उम्रसे ज़हर पी रहा हूँ ऐ दोस्त !
सीनेके शिगाफ़ सी[16] रहा हूँ ऐ दोस्त !
गोया सरे - कोहसार[17] तनहा पौदा
यूँ अपने वतनमें जी रहा हूँ ऐ दोस्त !

---

१. मोतीको, २. आँसुओंकी झड़ी, ३. सहनशीलताकी शक्तिको, ४. बेचैनीकी लहरें, ५. हवा, ६. ओछी या ठिंगनी गर्दनपै, ७. दाढ़ी, ८. लम्बी, ९. राजहंस, १०. मस्जिदमें वह स्थान, जिसपर खड़े होकर भाषण दिया जाता है, ११. साहित्यकी दयनीय स्थितिपर, १२. गीली, सीली हुई, १३. वातावरणमें, १४–१५. फ़ारसीके ख्यातिप्राप्त अमर शाइर, १६. सूराख़, फटा हुआ स्थान, १७. पर्वतपर।

आगाही[१]-ए-इल्मो-फ़न नहीं है, ऐ दोस्त !
अस्तबल[२] है, अंजुमन[३] नहीं है, ऐ दोस्त !
होता है, वतन हर-इक बशरका[४] लेकिन
मेरा कोई वतन नहीं है ऐ दोस्त !

बाक़ी नहीं इक शऊर रखनेवाला
सहबा-ऐ-कुहन-सालका[५] चखनेवाला
क्या अपने मआनीका[६] मैं रोना रोऊँ
अल्फ़ाज़[७] नहीं कोई परखनेवाला

ऐ अहले-वतन[८] अपने सुख़नसे[९] गरमाओ
कानोंमें हैं, परदेसकी भाषाओंके[१०] घाओ[११]
चकराये हुए ज़ौक़े-समाअतको[१२] मेरे
ताऊसकी[१३] आवाज़के झूलेमें झुलाओ

फिर लुत्फ़की[१४] चादरें सरोंपर तन जाँय
फिर ख़ौरसे यकजान-ओ-दो क़ालिब[१५] बन जाँय
हम-तुम रूठे रहेंगे आख़िर कब तक ?
क्या उम्रका एतबार[१६] आओ मन जाँय

---

१. ज्ञान, २. घुड़साल, ३. सभा, ४. व्यक्तिका, मनुष्यका, ५. पुरानी शराबका, ६. अपनी शाइरीके तात्पर्यका, ७. शब्दोंको, ८. देशवासियो, ९. वार्तालापसे, (उर्दू भाषासे) १०. हिन्दी भाषाकी ओर संकेत, ११. घाव, ज़ख़्म, १२. सुननेकी रुचि, १३. मोरकी शक्लके ईरानी बाजेके, १४. आनन्दकी, १५. शरीर, १६. भरोसा ।

हर मौजे-नफ़समें[1] है नई तुग़यानी[2]
दुख-दर्दका इक सैल[3] है उम्रे-फ़ानी[4]
तूफ़ाने - तमन्नामें[5] तमन्ना - ए - सुकूँ[6] ?
छलनीमें हुज़ूर भर रहे हैं, पानी

सैफ़ो—सुबूकी १३७ रुबाइयातमें-से केवल २४ चुन कर दी जा रही हैं—

अंजामे-तरबका[7] ज़िक्र करते क्यों हो ?
पैमानए-दिलको[8] ग़मसे भरते क्यों हो ?
ता-चन्द[9] यह तशवीश मआले-हस्ती[10] ?
इक रोज़ मरोगे रोज़ मरते क्यों हो ?

कल मोतियोंको रोल दिया साक़ीने
सोनेमें मुझे तोल दिया साक़ीने
यह सुनके कि खुलता नहीं मक़सूदे-हयात[11]
मैख़ानेका दर खोल दिया साक़ीने

---

१. इन्द्रिय-सुखकी लहरोंमें, २. बहाव, ३. बाँढ़, बहाव, ४. नश्वर शरीर, ५. इच्छाओंके तूफ़ानमें, ६. सुखचैनकी इच्छा ७. आनन्द मनानेमें जो कार्य किये हैं, उनके परिणाम भुगतनेका ज़िक्र, ८. हृदय-पात्रको, ९. कब तक, १०. कर्म-फलोंकी चिन्ता, ११. जीवन-गुत्थी ।

ज़ेबा[1] नहीं, शैख़ ! ज़िन्दगानी ऐसी
अल्लाहसे और बदगुमानी ऐसी
बे - शाहिदो[2] - बाद: जिसकी रातें गुज़रें
तौहीने-मशीय्यत[3] है, जवानी ऐसी

यह साअ़ते-मै[4] है, नासेह ख़ुश औक़ात[5] !
ऐसेमें ज़रा समझके कहना कोई बात
लौहो - क़लमो - कुर्सि-ओ-अर्शो - अफ़लाक
इस वक़्त खड़े हुए हैं, बाँधे हुए हात

वह रात गये शराब ढलना हय-हय
वह पिछले पहर सबाका चलना हय-हय
माशूक़ - ए - नौख़ेज़का वह रह - रह कर
आँखोंको हथेलियोंसे मलना हय-हय

क्या शैख़ मिलेगा गुलफ़िशानी करके ?
क्या पायेगा तौहीने-जवानी करके ?
तू आतिशो-दोज़ख़से डराता है, उन्हें
जो आगको पी जाते हैं पानी करके

---

१. उचित, योग्य, २. सुन्दरी और सुरा-रहित, ३. ख़ुदाकी इच्छाका अपमान, ४. मदिरा पानकी शुभवेला, ५. खुशनसीब ! नसीहत देनेवाले इस समय तो कुछ समझ-बूझकी बात करना ।

ग़ालिब[1] है, मेरा जज़्ब:-ए-ग़ैरत[2] मुझपर
इक क़हर है नाक़िसोंकी सौलत[3] मुझपर
ज़ाहिद अगर आज मैको जाइज़ करदे
इक क़तरा भी फिर पिऊँ तो लानत मुझपर

जो ग़मको न देखे वह नज़र दे साक़ी !
अंगूरसे दिलके ज़ख़्म भरदे साक़ी !
क़ातिल है कोई चीज़ तो एहसासे-लतीफ़
इस तेग़की बाढ़ कुन्द करदे साक़ी !

मफ़लूज[4] हर इस्तलाहे - ईमाँ[5] करदे
फ़िरदौसको[6] रहने - ताक़े - निसयाँ[7] करदे
साक़ी है, मुग़न्नी[8] है, चमन है, मै[9] है,
इस नक़्दपै सौ उधार क़ुर्बां करदे

परवर्द:ए-शेवन है, तकल्लुम[10] मेरा
फ़रियादकी इक लै है, तरन्नुम[11] मेरा
मानेगा इसे कौन कि होता है, तलूअ[12]
आँसूके उफ़क़से[13] हर तबस्सुम[14] मेरा

१-२. मेरे स्वाभिमानकी भावना हावी है, ३. अयोग्य मनुष्योंका आतंक, ४. लुंजी-लँगड़ी, लकवाग्रसित, ५. ईमानकी बातें, ६. जन्नतको, ७. पापोंके हाथ गिरवी, ८. गायिका, ९. शराब, १०. मेरे वार्तालापका ढंग आहों द्वारा पोषित है, ११. संगीत, १२. उदय, प्रकट, १३. आकाशसे, १४. मुसकान-सूर्य ।

इक उम्रमें होती है, बसीरत[१] पैदा
करता है, .खुदा साज़[२] यह दौलत पैदा
रग-रगमें तफ़क्कुर न उतर जाये अगर
.खुद इल्मसे होती है, जहालत पैदा

पहलूमें मेरे दीदा-ए-पुरनम है, कि दिल[३]
माबूद ! यह मिक़यासे-तपे-ग़म[४] है, कि दिल
हो ज़र्रा भी कज तो बाल पड़ जाता[५] है,
यह शीशा-ए-नामूसे-दो आलम[६] है, कि दिल

आईन[७] कुछ और हुक्मे-फ़ितरत[८] कुछ और
क़ानून[९] कुछ और आदमीयत[१०] कुछ और
अल्लाहका क़ौलो-फ़ेल[११] इतना मुतज़ाद[१२]
अहकाम[१३] कुछ और हैं, मशैयत[१४] कुछ और

बुतसाज़[१५] है तौक़ीरके[१६] क़ाबिल, माना
लेकिन उसको मेरे बराबर न बिठा
पत्थरको तराशकर बनाता है, वह बुत
मैं बुतको तराशकर बनाता हूँ .खुदा

१. देखनेकी नज़र, २. कभी-कभी, ३. मेरे सीनेमें यह दिल है, या रोती हुई आँख ? ४. दुःख-ज्वरको देखनेका थर्मामीटर, ५. मिट्टीका कण भी परेशान हो तो हृदय-दर्पणमें बाल पड़ जाता है, ६. यह दोनों जहान प्रतिविम्बित होनेवाला दर्पण है कि हृदय है, ७. संसारकी व्यवस्था, ८. प्रकृतिका स्वभाव, ९. सांसारिक नियम, १०. मानवता, ११. कथनी-करनी, १२. भिन्न-भिन्न, १३. आदेश, १४. इच्छा, १५. मूर्ति बनानेवाला, १६. आदर-योग्य ।

शुक्रे - परवर्दिगार करता शैताँ
दौलत अपनी निसार करता शैताँ
इन्साँकी ख़बासतसे[1] जो होता आगाह
इक सजदा नहीं, हज़ार करता शैताँ

दरियाके उमक़में जा, हुबाबोंको न देख
औराक़े-चमन उलट किताबोंको न देख
निखरे हुए इक ज़र्रः - ए - ख़ाकीके हुज़ूर
डूबे हुए लाख आफ़ताबोंको न देख

या रब ! नई लोह, कुहना मज़मून यह क्या ?
सदियोंके लिए एक ही माजून यह क्या ?
हर आन बदलनेवाले इन्साँके लिए
जो भर न बदलने वाला क़ानून, यह क्या ?

हर साँसको वक़्फ़े-सद - शरारत करदें
इख़लाक़की कुछ अजीब हालत करदें
मुफ़लिस कि अमीरोंके गिनाते हैं, गुनाह
दौलत इन्हें दे दो तो क़यामत करदें

---

१. आदतोंसे ।

हिन्दूने अगर इल्मका मन्दिर छोड़ा
मुस्लिमने भी रास्तीका मिम्बर छोड़ा
पण्डितने अगर बना दिया बुतको ख़ुदा
मुल्लाने ख़ुदाको बुत बनाकर छोड़ा

वह रिश्ता-ए-तसबीह हैं, हम फन्दे हैं,
हर ऐबसे वह पाक हैं, हम गन्दे हैं,
देखो वह निकल रहे हैं, मस्जिदसे शयूख़
गोया वह ख़ुदा हैं और हम बन्दे हैं,

अफ़सोस तुझे पीर दग़ा देते हैं,
कब तेरी अक़ीदतका सिला देते हैं,
मुनअ़म ! यह तुझे नहीं लगाते हैं गले
सीनेसे तेरी जेब लगा लेते हैं

क़दमोपै मेरे अर्शे-मुअ़ल्ला भी सही
ख़ुरशीदकी अंजुमनमें ज़र्रा भी सही
हूरें हाज़िर हुई हैं, मुजरेके लिए
अच्छा हाज़िर करो यह तक़वा भी सही

ज़ख़्मे-तहक़ीक़ दिलपै खाये हुए आओ
नूरे - मुतलक़से लौ लगाये हुए आओ
मुड़ - मुड़के मैं हरबार नहीं देखूँगा
ऐ शम्सो - क़मर ! क़दम बढ़ाये हुए आओ

बिगड़ी हुई अक़्लसे हिमाक़त बेहतर
धोकेकी मुहब्बतसे अदावत बेहतर
शैतानो - अबुजहलकी अज़्मतकी क़सम
सौ बार ग़ुलामीसे बग़ावत बेहतर

'अर्शो-फ़र्श' की ६६ रूबाइयाँमें-से यहाँ ३ दी जा रही हैं—

यह रात गये ऐने-तरबके[1] हंगाम[2]
परतव[3] यह पड़ा पुश्तसे[4] किसका सरे-जाम[5]
"यह कौन है ?" "जिबरील[6] हूँ" "क्यों आये हो ?"
"सरकार ! फ़लकके[7] नाम कोई पैग़ाम[8] ?"

नशेमें भी आहे-सर्द भरता हूँ मैं
लमहाते-हयातमें[9] भी मरता हूँ मैं
इस बातकी तू गवाह रहना शबे-ग़म
हर घूँटपर उनको याद करता हूँ मैं,

१–२. मौज-मज़ेके वक़्त, ३. परछाईं, ४. पीठकी तरफ़से, ५. मद्य-पात्रमें, ६. एक फ़रिश्तेका नाम, ७. जन्नतके लिए, ८. सन्देश, ९. जीनेके क्षणोंमें भी,

हर ग़म मए-गुलरंगसे[1] थर्राता है,
आलमे-जहाँका[2] मुँह उतर जाता है,
लेकिन जिसे कहते हैं, ग़मे-इश्क़ ऐ 'जोश' !
वह नशेमें कुछ और भी बढ़ जाता है,

१. शराबसे, २. संसारके दुःखोंका।

गीत

'जोश' साहबने गीत भी काफ़ी कहे हैं। उनमें आकाश, तन, नगर, हिरदे, गंगाजल, नर-नारी, बारी-बारी, धरती, लाज आदि हिन्दी शब्दोंका भी प्रयोग किया है।

हिन्दी-जगत्‌में गीत-साहित्य बहुत उन्नत है। केवल बानगीके तौरपर दो-चार गीतोंके अंश दिये जा रहे हैं—

मुरली

यह किनने बजाई मुरलिया ?
हिरदेमें बदरी छाई
गोकुल-बनमें बरसा रंग
बाजा हर घरमें मिरदंग
ख़ुदसे खुला हर-इक जूड़ा
हर-इक गोपी मुसकाई
यह किसने बजाई मुरलिया ?
हिरदेमें बदरी छाई

गंगा जलके हलकोरे
बन गये नैनोंके डोरे
कलियाँ चटकीं गुलशनमें
तारोंने ली अँगड़ाई
यह किसने बजाई मुरलिया ?
हिरदेमें बदरी छाई

क्या सोता है भगवान् ?
धरती हाले - डोले
झटके और हिचकोले
पत्थर हो गये बोले
क्योंकर न उड़ें औसान
क्या सोता है भगवान् ?

गिरती दीवारोंने
जलते अंगारोंने
चलती तलवारोंने
कर डाला है हलकान
क्या सोता है भगवान् ?

घुस आया घरमें चोर
कब होवेगी अब भोर
ऐसा है पवनका ज़ोर
जैसे अर्जुनके बान
क्या सोता है भगवान् ?

तू अगर सैरको निकले तो उजाला हो जाय

सुरमई शालका डाले हुए माथेपै सिरा
बाल खोले हुए सन्दलका लगाये टीका
यूँ जो हँसती हुई तू सुबहको आजाये ज़रा
बाग़े-कश्मीरके फूलोंको अचम्भा हो जाय
तू अगर सैरको निकले तो उजाला हो जाय

लेके अँगड़ाई जो तू घाटपै बदले पहलू
चलता फिरता नज़र आजाये नदीपर जादू
झुकके मुँह अपना जो गंगामें ज़रा देख ले तू
निथरे पानीका मज़ा और भी मीठा हो जाय
तू अगर सैरको निकले तो उजाला हो जाय

तू घरसे निकल आये तो धरतीको जगा दे

तू बाग़में जिस वक़्त चलती हुई आये
सावनकी तरह झूमके पौदोंको झुमाये
जूड़ेकी गिरह खोलके बेला जो उठाये
पर्वतपै बरसती हुई बरखाको नचा दे
तू घरसे निकल आये तो धरतीको जगा दे

आँखोंको झुकाये हुए पलकोंको उठाये
मुखड़ेपै लिये सुबहके मचले हुए साये
लेती हुई अँगड़ाई अगर घाटपै आये
गंगाकी हरइक लहरमें इक धूम मचा दे
तू घरसे निकल आये तो धरतीको जगा दे

किरनों से गिरे ओस जो हो तेरा इशारा
मिट्टीको निचोड़े तो बहे रंगकी धारा
ज़र्रेको जो रौंदे तो बने सुबहका तारा
काँटेपै जो तू पाँव धरे फूल बना दे
तू घरसे निकल आये तो धरतीको जगा दे

मैं धीरे-धीरे क्यों बोलूँ ?

थर-थर-थर क्यों काँपूँ ?
क्यों अपना मुँह ढापूँ ?
क्यों घूँघटके पट खोलूँ ?
मैं धीरे-धीरे क्यों बोलूँ ?

हाँ मोरी होगी जीत
कुछ चोरी है, क्या पीत ?
क्यों ना बढके मोती रोलूँ ?
मैं धीरे-धीरे क्यों बोलूँ ?

मिलता है किसको चैन ?
जगना तो है दिन-रैन
क्यों ना पी से मिलके सोलूँ ?
मैं धीरे-धीरे क्यों बोलूँ ?

नगरी मेरी कब तक युँही बरबाद रहेगी ?
दुनिया यही दुनिया है तो क्या याद रहेगी ?

आकाशपै निखरा हुआ सूरजका है मुखड़ा
और धरतीपै उतरे हुए चेहरोंका है दुखड़ा
दुनिया यही दुनिया है तो क्या याद रहेगी ?
नगरी मेरी कबतक युँही बरबाद रहेगी ?

कब होगा सबेरा ? कोई ऐ काश बता दे
किस वक़्त तक ? ऐ घूमते आकाश बता दे
इन्सानपर इन्सानकी बेदाद रहेगी
नगरी मेरी कब तक युँही बरबाद रहेगी ?

चहकारसे चिड़ियोंकी चमन गूँज रहा है,
झरनोंके मधुर गीतसे बन गूँज रहा है
पर मेरा तो फ़रियादसे मन गूँज रहा है
कब तक मेरे होंटोंपै यह फ़रियाद रहेगी ?
नगरी मेरी कबतक युँही बरबाद रहेगी ?
नगरी मेरी बरबाद है, बरबाद है बरबाद
बरबाद है, बरबाद

इशरतका इधर नूर, उधर ग़मका अँधेरा
साग़रका उधर दौर, इधर ख़ुश्क ज़बाँ है
आफ़तका यह मंज़र है, क़यामतका समाँ है
आवाज़ दो इन्साफ़को इन्साफ़ कहाँ है

रागोंकी कहीं गूँज, कहीं नाला-ओ-फ़रियाद
नगरी मेरी बरबाद है, बरबाद है, बरबाद
बरबाद है, बरबाद

हर शैमें चमकते हैं उधर लाख सितारे
हर आँखसे बहते हैं इधर ख़ूनके धारे
हँसते हैं चमकते हैं उधर राज-दुलारे
रोते हैं बिलकते हैं इधर दर्दके मारे
इक भूकसे आज़ाद तो सौ भूकसे नाशाद
नगरी मेरी बरबाद है, बरबाद है, बरबाद
बरबाद है, बरबाद

ऐ चाँद उमीदोंकी मेरी शमअ़ दिखा दे
डूबे हुए, खोये हुए सूरजका पता दे
रोते हुए जुग बीत गया अब तो हँसा दे
ऐ मेरे हिमालय मुझे यह बात बता दे
होगी मेरी नगरी भी कभी ख़ैरसे आज़ाद
नगरी मेरी बरबाद है, बरबाद है, बरबाद
बरबाद है, बरबाद

नगरी मेरी कब तक युँ ही बरबाद रहेगी ?
दुनिया यही दुनिया है तो क्या याद रहेगी ?

जोशका जीवन-परिचय

हज़रत शब्बीरहसन खाँ 'जोश' का जन्म १८६६ ई० में मलीहाबाद ज़िला लखनऊमें हुआ। आपके पूर्वज मुहम्मद बुलन्दखाँ नवाबी शासन-कालमें काबुलसे भारत आये थे। पहिले फ़रुखाबाद ज़िलेके क़ायमगंज क़स्बेमें क़याम किया, फिर स्थायी रूपसे मलीहाबादमें बस गये। आपके बुज़ुर्गोंमें अक्सर अवध-राज्यके उच्चपदोंपर प्रतिष्ठित रहे। आपके परदादा, दादा और पिता तीनों शाइरीमें उस्तादाना मर्त्तबा रखते थे और साहिबे-दीवान थे।

जोशने शाइराना वातावरणमें आँखें खोलीं, शाइराना माहौलमें ठुमक-ठुमककर चलना सीखा, महफ़िले-शेरो-शाइरीमें ही जवानीकी पहली अँगड़ाई ली और विरासतमें भी जागीरके बदले शाइरी नसीब हुई।

यह तो एक संयोगकी बात है कि जोशको शाइराना वातावरण मिला। यदि शाइराना न मिलकर अपनी पठान क़ौमके अनुकूल जंगजूयाना मिला होता, और न खान्दानमें, न ही पास-पड़ोसमें कोई शाइर हुआ होता, तो भी जोश शाइर ही होते। आपका निर्माण ही शाइराना तत्त्वोंसे हुआ है।

कूचए-शाइरीमें आपको पग-पगपर विघ्न-बाधाओंने घेरा। मगर उनको रौंदते हुए मर्दाना-वार बढ़ते ही गये। तत्कालीन शाइराना वातावरणसे प्रभावित होकर या मनबहलावके लिए आपने इस कूचेमें क़दम नहीं रक्खा, बल्कि खुद-ब-खुद कूचए-शाइरी आपके रास्तेमें आ गया। आपके रोम-रोमसे शाइरीका सोता उबल पड़ा। उस वक़्तकी हालत स्वयं जोश साहबने यूँ बयान की है—

"मैंने नौ बरसकी उम्रसे शेर कहना शुरू कर दिया था। 'शेर कहना शुरू कर दिया था'—यह बात मैंने खिलाफ़े-वाक़ेआ और ग़लत लिखी है। क्योंकि यह किसी इन्सानकी मजाल नहीं कि वह खुदसे शेर

कहे। शेर अस्लमें कहा नहीं जाता, वह तो अपनेको कहलवाता है। इसलिए सही तर्ज़-बयान इख्तियार करके मुझे यह लिखना चाहिए कि नौ बरसकी उम्रसे शेरने मुझसे अपनेको कहलवाना शुरू कर दिया था। जब मेरे दूसरे हमसिन (समवयस्क) बच्चे पतंग उड़ाते और गोलियाँ खेलते थे। उस वक़्त किसी अलहदा गोशे (एकान्त स्थान) में शेर मुझसे अपनेको कहलवाया करता था।

शाइरी करते हुए यह मेरी चौथी पुश्त है। मेरा लड़का सज्जाद हैदर और मेरी लड़की भी मौज़ूँ-तबअ (शाइरीके उपयुक्त) हैं। अगर आइन्दा यह दोनों शाइरी करेंगे तो—

पाँचवीं पुश्त है शब्बीरकी मद्दाहीमें

कहनेके बहरतौर मुस्तहक़ (वास्तविक अधिकारी) होंगे। मेरे बाप भी शाइर थे, दादा भी, और परदादा भी। जिनका तखल्लुस 'गोया' और नाम हिस्सामुद्दौला, तहव्वुरजंग नवाब फ़क़ीर मुहम्मदख़ाँ था। लेकिन मेरे वालिदने शाइरीसे मुझे हमेशा रोका और सख्तीके साथ रोका— 'बेटा शाइरी मनहूस चीज़ है, अगर इसमें पड़ोगे तो तबाह हो जाओगे।' यह था मेरे बापका इन्तिबाह-आमेज़ क़ौल (सावधान रहनेके लिए आदेश)—जिसे वे अक्सर दुहराया करते थे। एक रोज़ मैंने बड़ी जसारत (हिम्मत) से काम लेकर डरते-डरते अपने बापसे सवाल किया था कि 'आप और दादा मियाँ भी तो शेर कहते हैं। वह तो तबाह नहीं हुए, मैं क्यों तबाह हो जाऊँगा?'

मुझे अच्छी तरह वह वक़्त याद है कि मेरे बापने आँखोंमें आँसू भर कर मेरे इस सवालका जवाब दिया था कि 'चार-पाँच पुश्तोंसे हमारी जायदाद लड़कों और लड़कियोंमें तक़सीम दर तक़सीम (विभाजित) होती चली आ रही है' और बिल्खुसूस तुम्हारे दादाने अपने कुछ ऊपर सौ लड़कों और लड़कियोंमें अपने तअल्लुक़े (ज़मींदारी) को जिस तरहसे तक़सीम फ़र्मा दिया है। उसके यह खुले हुए मआनी हैं कि जो

जायदाद मेरे हिस्सेमें आई है। वह मेरे बाद तुम तीनों भाइयों और चारों बहनोंमें तक़सीम होनेके बाद हरगिज़ इस क़ाबिल नहीं रहेगी कि एक शाइरकी ला-उबाली तबीअ़त और उसके ज़ौक़े-खानुमाँ-बरबादी (बेपरवाह मिज़ाज और घर फूँक तमाशा देखनेवाले शौक़) को बर्दाश्त कर सके।' चुनांचे वही हुआ जिसका मेरे बापको अन्देशा था[1]।"

जोश तो जन्म-जात शाइर थे। जो शाइरी उनके रोम-रोमसे स्वभावतः अनायास प्रस्फुटित हो रही थी, उसे रोकना जोशके लिए अशक्य था। परिणाम इसका यह हुआ कि आपके पिताने जासूस नियत कर दिये कि कहीं भी शब्बीरहसनको शेर कहते पायें तो तुरन्त सूचना दी जाये। जासूसी करनेवालोंको इनाम और जोशको झिड़कियाँ मिलती थीं। जोश फ़र्माते हैं कि "एक ज़मानेमें यह काम दारोग़ा हामिदअ़लीके सुपुर्द था। हर दफ़ा खबर पहुँचाने पर उन्हें पाँच रुपये मिलते थे। उन्होंने अपनी आमदनी बढ़ानेके लिए झूठी-सच्ची खबरें पहुँचाना शुरू कर दीं। मुझे जहाँ तनहाँ देखते, फ़ौरन वालिदको जाकर मुत्तलअ़ (सूचित) करते कि 'मियाँ शब्बीरहसनखाँ शेर कह रहे हैं।' उन्हें पाँच रुपये मिल जाते थे और मुझे तम्बीह" (भविष्यमें शेर न कहनेका आदेश, डाँट-फटकार)। जब बापने देखा कि अब रोका नहीं जा सकता तो खुद अपने साथ ले जाकर मिर्ज़ा मुहम्मदहादी 'अज़ीज़' लखनवीके सुपुर्द कर दिया, ताकि बाक़ाएदा शाइरीकी तालीम उनसे हासिल की जाये।

अज़ीज़[1] ग़ज़ल-गो शाइर थे। उन्होंने पुराने उस्तादोंकी आँखें देखी थीं। उसी पुराने वातावरणमें उनकी शिक्षा-दीक्षा हुई थी। यद्यपि वे वर्त्तमान युगीन शाइरीकी तरफ़ आकर्षित हो रहे थे और अपने कलाममें युगानुकूल परिवर्त्तन ला रहे थे। फिर भी 'जोश'के लिए उनके यहाँका क्षेत्र बहुत संकीर्ण और जीर्ण था। अतः चार-पाँच वर्षमें ही उस्तादसे

१. रूहे-अदब पृ० ९–१०।

१. आपके परिचय एवं कलामके लिए देखें शेरो-सुखन भाग दूसरा।

सम्बन्धविच्छेद करके बिना किसीसे परामर्श लिये स्वतंत्ररूपसे शेर कहने लगे। यहाँ तक कि आपका पहला संकलन १६२० में 'रूहे-अदब' प्रकाशित हुआ तो उस्तादकी दी हुई इस्लाहें निकाल दीं। लिखते हैं–

"इस मजमूएमें मेरे उस्तादकी इसलाहका एक हर्फ़ भी मौजूद नहीं है। इसमें कोई शक नहीं कि मरहूम हज़रते अज़ीज़ लखनवीका मैं शागिर्द था। लेकिन जब यह किताब मुरत्तब हो रही थी। मैंने उनकी तमाम इसलाहोंको इससे खारिज कर दिया था। ताकि मैंने जिस तौरसे भी जो कुछ कहा है वही मुल्कके सामने पेश हो, और मेरी इनफ़रादियत (मौलिकता) पर हर्फ़ न आने पाये। इस बातसे मेरे मरहूम उस्ताद मुझसे नाखुश भी हो गये थे। लेकिन अगर वे आज ज़िन्दा होते तो मेरे नज़दीक वे इस क़द्र ज़हीन इंसान थे कि अब वे मेरी इस गुस्ताखीकी क़द्र करते ?"

जोशने उर्दू–फ़ारसी की शिक्षा घर पर ही प्राप्त की। अंग्रेज़ीकी उच्च-शिक्षा प्राप्त करनेके लिए हाईस्कूल पास करके आप आगरे और अलीगढ़ कॉलेजमें पढ़े, किन्तु अपने स्वच्छन्द स्वभाव और उग्रप्रकृतिके कारण पूर्णता प्राप्त न करसके। कॉलेज छोड़कर १६२४ ई० में निज़ाम स्टेटमें मुलाज़िम हुए और १६३४ ई० में लिट्रेरी सीनियरके पदको छोड़कर दिल्ली चले आये और वहाँसे 'कलीम' मासिक पत्र निकालने लगे।

पाकिस्तान जानेसे पूर्व १९४७से १६५५ तक 'आजकल' उर्दू मासिक-पत्रके प्रधान सम्पादक और रेडिओपर उर्दू-विभागके निरीक्षक थे। दोनों स्थानोंसे लगभग १३०० रु० मासिक आय थी।

---

१. रूहे–अदब पृ० १३।

'जोश' अपनी शाइरीके आईनेमें

हज़रत 'जोश' मलीहाबादी—

१. अपनेको उर्दूके हाफ़िज-ओ-खैयाम कहते हुए भी, शाइरे-इन्क़िलाब मशहूर हैं। कहाँ सुरापान कहाँ क्रान्तिकारी शाइरी ?

अदबकर इस ख़राबातीका[1], जिसको 'जोश' कहते हैं
कि यह अपनी सदीका हाफ़िज़-ओ-ख़ैयाम[2] है साक़ी !

मेरे दयारे-सुख़नके[3] दमीदा ज़र्रोंने[4]
झुका दिया है, महो-महरकी जबीनोंको[5]
मेरी नज़ाकते-दिलने[6] जिन्हें तराशा था
पहाड़ टूटके देखें उन आबगीनोंको[7]
क़दीम[8] काब-ओ-काशीके हाजियो[9] हुशयार
मुक़ामे-कुफ़्रसे ललकारता हूँ दीनोंको[10]
कल उनकी नस्लका[11] ऐ 'जोश' मैं बनूँगा इमाम[12]
ख़बर करो मेरे मसलकके नुक्ताचीनोंको[13]

---

१. सुरा-सेवी का, २. हाफ़िज़ और खैयाम फ़ारसीके अमर शाइर ३. शाइरीकी दुनियाके, ४. चमकते कणोंने, ५. चन्द्र-सूर्यके मस्तकोंके ६. कोमल हृदयने, ७. बिल्लोरी मदिरा-पात्रोंको, ८. प्राचीन, ९. यात्रियो. उपासको, १०. मज़हबोंको, ११. सन्ततिका, १२. धार्मिक नेता, १३. सिद्धान्तके आलोचकोंको ।

२. मशहूर रिन्द होते हुए भी मजाज़को अधिक सुरापान न करनेकी नसीहत फ़र्माते हैं। एक तरफ़ तो यह आलम है कि सुरा-पानसे कभी नहीं चूकते—

वफ़ा-शिआर[1] हूँ तर्के-वफ़ा[2] नहीं करता
कभी नमाज़े-सुबूही[3] क़ज़ा नहीं करता

दूसरी तरफ़ मजाज़को पीते देखकर फ़र्माते हैं—

तुझको आया हूँ आज समझाने
हैफ़ है तू अगर बुरा माने

३. पीतड़ोंके रईस होते हुए और वंशकी प्रतिष्ठा एवं सावन्तीका आवश्यकतासे अधिक अभिमान रखते हुए, भोग-विलासमें जीवन-व्यतीत करते हुए भी दीन-दरिद्रोंके दुखोंको देखकर आगपर लोटने लगते हैं। अपने बचपनेकी तसवीर देखकर पुराने वैभवकी याद ताज़ा हो जानेपर फ़र्माते हैं—

ख़ालो-ख़तमें[4] नूर-सा[5] और नूरमें मौजे-सुरूर[6]
पुर-सुरूर[7] आँखोंमें आबाई अमारतका[8] ग़रूर
चालमें तूफ़ानकी रौ, दिलमें सावनका ख़रोश[9]
ख़ूनमें बहते हुए चश्मेका बेबाकाना जोश
लबपै इक मौजे-तबस्सुम[10] रुख़पै कलियोंका-सा-रंग
रंगे-रुख़में तेज़ फव्वारोंकी बे-परवा उमंग

---

१. नेकी करनेका आदी, २. आन कभी नहीं तोड़ता, ३. प्रातःकालीन मदिराकी आराधना करना नहीं छोड़ता, ४. चेहरेके नक़्शमें, ५. चमक-सी, ६. नशेकी या आनन्दकी लहरें, ७. नशीली आँखोंमें, ८. खान्दानी गौरवका, ९. शोर, १०. मुसकान-लहर।

कानमें सोनेका दुर[1] और जिस्मपर अचकन सियाह
बाँक-पनके साथ पेशानी पै जरनैली[2] कुलाह

कभी अपने बचपनकी जरनैली टोपी पर फ़ख़्र करते हैं, कभी अपने सावन्ती वंशपर नाज़ करते हैं—

सावन्त हूँ कब किसीसे डरता हूँ मैं
दोज़ख़से न ज़िन्दगीसे डरता हूँ मैं

और जब एक सुन्दरीको मज़दूरी करते हुए देखते हैं तो ख़ुदापर भी व्यंग्य करनेसे नहीं चूकते—

ऐ ख़ुदा ! हिन्दोस्ताँपर यह नहूसत[3] ता-कुजा[4] ?
आख़िर इस जन्नतपै, दोज़ख़की हुकूमत ता-कुजा ?

मज़दूरोंकी बेबसीपर कराह उठते हैं—

आह इस मंज़िलसे बे मातम[5] गुज़र सकता है कौन ?
जुज़[6] ख़ुदा इस ज़ुल्मको बरदाश्त कर सकता है कौन ?

४. धनिक होनेकी लालसा रखते हुए भी पूँजीपतियोंके घोर शत्रु हैं। 'ग़लत बख़्शी' शीर्षक नज़्ममें ख़ुदाको ताना देते हुए कहते हैं—

हरीफ़े-मुहब्बतके अरबाबे - राज़[7]
उठायें ज़लील अहले-दौलतके नाज़[8]
रहें फ़स्ले-बाराँ में[9] भी तिश्ना काम[10]
ख़राबातके औलियाए - कराम[11]

---

१. मोती, २. सेनापतियों-जैसी टोपी, ३. मनहूसियत, ४. कबतक, ५. खिन्नता एवं शोक रहित, ६. ईश्वरके अतिरिक्त, ७. प्रेमी और प्रेम-तत्त्वोंके ज्ञानी, ८. कमीने और नीच धनिकोंके नाज़ उठानेपर मजबूर हों, ९. वर्षाऋतुमें भी, १०. प्यासे रहें, ११. और वह भी मदिरालयके औलिया—स्वामी।

'शाइर और खुदा' नज़्ममें अपनी स्थितिका शिकवा करते हुए खुदासे कहते हैं—

सीमो-ज़रसे[1] बेज़रोंकी[2] जेब भर सकता नहीं
बेकसोंकी[3] भी तू कुछ इम्दाद कर सकता नहीं

अपनी एक रुबाईमें तो अर्थकी महत्ता दिखलानेके लिए इतने नीचे स्तरपर उतर आते हैं—

एक सोज़े-मआशपर[4] निछावर सौ इश्क़
सौ माहे-वश[5] इक नाने - जवींपर[6] क़ुर्बां

एक तरफ़ तो भरण-पोषणके लिए आवश्यक धनके एवज़में उर्दू-शाइरीके प्राण हुस्नो-इश्क़ तकको न्योछावर कर देनेको तत्पर; दूसरी तरफ़ जीवन-पर्यन्त धनिकोंसे नफ़रत—

यह नफ़अ-ख़ोर कोयले तकको चुराते हैं
हद है बरहनगीसे[7] यह खिलअत[8] बनाते हैं
औरोंकी भूकसे हैं यह रोटी लिये हुए
दुनियाकी प्यासमे हैं, यह पानी लिये हुए

---

१. चाँदी-सोनेसे, २. निर्धनोंकी, ३. असहायोंकी, ४. आर्थिक चिन्ताकी आगपर, ५. प्रेयसियाँ, ६. रोटीके एक टुकड़ेपर, ७. कपड़ेका अकाल डालकर जनताको नंगी रहनेपर बाध्य कर देना, ८. कपड़ेके उस नफ़ेसे अपने परिधान बनाना।

५. देश-भक्त होते हुए भी पाकिस्तानके प्रबल समर्थक थे। जहाँ उन्होंने भारत माँके समक्ष यह प्रतिज्ञा की थी—

हम ज़मींको तेरी नापाक[1] न होने देंगे
तेरे दामनको कभी चाक[2] न होने देंगे
तुझको, जीते[3] हैं तो ग़मनाक[4] न होने देंगे
ऐसी इक्सीर[5] को यूँ ख़ाक न होने देंगे

जीमें ठानी है, यही जीसे गुज़र जायेंगे
कम-से-कम वादा यह करते हैं कि मर जायेंगे

स्वयं ही प्राणोत्सर्गकी नहीं सोचते, अपितु अपने पुत्रको भी वसीयत करते हैं कि यदि मैं भारतको स्वतंत्र कराये बग़ैर मर गया तो—

क़ब्रमें रूहे-पिदरको[6] शाद[7] करनेके लिए
सर कटाना हिन्दको आज़ाद करनेके लिए

किन्तु हायरे दुर्भाग्य! जिस देशको चाक न होने देनेकी प्रतिज्ञाकी थी, उसीको चाक करने (विभाजित होने) का परामर्श देने लगे—

हाँ लीगको भी हक़ है कि वह अपना घर बनाये
बच्चोंको अपने अपनी ज़बाँ[8] अपने फ़न[9] सिखाये
हस्बे-मुराद[10] अपनी तमन्नाओं को[11] जगाये
अपने महलके ताक़में अपने कँवल जलाये

---

१. अपवित्र, २. विभाजित, फटना, ३. जीवित रहे तो, ४. दुःखी, ५. बहुमूल्य पृथ्वीको, सिद्ध की हुई मिट्टीको, ६. पिताकी आत्माको, ७. प्रफुल्ल, ८. भाषा, ९. कला, हुनर, १०. इच्छानुसार, ११. अभिलाषाओंको।

तानोंको अपने ढबसे घटा और बढ़ा सके
उसकी पसन्दके हैं, जो गाने वह गा सके

६. हिन्दू-मुस्लिम ऐक्यके प्रबल समर्थक होते हुए भी मि० जिनाहकी टू-रेलिजन-थ्योरीके भी क़ाएल नज़र आते हैं। परस्परकी फूटसे खिन्न होकर 'दर्दे-मुश्तरक' नज़्ममें कहते हैं।

सुनते हैं सैलाबमें[1] डूबा हुआ था इक दरख़्त
जिसकी चोटी पर डरे बैठे थे दो आशुफ़्ता-बख़्त[2]
एक उनमें साँप था और एक सहमा नौजवाँ
दो ज़िदोंका[3] एक भीगी शाख़पर था आशियाँ[4]

लेकिन ऐ ग़ाफ़िल मुसलमानो! मुदब्बिरहिन्दुओ!
हिन्दके सैलाबमें इक शाख़पर तुम भी तो हो?

वही 'जोश' जिनाहके स्वरमें स्वर मिलाकर इस तरहके बोल बोलने लगे—

ख़ुद देख अपने-उसके तरानोंमें इख़्तिलाफ़
वहमोंमें इख़्तिलाफ़ गुमानोंमें इख़्तिलाफ़
क़िस्सोंमें इख़्तिलाफ़, फ़िसानोंमें इख़्तिलाफ़
लहजोंमें इख़्तिलाफ़, ज़बानोंमें इख़्तिलाफ़

तुममें हर-एक चीज़ जुदा, हर चलन जुदा
दोनोंके फूलपात जुदा हैं, चमन जुदा

---

१. बाढ़में, २. परेशान, अभागे, ३. परस्पर विरोधी जीवोंका, ४. बसेरा।

७. साम्प्रदायिकताके कट्टर शत्रु होते हुए भी उर्दूके महान् पक्षपाती और हिन्दीके घोर विरोधी हैं। मज़हब और सम्प्रदायवादसे खीजकर फ़र्माते हैं—

मज़हबकी बिरादरीसे दिल तंग हूँ मैं
इन्सानकी बिरादरी कहाँ है, या रब !

इन्सान कहाँ है ? किस कुर्रेमें गुम[1] है ?
याँ तो कोई हिन्दू है, मुसलमाँ कोई

करता हूँ जब इन्साँकी तबाही पै नज़र
दिल पूछने लगता है, "ख़ुदा है कि नहीं" ?

साम्प्रदायिताके इतने घोर विरोधी कि ख़ुदाके अस्तित्वसे भी मुनकिर हिन्दी-राष्ट्रभाषा-पदपर अभिषिक्त हुई तो 'फ़रियादेज़बाँ[2]' नज्ममें विरोधी उद्गार इस तरह व्यक्त हुए—

जिसको इन्सान तो क्या देव ब-मुश्किल समझें
ज़ेरे-मश्क़[3] अब है,वोह अन्दाज़े-बयाँ[4] ऐ साक़ी !
जिनको सुनते हैं, तो कानोंसे टपकता है, लहू
अब उन अलफ़ाज़के ख़ंजर हैं, रवाँ[5] ऐ साक़ी !
किरकिराहट जो फ़िक़रोंमें तो आवाज़में फाँस
अब वह लहजोंका सुबुक[6] लोच कहाँ ऐ साक़ी !

---

१. गोल पृथ्वीमें, कोनेमें, २. उर्दू ज़बानकी पुकार, ३. अभ्यास किया जा रहा है, ४. भाषाके ढंगका, ५. जारी, चालू, ६. कोमल ।

जिसके हर लफ़्ज़में सौ फूल महक उठते हैं
काट दी जायेगी शायद वह ज़बाँ[1] ऐ साक़ी !
ठीकरे बेंचनेवालोंके पुराने गाहक
बन्द करते हैं, जवाहिरकी दुकाँ ऐ साक़ी !

८. माशूक़ोंको पहलूमें बिठाकर सुरापान करते हुए इन्क़िलाब और बग़ावत पर नज्म लिखते हैं। जहाँ आपके दिलमें यह हसरतें हैं—

उठो हम भी साग़र पै साग़र लुँढाएँ
चलो चलके जंगलमें मंगल मनाएँ

हसीनोंको बढ़के गलेसे लगाएँ
चलो चलके जंगलमें मंगल मनाएँ

सिवाय बादा - ए देरीना-ओ-बुते-नौख़ेज़
ख़ुदासे और कोई मैं दुआ नहीं करता[2]

वहीं इस तरहके स्फुलिंग भी निकलते हैं।

उठो, चौंको, बढो, मुँह हाथ धो आँखोंको मल डालो
हवा-ए-इन्क़िलाब आनेको है हिन्दोस्ताँ वालो !

हाँ बग़ावत, आग, बिजली, मौत, आँधी मेरा नाम
मेरे गिर्दो-पेश[3] अजल[4] मेरी जिलौ[5] में क़त्ले-आम

---

१. उर्दू-भाषासे अभिप्राय है, २. पुरानी मदिरा और नई-नवेली प्रियाके अतिरिक्त 'जोश' ख़ुदासे और किसी वस्तुकी अभिलाषा नहीं रखते। ३. चारों तरफ़, ४. मृत्यु, ५. बाग़डोर, रास, रकाबमें ?

६. कभी अल्लाहपर व्यंग्य करते हैं, कभी उसकी रहमतके तलबगार होते हैं, कभी उसके अस्तित्वसे इन्कार, कभी उसके वजूदमें ईमान रखते हैं—

ऐ ख़्वाब बता यही है बाग़े-रिज़्वाँ[1] ?
हूरोंका[2] कहीं पता न ग़िलमाँका[3] निशाँ
इक कुंजमें[4] ख़ामोशो-मलूलो - तनहा
बेचारे टहल रहे हैं, अल्लाहमियाँ

इनसाफ़ ! बुतोंकी चाह देनेवाले !
हुस्न उनको, मुझे निगाह देनेवाले !
किस मुँहसे मुझे हश्रमें देगा ताज़ीर,[5]
दिलको हविसे - गुनाह[6] देनेवाले !

क्या शिद्दते-इंकारमें[7] पोशीदा है इक़रार[8]
क्या जज़्बए-तशकीकके पर्देमें[9] यक़ीं[10] है
अल्लाहसे क्या, नामे-ख़ुदा, इश्क़ है ए 'जोश' !
हर वक़्त जो कहते हो कि अल्लाह नहीं है

---

१. जन्नतका बाग़, २. अप्सराओंका, ३. छोकरोंका, ४. कोनेमें, ५. दण्ड, सज़ा, ६. भोग-विलासकी इच्छा, ७. ईश्वरके अस्तित्वको इतने तीव्र भावसे अस्वीकार करनेमें, ८. स्वीकृतिका भाव निहित है, ९. अविश्वासरूपी भावके पर्देमें, १०. विश्वास।

२१४ अशआरकी 'मुनाजात' नज़्मसे यहाँ ४४ शेर दिये जा रहे है इससे खुदा सम्बन्धी सही दृष्टिकोण विदित हो सकेगा—

मगर ऐ ख़ुदावन्द - रब्बे - जलील
मिली मुझको अब तक न ऐसी दलील

कि हो जिससे आईना राज़े-सिफ़ात[1]
कि साबित हो जिससे तेरी पाकज़ात[2]

मिले बल्कि मुझको ख़ता हो मुआफ़
हज़ारों बराहीन[3] तेरे ख़िलाफ़

जो परखा तो रज़्ज़ाक़ो[4]-रब्बो[5] जलील[6]
यह सब नाम ही नाम हैं बेदलील[7]

फ़सुर्दा,[8] तपीदा,[9] बिरिश्ता[10] ग़मी[11]
कोई तेरे बन्दोंसे बढ़कर नहीं

कोई ख़ाकपर[12], शह-नशीं[13] पर कोई
कोई आस्माँ पर, ज़मींपर कोई

न ऊँचोंको राहत[14] न नीचोंको चैन
यहाँ भी है मातम[15] वहाँ भी है बैन[16]

---

१. तेरे गुणोंका प्रतिबिम्ब झलके, २. पवित्र अस्तित्व, ३. प्रमाण, सबूत, ४. रिज़्क़ देनेवाला, अन्नदाता, ५. ईश्वर, स्वामी, ६. महान्, श्रेष्ठ, ७. प्रमाण रहित, ८. बुझे हुए, ९. झुलसे हुए, १०. भुने हुए, रंजीदे, ११. दुःखी, १२. धूल पर लोटता हुआ, १३. शाही तख़्तपर, १४. सुख-चैन, १५. शोक, १६. विलाप।

मुहर्रमकी तमहीद है सुबहे-ईद[1]
बहर लमहा सद करबला-ओ-यज़ीद[2]
जो दिल है वह सीनेका नासूर है
जो ज़िन्दा है मरनेपै मामूर[3] है
सज़ाएँ पुरअफ़्शाँ[4], जफ़ाएँ मुहीत[5]
वलाएँ मुसल्लत,[6] वबाएँ मुहीत[7]
हर-इक जश्नको[8] बज़्मे-ग़मकी[9] तलाश
दफ़ो-नैमें[10] ग़लताँ दिलोंकी ख़राश[11]
लड़कपनका दुम्बाला रीशो[12]-बरूत
जवानीके पीछे बुढ़ापेका भूत
और इसपर भी सुनता हूँ मैं यह पुकार
कि तू है ख़ुदा बन्दे-रहमत शिआ़र[13]
अगर मैं ग़लतकार[14] हूँ और क़बीह[15]
अगर हैं यह रहमतके दावे सहीह
तो हटता नहीं क्यों मेरे दिलका बार[16]
अ़ता[17] मुझको होता नहीं क्यों क़रार ?

---

१. ईद (खुशी) की सुहावनी सुबह मुहर्रम (रंज) के आनेका सन्देश है, २. प्रत्येक क्षण सैकड़ों करबला और यज़ीदके दृश्य हैं, ३. तैयार, ४. सज़ायें मुसकाती हुईं, ५. अत्याचार घेरा डाले हुए, ६. आफ़तें अधिकार पाये हुई, ७. बीमारियोंके आक्रमण, ८. उत्सव को, ९. मातमी जलसोंकी, १०. ताल-स्वरमें निहित, ११. हृदयोंकी चुभन। १२. किशोरावस्थाका अन्त दाढ़ी और मूँछका आना है, १३. दया-स्वाभावी, १४. ग़लतियाँ करनेवाला, १५. बुरा, क़ाबिले-शर्म, १६. बोझ, १७. प्रदान।

फ़क़ीरोंसे नज़रें मिलाता नहीं[1]
ख़ुदा है तो फिर क्यों ख़ुद आता नहीं ?
अगर बाप है तो मेरे ज़ुल-जलाल[2]
तू बेटेके दिलको न कर पाएमाल[3]
जो हो ज़ेहने-फ़रज़न्द[4] कुन्दो-अलील[5]
तो फ़र्ज़े-पिदर[6] क्या है रब्बे-जलील[7] ?
न हरगिज़ ग़िज़ाओ[8]-दवा दे उसे
ख़ताए-मरज़की सज़ा दे उसे
अगर अक़्ल बन्देकी है मुज़्महिल[9]
तो मेरी तरफ़से न कर सख़्त दिल
मुझे ऐ निगहदारे[10] - चाको - रफ़ू
तेरी जुस्तजू है, तेरी आर्जू
जहाँ दीने-अजदाद[11] है ख़ेमा-ज़न[12]
मेरी फ़िक्रका वह नहीं अब वतन
दिखा राहे-तमकीं[13] ख़ुदाया मुझे
न ठुकरा, न ठुकरा, न ठुकरा मुझे
सबूरीका[14] अब दिलको यारा[15] नहीं
मेरा और कोई सहारा नहीं

---

१. हम जैसे भिक्षुकोंसे नज़रें नहीं मिलाता, २. महान, इज़्ज़त-वाले, ३. पददलित, ४. पुत्रका मस्तिष्क अगर, ५. सुस्त, वटियल और बीमार, ६. पिता का कर्त्तव्य ७. महान् ईश्वर, ८. भोजन, ९. सुस्त, कमज़ोर, १०. निगहबान, तेज निगाहवाले, ११. पूर्वजोंका मज़हब, (अन्धविश्वास), १२. डेरे डाले हुए, दृढ़, १३. सहन शक्तिकी क्षमता, १४. सब्रका, १५. ताक़त ।

रहे शहरके आ़लिमाने-किराम[1]
उन्हें दूरसे, दूर ही से सलाम

न बातों में नरमी , न लहजेमें प्यार
न ख़ुल्क़े-मुहम्मदके आईनादार[2]

न हुस्ने-हिदायत[3], न हुस्ने-कलाम[4]
न दिलमें तहम्मुल,[5] न मुँहमें लगा़म[6]

जिदालो-अज़ाँ से, नहीफ़ो-नज़ार[7]
तेरे दरपर आया हूँ परवर्दिगार !

अगर तू है दर अस्ल मुतलक़हकीम[8]
तो फिर ऐ ख़ुदाए-समीओ़[9]-अ़लीम[10]

दिमाग़ आबरूपाये यूँ दिलमें आ
हकीमोंकी मानिन्द महफ़िलमें आ[11]

जिहालतकी तारीकियोंसे निकल[12]
अगर चश्मए- इल्म है तो उबल[13]

---

१. विद्वन्मंडली, आलिमलोग, २. इस्लामी जगत्के क़ानूनसे अनभिज्ञ, ३. आदेश देनेका उच्च ढंग, ४. वार्त्तालापका उच्च शऊर ५. बरदाश्त की ताक़त, गम्भीरता, ६. वाणीमें संयम, ७. जंग, लड़ाई, लड़ाई-झगड़ों और मज़हबी रिवाजोंसे थकाहारा, कमज़ोर होकर, ८ ज्ञानी, ९. सुनने और जाननेवाले (ख़ुदाका एक नाम) १०. जाननेवाला (ख़ुदाका एक नाम) ११. योग्य और ज्ञानियोंके समान, १२. अन्धविश्वासोंके अंधेरोंसे, १३. ज्ञानका स्रोत (सोता) है तो पृथ्वीसे उबल ।

बिलोरीं[1] रहा मुद्दतों अर्शपर[2]
अब आ, ठोस बनकर ज़रा फ़र्शपर

अगर यह हक़ीक़त[3] है परवर्दिगार!
कि नीयतपर[4] आमालका है मदार[5]

तो ऐ जाने-हक़ मेरी नीयतको देख
मेरे वल्वलोंकी तहारत[6] को देख

तेरे वस्लका शौक़ रब्बे-ग़फ़ूर[7]!
अदबके मनाफ़ी[8] शराफ़तसे दूर[9]

भिगोती है अश्कोंसे जो आस्तीं[10]
वोह ख़्वाहिशकी चुटकी है[11] इफ़्फ़त नहीं[12]

यह जज़्बा तो चहका[13] है बारे ख़ुदा
हविसकारियोंके तपाँ ख़ूनका[14]

जभी तो न रोता न मरता हूँ मैं
अदबसे यह दरख़्वास्त करता हूँ मैं

१. प्रकाशमान, २. आकाशपर, ३. वास्तविकता, ४. हृदयगत भावनाओंपर, ५. कर्मोंका लेखा-जोखा, ६. भावनाओंकी पवित्रताको, ७. या अल्लाह! मनुष्य होकर तुझसे मिलनेकी इच्छा रखे (हक़ीक़ी इश्क़के अनुयायी ख़ुदामें भी अपनी प्रेयसीका ही जल्वा देखते हैं, और उससे वस्लकी इच्छा रखते हैं। उसी ओर संकेत है) ८-९. सभ्यता और शराफ़तकी सीमाका उल्लंघन है, १० तेरी यादमें जो रोते हैं, ११. कामुकतावश रोते हैं, १२. पवित्र भावसे नहीं, १३. यह भावना तो पत्तेबाज़ी है, १४. कामुकोंके कामज्वरकी।

अगर तू है दरअस्ल, रब्बे-ग़ुयूर[1]
तो ख़ुश वज़ओ[2]-संजीदा[3] होगा ज़रूर
जो यह है तो राहे-मतानत[4] से आ
मेरे रूबरू राहे-हिकमतसे[5] आ

जो तू दावरा! वहमे-इन्साँ[6] नहीं
तो ऐ 'तोहमते-वहम'[7] बन जा यक़ीं[8]
यक़ीं है तो गुम क्यों है गिरदाबमें[9]
झलक क़स्रे-दानिशकी महराबमें[10]
यक़ीं बनके जब तक न आयेगा तू[11]
तो ऐ वहमे-देरीन-ए-अहले-हू[12]
रहे-कुफ़्रकी ख़ाक छानेगा 'जोश'
न माना है तुझको न मानेगा 'जोश'

—सरूदो-ख़रोश

१०. जहाँ आपके मुँहसे आगके शोले निकलते हैं, वहाँ आपका हृदय इतना कोमल है कि फूलको मसले जाते हुए देखकर सिहर उठता है। 'शेरकी आग' नज़्मकी बानगी देखिए—

मेरी नज़्में,आतिशे-सोज़ाँका[13] है, जिनपर गुमाँ[14]
सुननेवाले! यह तो हैं, सीली हुई चिनगारियाँ

१. खुदा, परवर्दिगार, २. देखनेमें सुरुचिपूर्ण, ३. गम्भीर, ४. गम्भीरताके ढंगसे, बड़प्पनके साथ, ५. ज्ञान-मार्गसे, ६. मनुष्यका अन्धविश्वास, ७. मिथ्या अन्ध-विश्वास, ८. विश्वास, ९. जब तू श्रद्धा योग्य है तो क्यों मिथ्यात्वके भँवरमें फँसा हुआ है? १०. ज्ञानरूपी महलकी महराबमें झलक, ११. सम्यग् दर्शन बनके जबतक तू न आयेगा, १२. अन्धविश्वासियों द्वारा चिरकालसे पूजित, १३. दहकती आगका, १४. विश्वास, शक।

फ़िक्रे-बेपरवाने[1] सीनेसे निकाला है, जिन्हें
नातिक़ाने[2] बर्क़के साँचेमें ढाला है जिन्हें
उनका इक परतव[3] भी आसकता नहीं अशआरमें
साँस लेते हैं जो शोले[4] इस दिले-बेदारमें[5]

यह मेरे नग़मे[6] नज़र आते हैं, जो तपते हुए
सब-के-सब हैं, शबनमे-अल्फ़ाज़से[7] भीगे हुए
क्या मिलेगी मेरी नज़्मोंके ख़सो-ख़ाशाकमें[8]
वह सुनहरी आग जो रोशन है, मेरी ख़ाकमें

क्या कहूँ वह आग जो रग-रगको पिघलाती हुई
दौड़ती फिरती है, इस सीनेमें बलखाती हुई
बिजलियाँ मेरी अगर खिंच आयें मेरे रागमें
नातिक़ा[9] तब्दील[10] हो जाये दहकती आगमें

सुननेवाले जल उठें शोरे-फ़ुग़ाँ[11] उठने लगे
पढ़ने वालोंकी रगो-पै[12] से धुआँ उठने लगे
नुक़्ता - नुक़्ता[13] बर्क़े-ख़ातिफ़[14] बनके ज़ौ[15] देने लगे
हर्फ़ गल जायें, लबे-गुफ़्तार[16] लौ देने लगे

—हर्फ़-ओ-हिकायत

१. बिना प्रयासके, २. कथन-शक्तिने, ३. झलक, किरन, अक्स, ४. आगकी लपट, लौ, ५. जागे हुए दिलमें, ६. गीत, ७. शब्दरूपी ओससे, ८. घास, तिनकोंमें, ९. कहनेकी शक्ति, वाणीका बल, १०. परिवर्तित, बदल जाये, ११. फ़रियादके शोर, १२. नस-नससे, १३. एक-एक बिन्दू, मात्राएँ, १४. लपकती बिजली, १५. प्रकाश, १६. बात करते हुए ओठ।

हृदयकी कोमलता देखिए—

आज हँगामे-सैर[1] ऐ हमदम[2] !
आ गया एक फूल ज़ेरे-क़दम

फूल और मौतके उठाये नाज़ ?
'कच' से इक आई दर्दनाक आवाज़

हाय क्या क़हर[3] थी यह पामाली[4]
मैंने इक ज़िन्दगी कुचल डाली

—फ़िक्र-ओ-निशात

जोश इतने नेक और सहृदय हैं कि बुरोंके व्यवहारसे क्रुद्ध होनेके बजाय स्वयं उन्हें अपनेसे शर्म आने लगती है। वे अपने हृदयमें किसीके भी प्रति द्वेष भाव नहीं रखते—

दुश्नामो-मलामतका[5] तो क्या ज़िक्र कि यह शख़्स
यारोंकी शिकायतपै भी तैयार नहीं है,

हाँ उसका यह ईमाँ है कि इस बाग़े-जहाँमें
हर ख़ारो-ख़स इक गुल है, कोई ख़ार नहीं है,
इस शख़्सके सीनेमें हैं, बेगाने[6] भी दाख़िल
यह सिर्फ़ यगानोंका[7] ही ग़मख़्वार[8] नहीं है,

१. सैर करते समय, २. मित्र, ३. ज़ुल्म, ४. फूलका नष्ट होना। ५. बुराई, लानत, मलामतका, ६. परायोंके लिए भी हृदयमें स्थान, ७. अपनों ही का, ८. हितैषी।

हाँ ख़ानए-दुश्मनकी भी जारोब-कशी[1] में
वल्लाह कि इस शख़्सको कुछ आर नहीं है,
इस वाक़िफ़े-माहौलो-विरासतकी नज़र[2] में
क़ातिल भी मलामतका[3] सज़ावार[4] नहीं है

—हर्फ़-ओ-हिकायत

तात्पर्य यह है कि एक ही 'जोश' अपनी शाइरीके आईनेमें भिन्न-भिन्न नज़र आते हैं। कभी महफ़िले-यारमें बैठे नज़र आते हैं, कभी कल्पनाओंके पंख लगाकर जन्नतमें अल्लाह मियाँको मलूलो-तनहा घूमते देखते हैं। उक्त परस्पर विरोधी स्वभावके सम्बन्धमें स्वयं फ़र्माते हैं—

झुकता हूँ कभी रेगे-रवाँ की जानिब
उड़ता हूँ कभी काह-कशाँकी जानिब
मुझमें दो दिल हैं, एक माइल ब-ज़मीं
और एकका रुख़ है आस्माँकी जानिब

सचमुच जोश साहब दो दिल रखते मालूम होते हैं। तभी तो आप एक ही वक़्त महबूबोंसे महवे-गुफ्तगू भी होते हैं और जनताको क्रान्तिके लिए भी उभारते हैं। साग़रो-सुबूहीसे शग़ल भी फ़र्माते रहते हैं और ग़रीबोंके ग़ममें ख़ूने-दिल भी पीते रहते हैं। रिन्दोंमें बैठकर क़ह-क़हे भी लगाते हैं और किसान-मज़दूरकी क़ाबिले-रहम हालतपर आँसू भी बहाते जाते हैं। ख़ुदा, मज़हब मौलवीपर फ़ब्तियाँ भी कसते जाते हैं और ज़ीशऊर बुजुर्गों एवं आलिमोंका एहतराम भी करते हैं।

१. शत्रुके घर भी झाड़ू-बुहारी देनेमें, २. संसारकी वास्तविकतासे परिचित होनेके कारण, ३. धिक्कारका, ४. पात्र, मुजरिम।

जोश साहबने अपने परस्पर विरोधी कार्योंके समाधानके लिए ही सम्भवतः 'जमालो-जलाल' नज़्म कही है। उसके २२ बन्दमें-से ८ यहाँ दिये जा रहे हैं—

क्यों इक तरफ़ ही खींचते हो दोस्ताने-नौ[1] !
इक वज़अ[2] पर नहीं है मेरे वलवलोंकी रौ
काबेका नूर[3] हूँ तो कभी बुतकदेकी ज़ौ[4]
गिरती है गाह बर्फ़, निकलती है गाह[5] लौ

दरिया हूँ, इक मुक़ामपै रहता नहीं हूँ मैं
इक ख़त्ते-मुस्तक़ीमपै[6] बहता नहीं हूँ मैं

वोह नग़मा[7] हूँ कि जिसकी नहीं कोई एक नै[8]
वोह नाला[9] हूँ कि हो नहीं सकता जो वक़्फ़े-नै[10]
दिलमें निहाँ[11] है दहरकी[12] हर सर्दो-गर्म शै
तिरयाक़ो-ज़हरो-ज़मज़मो - ज़हराबो-क़न्दो-मै[13]

शाइरका दिल फ़क़ीर बने और लकीरका
संगम हूँ रूदहा-ऐ-हदीदो - हरीरका[14]

---

१. नवीन मित्रों, २. एक ही ढंगपर, ३. प्रकाश, ४. दीपककी रोशनी, ५. कभी, ६. एक ही निश्चित क्षेत्रमें, ७. संगीत, ८. लय, सुर, ९. आहो-नाला, १०. सुरके अधीन, ११. छिपा हुआ, १२. संसारकी, १३. विष दूर करनेकी दवा, ज़हर, राग-गीत, विषैला पानी, मिठाई, मदिरा, १४. रेशम और लोहे, अर्थात् कोमल और कठोर रूपी दरियाओंका संगम हूँ।

दिलमें है रहज़नीका[1], कभी रहबरीका[2] रंग
सरमें कभी ख़ुदीका[3] कभी बेख़ुदीका[4] रंग
किरनोंका रंग है तो कभी चाँदनीका रंग
आशिक़का रूप है तो कभी फ़लसफ़ीका[5] रंग

यह शाइरी है, अर्शकी[6] बाज़ीगरी नहीं
यानी ख़ुदा-न-ख़्वास्ता पैग़म्बरी नहीं

मैं फितरतन[7] हूँ बन्द-ए-असनामे-आज़री[8]
और ख़ैरसे है पेश-ए-आबा-सिपहगरी[9]
इस वजहसे है इश्क़में भी शाने-सफ़दरी[10]
पहलूमें मेरे देव तो ज़ानूपै[11] है परी

नज़रें जमाले-यारपै[12] सर ख़िश्तो-संग पर[13]
इक हात है रबाब पर[14] इक तब्ले-जंगपर[15]

अहले वतनके दर्दसे आँखें हैं अश्कबार[16]
आलूदए-सिरिश्क है सहबाए-ज़रनिगार[17]
सुबहें सियाहपोश तो शामें हैं सोगवार
अक्सर ख़ुशीके वक़्त भी रोता हूँ ज़ार-ज़ार

१. लूटनेका, २. पथ प्रदर्शकीका, भलाईका, ३. अहमन्यताका, ४. नम्रताका, ५. दार्शनिकका, ६. आस्मानी, ७. स्वभावत, ८. बुत-तराश, हुस्नपरस्त ९. खान्दानी पेशा फ़ौजी रहा है, १०. वीरत्वकी शान सिपाहियाना तमकनत, ११. जंघापर, १२. सुन्दरियोंपर आँखें लगी हुई हैं, १३. सर नमाज़में झुका है, १४. वाद्यपर, १५. हथियारपर, १६. अश्रु-पूर्ण, १७. शराबसे भीगे वस्त्र हैं।

नुसरत ग़रीबको, हो, यही बस जुनून[1] है
हर चन्द[2] इन रगोंमें अमीरोंका ख़ून है

करता हूँ चाकदामने-शाहाने-तुन्दख़ू[3] !
और यूँ कि ताअबद न कभी हो सके रफ़ू[4]
मेरी रसन है और सलातीनका गुलू[5]
ग़ल्ताँ है मेरे जाममें जमशदका लहू[6]

रहता हूँ मस्त बाद-ए-गुलगूँ पिये हुए
दोशे-सुख़नपै सुर्ख़ फ़रेरा लिये हुए[7]

दश्ते-सियासातमें आतश-चकाँ[8] भी हूँ
कूए-जमालियातमें गौहर-फ़िशाँ[9] भी हूँ
गुलबर्गो-शाख़सार भी, तेग़ो-सिना[10] भी हूँ
हाँ मुनकिरे-ख़ुदा भी, मुतीए-बुताँ[11] भी हूँ

कब सुबहो-शाम राहसे फटता नहीं हूँ मैं
पर, मरकज़े-जमालसे हटता नहीं[12] हूँ मैं

१. दीन-दरिद्रोंको सुख-चैन मिले यही उमंग है, २. हालाँकि, ३-४. करों-फ़रवाले बादशाहोंके गिरेबान इस ढंगसे फाड़ता हूँ कि क़यामत तक न सिल सकें, ५. मेरी रस्सीमें बादशाहोंके गले फँसे हैं, ६. जमशेद बादशाहका रक्त मेरे सुरा-पात्रमें है, ७. शाइरीरूपी कन्धेपर कम्युनिस्टी ध्वजा, ८. राजनीतिक क्षेत्रमें आग उगलता हूँ, ९. सुन्दरियोंके कूचेमें मुँहसे मोती झड़ते हैं, १०. फूल भी हूँ और शस्त्र भी, ११. ईश्वरके अस्तित्वसे इन्कारी, साथ ही मूर्ति-पूजक, १२. सुबह-शाम भटकनेपर भी हुस्नो-इश्क़ के (वास्तविक) लक्ष्यसे चलायमान नहीं होता।

मर्दोंकी तरह दैरसे हूँ गर्मे-गीरोदार[1]
आतिशफ़िशानो-बर्क़-चकानो - शराराबार[2]
लेकिन दरूने - मार्कए - सख़्तो-उस्तवार[3]
इक हातमें ख़िज़ाँ है तो इक हातमें बहार

आवाज़े-तब्ले-जंगकी रौमें ग़ना[4] भी है
कुछ ख़ून ही नहीं है जिलौमें हिना भी[5] है

जोशके परस्पर विरोधी कार्योंके समझनेमें पृ० १८८ पर मुद्रित 'प्रोग्राम' नज़्म भी सहायक होगी।

जोश साहबके भिन्न-भिन्न प्रतिबिम्बोंका उक्त नज़्मसे स्पष्टीकरण हो जाता है। एक बात और समझनेकी है कि जब 'जोश' अपनी नज़्मोंमें 'मैं' का प्रयोग करते हैं, तब इस 'मैं' का अर्थ 'जोश'के व्यक्तित्वसे नहीं, अपितु विश्वसे होता है, फ़र्माया भी है—

कहनेको तो एक बात कहता हूँ मैं
पर फ़लसफ़-ए-हयात[6] कहता हूँ मैं
जब मेरी ज़बाँसे 'मैं' निकलता है नदीम[7]
इस पर्देमें काएनात[8] कहता हूँ मैं

१. वीरोंकी तरह संघर्षशील हूँ, २. अंगारे, बिजली, चिनगारीके समान, ३. युद्ध क्षेत्रमें डटनेवाला, दृढ, ४. युद्ध-क्षेत्रमें रण-भेरी और नक्क़ार ही नहीं, संगीत भी हूँ, ५. हाँथोंमें घोड़ेकी केवल रास ही नहीं, मेहदी भी है, ६. जीवन-दर्शन, ७. मित्र, ८. विश्वकी बात।

जोशका व्यक्तित्व

जोश अफ़रीदी पठानोंके एक प्रतिष्ठित रईसवंशमें उत्पन्न हुए। निहायत नाज़ो-नेमतसे आपका लालन-पालन हुआ। आपके पूर्वज युद्ध-क्षेत्रमें शत्रुओंसे मोर्चा भी लेते थे और बज़्मे-अदबमें दादो-तहसीन भी प्राप्त करते थे। पठान होते हुए भी उर्दू-ज़बानके माहिर थे और शाइरीमें अपना एक ख़ास मर्त्तबा रखते थे। जंगपर जाते थे तो सफ़दरी शानसे लड़ते थे और सुख-शान्तिके दिनोंमें भोग-विलासमें जीवन व्यतीत करते थे।

जोशके रक्तमें भी ख़ान्दानी जाहो-जलाल, फ़ौजी तमकनत, रईसाना शानो-शौक़त, नवाबाना ऐशो-इशरत, रिन्दाना सरमस्ती, ज़ीशऊराना आदातो-फ़ैज़दिली-शाइराना बे-फ़िक्री-ओ-लाउबालीपन लहरें मार रहे हैं।

जोशका व्यक्तित्व बहुत आकर्षक और प्रभावशाली है। लम्बा-सुडौल क़द, चौड़ा-चकला सीना, ऊँची पेशानी, चमकीली बड़ी-बड़ी आँखें, नाक सुतवाँ और उभरी हुई, अंगूरी रंग; उसपर काला शू, चौड़ी मोहरीके पायजामे और काली अचकनमें बहुत भले और मौज़ूँ मालूम होते हैं।

रातको मदिरासे शग़ल फ़र्माते हैं, मगर दिनमें पीना हराम समझते हैं। सुरा-पान करनेपर भी प्रातः ३-४ बजे शयन-कक्ष छोड़ देते हैं। मेरे आश्चर्य प्रकट करने पर फ़र्माया—"मैं यह सुनहरी वक़्त किसी भी क़ीमतपर बर्बाद नहीं कर सकता। इस वक़्तके क़ुदरती नज़ारे नसीमे-सहरी, तुलूए-आफ़ताब मेरे दिलो-जान हैं। मुझे यही चीज़ें नज़्म कहनेको मजबूर करती हैं। दिन काम करनेके लिए, रात आराम करनेके लिए और यह वक़्त क़ुदरतके नज़ारे देखने और समझनेके लिए है।[1]"

---

१. जोश साहबके भाव यही थे, किन्तु ज़बान शाइराना थी। यह भौंडे वाक्य मेरे हैं।

'मुँह अँधेरे' नज़ममें फ़र्माया भी है—

मुँह अँधेरे मैं उठा हूँ शेर कहनेके लिए
तीरगीमें[1] नूरके[2] दरियामें बहनेके लिए
बूए-गुल[3] रंगे-उफ़क़[4] नाज़े-सबा बाँगे[5]-हज़ार
वाह क्या सामान है, शब्वाब[6] रहनेके लिए
मुसकराती आ रही है, सुबहकी मशअ़ल[7] लिये
हूरे-फ़ितरत[8] मुझसे अपने राज़[9] कहनेके लिए

वह कली चटकी, वह बरसा रंग, वह फूटी किरन
हँसके वह अँगड़ाई ली दरियाने बहनेके लिए

दिनमें आफ़िस-कार्य्य करते हुए चाँदीकी डिबियासे पान और रेशमी बटुएसे छालिया और ज़र्दा निकालकर खुद भी खाते रहते हैं और मिलने-जुलनेवालोंको भी पेश करते रहते हैं।

'जोश' बहुत सरल स्वभावी और भद्र हैं। हर व्यक्तिसे शराफ़तसे पेश आते हैं। अपनेसे जो भलाई बन पड़ती है, करते हैं। बुराईका खयाल स्वप्नमें भी नहीं आता। बुरा और नुक़सान चाहनेवालोंसे भी कीना नहीं रखते। कृतघ्नोंकी कृतघ्नता और बेवफ़ाओंकी बेवफ़ाई बहुत जल्द भूल जाते हैं और वक्त पड़नेपर फिर भी उनके साथ भलाई करनेसे नहीं चूकते।

हालाँकि जब नेकियों, वफ़ाओं और मानवोचित भद्रताका विपरीत परिणाम देखते हैं तो 'रज़ालतकी खिदमतमें अपील[10]' जैसी नज़्म भी पछतावेके तौरपर कहनेको बाध्य होते हैं—

१. अँधेरीमें, २. प्रकाशके, ३. फूलोंकी गन्ध, ४. उषाका रंग, ५. हवाके हाव-भाव व पक्षियोंका कोलाहल, ६. प्रसन्न, प्रफुल्ल, ७. मशाल, ८. प्रकृतिरूपी सुन्दरी, ९. भेद, १०. कमीनापनकी सेवामें निवेदन।

जौहरे-इन्सानियत[1] है, ज़िन्दगीके हक़में सम[2]
अल-अमाँ-ओ-अल-हज़र अख़लाक़का[3] जौरो-सितम[4]
ऐ रज़ालत[5] तुझको अपनी सरफ़राज़ीकी[6] क़सम
इस तरफ़ भी एक लमहेके[7] लिए चश्मे-करम[8]

देख इक दुनिया हुई जाती है दुश्मन, छोड़ दे,
मेरा दामन ऐ शराफ़त[9]! मेरा दामन छोड़ दे

ख़िदमते-याराने-बेकस[10] इक क़यामत[11] हो गई
दोस्तोंकी दस्तगीरी,[12] वजहे-कुलफ़त[13] हो गई
सख़्त हैराँ हूँ, यह क्या दुनियाकी हालत हो गई
जिस पर एहसाँ कर दिया, उसको अदावत[14] हो गई

तुझसे ऐ दिल, फिर भी आदत ख़ैरकी[15] जाती नहीं
बेहया ज़ौक़े-करमसे[16] अब भी शर्म आती नहीं

—आयात-ओ-नग़मात

---

१. मानवता, मनुष्यत्व, भला आदमी होना, २. विष, ज़हर, ३-४. सदाचारके कारण सहन किये जानेवाले अत्याचार, ५. ऐ तुच्छता, नीचता, ६. घमण्ड, गौरवकी, ७. पलके, ८. कृपादृष्टि कर, ९. भलमनसाहत, भद्रता, १०. असहाय और लाचार-मित्रोंकी सेवा करना, ११. जी का जंजाल, मुसीबत, १२. सहायता करना, १३. आकुलताका कारण, मुसीबत, रंज, तकलीफ आदि, १४. शत्रुता, १५. भलमन साहतकी, शराफ़तकी, १६. परोपकारी भावनासे।

पानीकी लहरकी तरह पछतावा आया और चला गया। हृदय फिर वैसा ही स्वच्छ और निर्मल हो गया। पहले कभी दोस्तोंकी बेवफ़ाईयाँ और छल-फ़रेबोंपर जोश उबल पड़ते थे; परन्तु अब तो यह आलम हो गया है--

ए हरीफ़ो[1] ! दुश्मनो ! यारो ! अज़ीज़ो ! दोस्तो !
इक निराली बात कहता हूँ, सुनो और दर्स[2] लो
ग़ैज़ो-ग़म, ख़ौफ़ो-ख़तर, बीमो-रजा कुछ भी नहीं
मेरे दिलमें अब मुहब्बतके सिवा कुछ भी नहीं
अब कोई तुममें-से मेरा दिल दुखा सकता नहीं
अब क़दम राहे-वफ़ामें डगमगा सकता नहीं
इक नया एहसास[3] इस सीनेमें अब पाता हूँ मैं,
दुश्मनी करते हैं, दुश्मन और शरमाता हूँ मैं

बेकसो-मजबूर इनसाँको दुआ देता हूँ मैं
वार[4] करता है, कोई तो मुसकरा देता हूँ मैं,

—फ़िक्र-ओ-निशात

जोश द्वेष-भाव रहित कितना स्वच्छ, पवित्र, विशाल और उदार हृदय रखते हैं। यह उनके निम्न पत्रसे प्रकट होता है जो कि उन्होंने अपने मित्र रियासत-सम्पादकके पत्रके जवाबमें लिखा था। जोशके पाकिस्तान जानेके बाद कुछ ऐसे व्यक्ति, जिनका जोश सदैव भला चाहते रहे, वक़्त-बे-वक़्त काम आते रहे। एहसान भूलकर उनकी कटु आलोचना पर उतर आये और जोशके सम्बन्धमें अनेक भ्रामक धारणाएँ फैलाने लगे। इन कृतघ्नों और बेवफ़ाओंकी सूचना रियासत-सम्पादकने उन्हें दी तो जोशने एक विस्तृत पत्र उहें लिखा, जिसका थोड़ा-सा अंश इसप्रकार है—

१. प्रतिस्पर्द्धियों, २. पाठ, ३. ज्ञान, अनुभव, चेतना, ४. हमला।

'जबसे मैंने होश सँभाला है, इन्सान तो क्या, किसी हैवानसे भी ऐसा बर्ताव नहीं किया है, जिसे बुराई करना कहा जाता है।'

कल आपकी भावजने मेरे खिलाफ़ एक साहबका मज़मून देखकर फ़र्ते-ग़ज़ब (क्रोधावेश) से अपनी उँगली उठाकर मुझसे कहा—'देखो इस शख्सका नाम नोट करलो। इसे कभी न भूलना' जिसके जवाबमें मैंने मुसकराकर कहा—'मैं नाम याद रखकर क्या करूँगा। क्या तुम्हारा यह ख्याल है कि मैं इस आदमीसे इन्तिक़ाम (बदला) लूँगा।' बीवीने झुँझलाकर कहा—'नहीं तो और क्या। हम पठान हैं। पठान १२ बरसके बाद भी इन्तिक़ाम लेता है।' यह सुनकर मुझे हँसी आगई और मैंने जवाब दिया कि 'अशरफ़ जहाँ बेगम! इन्तिक़ाम और पठान दोनों एक ही चीज़ है तो मुझे चमार समझ लो। इन्तिक़ाम तो बड़ी चीज़ है। अगर कल उस शख्सको मेरी ज़रूरत पेश आयेगी तो खुदाकी क़सम मैं जानोदिलसे उसकी खिदमत करूँगा।' यह सुनते ही उन्होंने मेरे सीनेपर सरौता मार दिया।

मेरे दोस्त सरौता तो क्या चीज़ है, अगर बीवी या कोई और मेरे सरपर तलवार भी दे मारे, तब भी मैं इस वज़ओ-ख्यालको नहीं बदलूँगा··· जब कोई मुझसे बुराई करता है, तो सबसे पहले मैं यह कुरेदना शुरू कर देता हूँ कि इसमें ज़रूर मेरी खता है।

अगर मुझे अपनी खता नहीं मिलती तो फिर मैं यह सोचता हूँ कि उसे मेरे किस क़ौल या फ़ेलसे सूए-ज़न पैदा (व्यवहारसे बुरा मालूम) हुआ होगा और जब यह भी नहीं मिलता तो मैं यह समझ लेता हूँ कि वह आदमी किसी नफ्सी (मानसिक) बीमारीमें गिरफ्तार है, और जब मैं उसे बीमार समझ लेता हूँ तो उसे उसका उज्र सुने बग़ैर मुआफ़ कर दिया करता हूँ। इसलिए कि बीमार पर तरस खानेके सिवा और कुछ भी मुमकिन नहीं है। इसलिए किसी दुश्मनको मुआफ़ कर देना मेरे नज़दीक न तो कोई इखलाक़ी बुलन्दी (सदाचारकी महानता) है, न कोई

शरीफ़ाना सरफ़राज़ी। यह बात तो मुआफ़ कर देनेके सिर्फ़ उस वस्फ़ (गुण) को ज़ाहिर करती है कि उसकी अक्लें-सलीम (बुद्धि) और उसका फ़ैसला शाइस्ता (भद्रतापूर्ण) है। इस सिलसिलेमें एक और पहलू भी ग़ौर-तलब है। दुनियामें ज़ुल्म और शक़ावतके एतबारसे चंगेज़, हलाकू, नीरो और यज़ीद वग़ैरहका कोई जवाब नहीं। लेकिन अपने दोस्तोंपर यह लोग भी महर्बान थे। जिसके यह माअ़ने हैं कि अगर अपनी महर्बानियोंको हम सिर्फ़ अपने दोस्तोंतक महदूद (सीमित) रखेंगे तो, उन रुसवाए-आलम (मशहूर बदनाम) ज़ालिमों ही की सतह तक रहेंगे। अलबत्ता हम उनसे मुख़्तलिफ़ और बुलन्द (भिन्न एवं महान्) उस वक़्त हो सकते हैं कि अपने दुश्मनोंके साथ भी अगर मुहब्बत मुमकिन न हो तो कम-से-कम नेकी तो ज़रूर कर सकें। दोस्तोंसे महर्बानी करना फ़रीज़ा (कर्तव्य) और दुश्मनोंसे महर्बानी करना नेकी है।[1]"

जोश बुज़ुर्गों, विद्वानों, योग्य व्यक्तियोंका आदर करते हैं, लोगोंसे बहुत मुहब्बतो-ख़ुलूससे पेश आते हैं, छोटोंका भी बहुत खयाल रखते हैं। बहुत भद्र, नम्र और मधुर हैं, किन्तु स्वाभिमानी भी ऐसे कि बड़े-से-बड़ेकी भी पर्वा नहीं करते। अपने स्वाभिमानके सम्बन्धमें अक्सर लिखा है। दो शेर मुलाहिज़ा हों—

दिल हमारा जज़्बए-ग़ैरतको खो सकता नहीं
हम किसीके सामने झुक जायें, हो सकता नहीं

अहले-दुनिया क्या है और उनका असर क्या चीज़ है
हम ख़ुदासे नाज़ करते हैं बशर क्या चीज़ है?

१. रियासत २ अप्रैल १९५६।

जोशकी शाइरी

जोशकी शाइरीमें—आग, चिन्गारियाँ, बिजली, ज़लज़ले, तूफ़ान आँधीका एक दरिया-सा उमड़ता हुआ नज़र आता है।

व्यक्तिगत जीवनमें भी बलाके शोला-खू हैं। जब ग़ुस्सेमें आते हैं तो अनाप-शनाप जो जीमें आता है कह डालते हैं। भारतीयोंकी अकर्मण्यतासे तंग आकर कहते हैं—

इन बुज़दिलोंके हुस्नपै शैदा किया है क्यों ?
नामर्द क़ौममें मुझे पैदा किया है क्यों ?
इक दिन ज़लीलो-वहशी इनके भी नाम होंगे
अपनी ही तरह इक दिन यह भी ग़ुलाम होंगे

देश-द्रोहीको फटकारते हुए यहाँ तक कह डालते हैं—

उस तरफ़ मुँह करके थूकेगा न कोई नौजवाँ
बरकी हसरतमें रहेंगी तेरे घरकी लड़कियाँ

साम्प्रदायिक उपद्रवियोंसे—

ऐ सियह-रू[1] बेहया, वहशी, कमीने, बदगुमाँ
ऐ जबीने-अर्ज़के दाग़ ऐ-दुनी-हिन्दोस्ताँ[2]

---

१. कलुषित मुखवाले, २. हिन्दके कमीने।

'सई-ए-लाहासिल' नज़ममें कहते हैं—

ऐ 'जोश'! तंगियोंमें[1] पुर-अफ़शाँ[2] हुए तो क्या
बहरोंकी अंजुमनमें[3] ग़ज़ल-ख़्वाँ हुए तो क्या
हिन्दोस्ताँ ग़ुलाम है, गूँगा है, सर्द है
हिन्दोस्ताँमें आप सुख़नदाँ हुए तो क्या

अंधोंसे जब पड़ा है, ज़मानेमें साबिक़ा[4]
ऐ 'जोश' आप यूसुफ़े-किनआँ[5] हुए तो क्या

—फ़िक्र-ओ-निशात

"इतनी अधिक आग और तड़प जोशकी शाइरीमें कैसे और क्यों आई, यह जाननेके लिए हमें जोशके जीवनकी झलक देखनी होगी। अपनी किशोरावस्थाका उल्लेख स्वयं जोश साहब यूँ करते हैं—

"शाइरीसे जब फ़ुर्सत पाता था तो यह मेरा महबूब तरीन मशग़ला था कि एक ऊँची-सी मेज़पर बैठकर अपने हमउम्र बच्चोंको जो जीमें आता था, अनाप-शनाप दर्स (पाठ) दिया करता था। दर्स देते वक्त मेरी मेज़ पर एक पतला-सा बेद (बेत) रखा रहता था और जो बच्चा तवज्जहके साथ (ध्यान से) मेरा दर्स नहीं सुनता था। उसे मैं बेदसे बुरी तरह मारता था कि बेचारा चीखें मार-मार कर रोने लगता था और कभी यह होता था कि मैं किसी कुन्द-ज़ेहन (मन्द बुद्धि) बच्चेके कन्धोंपर सवार होकर उसे इस तरह बेद (बेत) मार-मारकर दौड़ाता कि वह ग़रीब बेदम होकर गिरने लगता था।"

१. संकीर्ण स्थान, २. प्रकाशमान, ३. सभामें, ४. वास्ता, ५. फिलिस्तीनके एक शहरका नाम, जहाँ यूसुफ़ पैदा हुए थे।

"मेरे मिज़ाजकी यह वही बुनियादी सख्ती है जो मेरी सियासी खतीबाना (राजनीतिक उपदेशपूर्ण) शाइरीमें तल्खोतुर्श (कड़वा) लहजा बनकर आज भी नमूदार होती रहती है, और मेरी शाइरीका नक्क़ाद (आलोचक) मेरे लहजे पर चीख़-चीख़ उठता है।

मैं लड़कपनमें बलाका शोलाखू (ग़ुस्सैल) था। ग़ैज़ो-ग़ज़ब (क्रोधकी-अधिकता) का यह आलम था कि एक ज़रा-सी खिलाफ़े-मिज़ाज (स्वभावके विपरीत) बात पर मेरे मुँहसे चिन्गारियाँ निकलने लगती थीं। हर चन्द तीस फ़ीसदी (तीस प्रतिशत) ज़मानेकी गर्दिश और सत्तर फ़ीसदी तफ़क्कुरो-तदब्बुर (चिन्ताओं—प्रयत्नों) और मुहब्बतने मेरे मिज़ाजको अब इस क़द्र बदल दिया है कि मुझे अपनी इस क़ल्बे-माहियत (स्वभाव परिवर्त्तन) पर खुद हैरत होती है। पहले सिर्फ़ हैरत होती थी और अब एक तहसीन आमेज़ खुशगवार हैरतका एहसास (धन्यवाद पूर्ण और हर्षपूर्ण आश्चर्य्यका अनुभव) होता है। लेकिन इस क़ल्बे-माहियतके बावजूद हिमाक़तो ग़बादत (स्वभाव परिवर्त्तन होनेपर भी मूर्खता और बेशऊरी) पर मुझे आज भी ग़ुस्सा और गाह-गाह शदीद ग़ुस्सा (कभी-कभी अत्यन्त अधिक क्रोध) आ जाता है, और यही वह ग़ुस्सा है जो मेरी सियासी (राजनीतिक) नज़्मोंमें झलका करता है। जानता और ख़ूब अच्छी तरह जानता हूँ कि जिस शख़्समें जितनी मिक़्दार ग़ैज़ो-ग़ज़बकी (क्रोध एवं रोषका परिमाण) होती है। उसी निस्बत-से उसकी ज़ातमें हिकमतो-बसीरत (उसी हिसाबसे उसके व्यक्तित्वमें बुद्धि एवं विवेक) की कमी होती है।[1]" उसी आग्नेय स्वभावको 'बलूग़े-हयात' नज़्म में इस तरह व्यक्त किया है—

एक ज़माना वह भी था ऐ दोस्ताने- बासफ़ा[2] !
अब्र[3]-सा रहता था मेरी रूहपै[4] छाया हुआ

१. रूहे-अदब पृ० ६–१०, २. मित्र, ३. बादला-सा, ४. आत्म-जीवनमें।

तैश, रस्मे-दुश्मनीपर तैश आता था मुझे
ग़ुस्सा अंगारों पै रातोंको लिटाता था मुझे
सामने आती थीं जब इन्सानकी अ़य्यारियाँ
उड़ने लगती थीं मेरे अनफ़ाससे[1] चिन्गारियाँ
देखता था जब कभी नापाक यारोंका बतून[2]
इब्तिदाअन मेरी आँखोंमें उतर आता था ख़ून
मोड़ती थी दोस्ती जब दुश्मनीकी सिम्त बाग
मेरी अफ़ग़ानी-रगो-पैमें भड़क उठती थी आग
देखता था जब कभी ज़ुल्मो-सितम अहबाबका[3]
दिलमें खिंच आता था सब लोहा मेरे आसाबका[4]
रूहपर जब डालती थीं साज़िशें परछाइयाँ
मेरे एहसासातके[5] सीनेसे उठता था धुआँ
शीशए-दिलपर गिरा देते थे जब अहबाब संग[6]
गूँज उठता था मेरी हस्तीके अन्दर तब्ले-जंग

हर नफ़ाक़ो[7]-बुग़्ज़पर[8] ख़ुदसे गुज़र जाता था मैं,
गूँजता था, गर्म होता था, बिफ़र जाता था मैं,
ज़िन्दगी जब बहरे-नफ़रतमें[9] डुबोती थी मुझे
साँसमें इक आँच-सी महसूस होती थी मुझे
जब हरीफ़ोंको[10] हसद-कोशीको[11] पा जाता था मैं
चोट खाये अज़दहेकी[12] तरह बल खाता था मैं,

---

१. श्वासोंसे, २. छिपा व्यवहार, ३. इष्ट-मित्रोंका, ४. शरीरके पुट्ठोंका, ५. चेतनाके, ६. पत्थर, ७. परस्परकी फूट, ८. ईर्ष्या, द्वेष, ९. घृणाके दरियामें, १०. प्रतिस्पर्द्धियोंकी, ११. ईर्ष्याके प्रयत्नोंको, १२. अजगरकी।

बुग़्ज़ टकराता था जब आकर दिले-हक़कोशसे
लौ निकल पड़ती थी मेरे सीन-ए-पुरजोशसे

दिल यह कहता था कि हर सीनेमें ख़ंजर भोंक दूँ
ख़ल्क़को भड़के हुए दोज़ख़के अन्दर झोंक दूँ
ज़िन्दगीकी मौजमें ज़हरे-हलाहल घोल दूँ
जी में आता था कि तोपोंके दहाने खोल दूँ

ज़िबह कर दूँ, क़त्ल कर डालूँ, सरोंको फोड़ दूँ
हिम्मतोंको पस्त कर दूँ, गरदनोंको तोड़ दूँ
ख़ूनकी प्यासी ज़मींको आदमीका ख़ून दूँ
ख़ाक कर डालूँ, भसम कर दूँ, जला दूँ, भून दूँ

क़हर बनकर मैं जवाबे-फ़ित्न-ए-इबलीस[1] दूँ
दफ़न कर दूँ, सुर्मा कर डालूँ, रगड़ दूँ, पीस दूँ

लेकिन इस मुद्दतमें[2] जब बालिग़[3] हुई मेरी हयात[4]
आँख झपकाने लगे दिलमें रमूज़े-काएनात[5]

देखता क्या हूँ कि माहौलो[6]-विरासतका[7] जुआ
नौए[8]-इन्साँके सुबुक शानेपै[9] है रक्खा हुआ

फ़ितरतो तीनत[10], सिरिश्तो-तरबियत,[11] तबअ़-ओ-ज़मीर[12]
एक इन्साँ और इतने क़ैदख़ानोंका असीर[13]

१. शैतानकी करतूतोंका उत्तर, २. अर्सेमें, ३-४. उत्तराधिकार प्राप्त होनेवाली बुद्धि (परिपक्व-अवस्था) ५. संसारके ज्ञान, अनुभव, ६-७. वातावरण और परम्पराका, ८. मनुष्यताके, ९. कमज़ोर कन्धोंपर, १०. जन्मना, स्वभाव, ११. पैदाइशी-संस्कार, १२. स्वभाव और अन्तरात्मा, १३. क़ैदी।

क्या जहालत[1] थी कि खाता था बशरपर[2] पेचोताब
हद्स[3] इस मासूमको देता था मुजरिमका ख़िताब
जिसके अफ़सानेका है, उनवान[4] आदमका हुबूत[5]
जिसकी पेशानी[6] पै हैं जब्रे-मशीयतके[7] ख़ुतूत[8]
फूल अंगारों-पै रातोंको लिटाता था मुझे
हैफ़[9] इस मज़्लूमियतपर[10] ताव[11] आता था मुझे
अब मेरा ग़ैज़ो-ग़ज़ब[12] अपनेसे शरमाने लगा
मुझको इन्साँके गुनाहोंपर तरस आने लगा
भेद पाता था कि दिलसे ग़ैज़ कम होने लगा
आदमीकी बेनवाई[13] देखकर रोने-लगा
और जब इससे भी कुछ गहरी नज़र जाने लगी
मुझको इन्साँकी ख़ताओं पर हँसी आने-लगी
ग़ुस्सा रुख़सत हो गया, आँसू टपककर बह गया
सिर्फ़ एक हलका-सा होंटोंपर तबस्सुम[14] रह गया
बेक़रारीके एवज़ दिलको क़रार आने लगा
नौए-इन्सानीकी[15] गुमराहीपै[16] प्यार आने लगा
आग थी ग़ुस्सेकी पहले ज़िन्दगीकी ख़ाकमें
फिर सुबुक अश्कोंका पानी था दिले-ग़मनाकमें

१. अज्ञानता, २. मनुष्यपर, ३. ज्ञान, ४. शीर्षक ५. मानवका पतन, ६. मस्तक पर ७. ईश्वरीय अत्याचारके, ८. चिह्न, ९. खेद है, १०. अत्याचार-पीड़ितोंपर, ११. क्रोध, १२. क्रोध, ग़ुस्सा, १३. मूकस्थिति, लाचारी, १४. मुसकान, १५. मनुष्यमात्रके, १६. भूलने-भटकने पर।

और अब मौजे-तबस्सुम[1] है, लबे-ख़ामोशपर[2]
ऐ ख़ुदा-ए-नारे-दोज़ख़ ! रहम फ़र्मा 'जोश' पर
ऐ ख़ताकारोंके सानेअ़[3] ! ऐ जहन्नुमके इलाह[4] !
बन्दा होकर 'जोश' तेरी ख़ल्क़का[5] है, ख़ैरख़्वाह[6]
फिरसे उस मासूम मुजरिमको सताया जायगा ?
क्या ग़रीब इन्सान दोज़ख़में जलाया जायगा ?
आह ! मैं अफ़सुर्दा[7]-दिल किससे कहूँ यह वारदात
किस क़दर शाइस्तए-रहमत[8] है, इन्सानी हयात[9]

ऐ हक़ीक़त-बीं निगाहो[10] मरहबा[11] सद मरहबा
गुलशने-असरारकी[12] आने लगी दिल तक हवा
तुमने एक बेआब पत्थरको नगीना कर दिया
एक पामाले-जुनूँ[13] अन्धेको बीना[14] कर दिया

जोशकी शाइरीमें, इन्क़िलाब, बग़ावत, तोड़-फोड़, रक्त-पातकी भी बहुत भरमार है। मज़हबोंसे बग़ावत, ख़ुदासे बग़ावत, अन्धविश्वासोंपर गोलाबारी, पीरों-मौलवियोंसे उखाड़-पछाड़, बादशाहतोंका विनाश, पूँजीवादी गढ़ोंकी तोड़-फोड़ बहुत तीव्र पाई जाती है।

---

१. मुसकानकी लहर, २. मौन ओठोंपर, ३. अपराधियोंके निर्माता ईश्वर, ४. नरकके स्वामी, (ख़ुदा) ५. जनताका, ६. हितैषी, ७. कुम्हलाये दिलकी, ८. दयाकी पात्र, ९. मानवजीवन, १०. वास्तविकताको देखनेवाली आँखें, ११. शाबाश, १२. अप्रकट ज्ञान-उद्यानकी, १३. पागलपनमें बर्बाद अन्धेको, १४. देखने योग्य।

उठ, ख़ूने-इन्क़िलाबका कस-बल लिये हुए
आँधी का शोर, आगकी हलचल लिये हुए

जोशसे पहले तो यह तत्त्व उर्दू-शाइरीमें नहीं आये थे। आज जो उर्दू-शाइरीमें इन्क़िलाब आया है, यह सब तो जोशकी देन है। जोशमें यह सब तत्त्व किसी बाहरी प्रभावसे नहीं आये, अपितु उनमें जन्मना है। स्वयं जोश लिखते हैं—

"वह मेरी इन्तिहाई फ़ारिग़ुलबाली (अत्यन्त बेफ़िक्री) का ज़माना था। घरमें दौलत पानीकी तरह बहती फिरती थी और उसीके दोश-ब-दोश इक़्तिदारो-हुकूमत (प्रतिष्ठा एवं शासन) का तनतना भी शामिले-हाल था। ज़िन्दगी और ज़िन्दगीकी तल्ख़ियोंसे क़तई ना वाक़िफ़ियत और दर्दमन्द इन्सानियतके मुशाहदे नीज़ हयातके तल्ख़ तजरुबातसे क़तअन बेगानगी (जीवन सम्बन्धी कड़ुवाहटसे अनभिज्ञता और दयनीय दृश्यों एवं जीवन सम्बन्धी कड़वे अनुभवोंसे अजानकारी) थी।

अलबत्ता इन तमाम फ़ारिग़ुलबालियोंके बावजूद (बेफ़िक्रियोंके होते हुए भी) मुझे अच्छी तरह याद है कि कोई शै रह-रहकर मेरे दिलमें चुभा करती थी। वह कोई शै क्या थी, मुझे इसका मुतलक़ (तनिक भी) इल्म नहीं था। और इसके साथ मुझे हुस्ने-मनाज़िर (प्राकृतिक दृश्यके सौन्दर्य) से खुशी और हुस्ने-इन्सानी (मानव-सौन्दर्य) से दुःख महसूस हुआ करता था। ऐसा क्यों था, यह बात मेरे दाइरए-इल्मसे ख़ारिज़ (ज्ञानकी सीमासे बाहर) थी।

नीज़ इस ज़मानेमें यादश ब-ख़ैर (जहाँ तक स्मरण है) एक काफ़ी मुद्दत तक मैं नमाज़का भी निहायत ही सख़्तीके साथ पाबन्द हो गया था। नमाज़के वक़्त ख़ुशबुएँ जलाता और कमरा बन्द कर लेता था, और घण्टों रुकूओ सुजूद (नमाज़ पढ़ने और सिज्दे करने) में खोया हुआ रहता था। इस दौरमें मैंने दाढ़ी भी रख ली थी। चारपाईपर लेटना

और गोश्त खाना तर्क कर दिया था। एक मशहूर खानक़ाहके सज्जादा नशीनके हाथपर बैअत भी कर ली थी। (एक दरगाहके पीरका शिष्य भी बन गया था) और वह चीज़ जिसे सूफ़ियाए-कराम तजल्लियात (सूफ़ी महानुभाव ईश्वरीय प्रकाश) कहते हैं। मेरे क़ल्ब (दिल) को हासिल हो गई थी। ज़रा-ज़रा-सी बातमें मेरे आँसू निकल आते थे और बिल-ख़ुसूस गिरयए-नीम-शबी और आहे सहरीके (विशेषकर रात्रिको रोते हुए और प्रातःकालमें आह भरते) वक्त तो ऐसा महसूस (अनुभव) होता था। गोया मेरा दिल बह रहा है और मेरा तमाम वजूद फ़ज़ाए-नीलगूँ (अस्तित्व नीले आकाश) में उड़ रहा है।

मैं कबीरदास और टैगोरकी शाइरीका दिल-दादा (आसक्त) और हाफ़िज़े-शीराज़का परस्तार (भक्त) था। हाफ़िज़के साथ तो मुझे इस क़द्र शग़फ़ था (प्यारा आकर्षण) कि सुबहकी नमाज़से बहुत पेश्तर उठकर मैं ग़ुस्ल (स्नान) करता, ताज़े फूल शीशेकी प्लेटमें रखता, अगर और ऊद जलाता और हाफ़िज़का कलाम गुनगुनाता और एक नशेके आलममें झूमा करता था, और मुझे ऐसा महसूस होता था कि हाफ़िज़की रूह मेरे गिर्दो-पेश रक्स (आत्मा मेरे चारों ओर नृत्य) कर रही है।

यह वही ज़माना था कि मैं मुहब्बतको जिन्सियातसे बरतर (प्रेमको शारीरिक आकर्षणसे श्रेष्ठ) एक मुक़द्दस (पवित्र) आस्मानी चीज़ समझता और मुहब्बतकी तल्ख़-शीरीनियों (प्रेमकी कड़वी मिठास) में गुम हो जानेको हयाते-इन्सानी (मानव-जीवन) का सबसे बड़ा कारनामा ख़याल करता था।

लेकिन इन तमाम बातोंके बावजूद, दहशतो-इज़्तिराब (भय और बेचैनी) के साथ कभी-कभी यह भी महसूस होता था, जैसे मेरे दिमाग़के अन्दर कोई ख़तरनाक कमानी खुल रही है जो आख़िरकार मुझसे मेरी इस दुनियाए-लताफ़त (आनन्दपूर्ण संसार) को छीन लेगी। चुनांचे वक्त गुज़रता गया, कमानी खुलती चली गई, और कुछ मुद्दतके बाद मुझमें एक क़िस्मका हलका बाग़ियाना मैलान (किंचित् विद्रोही भाव) पैदा हो

गया, और तरक्क़ी करने लगा। आख़िरकार नौबत यहाँ तक पहुँची कि मेरी नमाज़ें तर्क हो गईं, दाढ़ी मुँड़ गई, गिरयए-नीम-शबी और आहे-सहरी (आधी रातके रुदन और सुबहको आहें भरने) का सिलसिला ख़त्म हो गया और अब मैं उस मंज़िलमें आ गया, जहाँ हर क़दीम एत-क़ाद और हर पारीना रवायत (प्राचीन विश्वासों और पुरानी परम्पराओं) पर एतराज़ करनेको जी चाहता है। और एतराज़ भी तमस्खुर-अंगेज़, इहानत-अंगेज़ (व्यंग्यपूर्ण)

जब मेरे ख़यालाती अक़बाल (विचारों) का कारवाँ इस रास्तेपर आहिस्ता-आहिस्ता गामज़न होने लगा तो मेरे मरहूम बापको सख्त अन्देशा पैदा हुआ कि मैं गुमराह हो जाऊँगा। उन्होंने मुझे बड़ी नरमी और एहतियातके साथ समझाया और एक मुद्दततक समझानेसे तंग आकर आख़िरकार धमकाना शुरू कर दिया। मगर मुझपर इसका कोई असर नहीं हुआ। आबाई अक़ाएदो-रवायात (बड़े-बूढ़ोंके विश्वासों एवं रीति-रिवाजों) से मेरी बग़ावत बढ़ती चली गई। जिसका यह नतीजा हुआ कि मेरे बापने वसीयतनामा तहरीर फ़र्माकर मेरे पास भेज दिया कि अगर मैं अब भी अपनी ज़िदपर क़ाएम रहूँगा तो वे उस वसीयतनामेको, जिसमें उन्होंने मुझे जायदादसे महरूम करके मेरे नाम सिर्फ़ सौ रुपये माहवारका वज़ीफ़ा मुक़र्रर फ़र्माया था। जजके आहनी सन्दूक़में दाख़िल करके मेरे मुस्तक़बिल (भविष्य) को ज़िन्दाने-महरूमी (जाएदादसे वंचितरूपी कारागार) में हमेशाके वास्ते मुक़फ़्फ़ल फ़र्मा देंगे। (ताला लगा देंगे)।

लेकिन मुझपर इसका भी मुतलक़ असर नहीं हुआ और वसीयत-नामा उसके दूसरे ही दिन लखनऊके डिस्ट्रिक्ट जजके सन्दूक़में बन्द कर दिया गया। लेकिन छः माहके बाद जिस वक्त कि मैं अपने कमरेमें दोपहरके वक्त एक अजीब ख्वाब देख रहा था। मामाने मुझे जगाया और कहा—'मियाँ बुला रहे हैं।' चुनांचे मैं अपने बापके पास पहुँचा, सर झुकाये और अदबके साथ। मेरे शफ़ीक़ बापने मुझसे कहा—

'शब्बीर !' और मैंने आँखें उठाईं तो देखा कि मेरे बापकी बड़ी-बड़ी ग़िलाफ़ी (पपोटोंसे ढँकी हुई) आँखोंमें आँसू डब-डबाये हुए हैं। 'यह देखो दूसरा वसीयतनामा, मैंने जाएदादमें तुम्हारा हिस्सा तुम्हारे दोनों भाइयोंके बराबर कर दिया है।' मेरे बापने भर्राई हुई आवाज़में मुझसे कहा। मुझपर बापकी शफ़क़त (प्यार) और उस वक़्तकी हालतका यह असर पड़ा कि मेरी हिचकियाँ बँध गईं। इतनेमें मेरे बापकी आवाज़ फिर गूँजी—'शब्बीर ! इस दौलत और जाएदादकी ख़ातिर लोग माँ-बाप, भाई-बहनतकको मार डालते हैं और यहाँ तक कि ईमानको भी गँवा देते हैं। मगर तुमने इस दौलत और जाएदादकी अपने उसूलके सामने ज़र्रा बराबर भी परवाह नहीं की। मुझे तुम्हारी यह उस्तुवारी-ओ-इस्तिक़ामत (दृढ़ता एवं सरलता) बहुत पसन्द आई। अगर तुम्हारा-सा आदमी मजूसी (अग्नि-पूजक, ग़ैर मुसलमान) भी हो जाये तो भी उसकी इज़्ज़त करनी चाहिए।'

'मुझपर बापकी इस हकीमाना शफ़क़त (विवेकपूर्ण कृपा) का बहुत असर हुआ और मेरा दिल बापके रूबरू और भी झुक गया। लेकिन बाग़ियाना ख्यालात (विद्रोही विचारों) में कोई तब्दीली नहीं हुई। यह बात याद रखना चाहिए कि मैं इस मौक़ेपर जिसको अपने बाग़ियाना-ख्यालातका लक़ब दे रहा हूँ, वे उस वक़्त मज़हबसे रूगरदानी और इलहाद (धर्मसे छुटकारा या अलहदापन) नहीं था। बल्कि उसका मफ़हूम यह है कि आबाई अक़ाएद और पारीना रवायातका तिलस्म (पूर्वजोंके विश्वासों और चली आई प्रथाओंका जादू) बाक़ी नहीं रहा था, और उसकी जगह एक दूसरा मज़हबी असर मेरा अहाता (चौतर्फ़ा बन्दी) कर चुका था। जिसका एक रुख़ तो मेरे बापको बहुत पसन्द था। लेकिन दूसरे रुख़की शिद्दत (प्रभाव) को वे निहायत ग़ैर मुस्तहसन (अत्यन्त अरुचिकर) ख़याल फ़र्माते थे।'[1]

१. रूहे-अदब पृ० ११-१२।

१. उक्त आत्म-परिचयके सहारेसे हम जोशकी शाइरीके उद्गमका पता पा लेते हैं। "फ़ारिग़ुलबालीके बा-वजूद कोई शै रह-रह कर दिलमें चुभा करती थी।" वही शै आज भी जोशको चुभती रहती है और उन्हें तड़पाती रहती है। जोशके पहलूमें चाहे कोई परीपैकर हो, चाहे बज़्मे-अदबमें जल्वा फ़र्मा हों, चाहे इमामे-मैख़ाना हों। एक चुभन-सी बराबर बनी रहती है और वही चुभन उन्हें देशका चारण बननेको मजबूर करती है, क्योंकि यह चुभन उन्हें आपा विस्मरण नहीं करने देती और ग़ैरत दिलाती रहती है कि 'ऐ जोश, हुस्नो-इश्क़ और मौज-मज़ाके अलावा तेरा देशके प्रति भी कुछ कर्तव्य है।' इसी ग़ैरतके तक़ाज़े पर देशके प्रति जोशने इतना लिखा है कि उतना लिखना तो दरकिनार; पढ़ लेना भी बहुत बड़ी बात है।

२. "हुस्ने-मनाज़िरसे ख़ुशी और हुस्ने-इन्सानीसे दुःख महसूस होता था।" इसी किशोरावस्थाके स्वभावके कारण प्राकृतिक दृश्योंसे जोशको आज भी बेहद इश्क़ है। इन्हीं दृश्योंको देखनेके लिए प्रातः ३-४ बजे उठते हैं। दरियाओं-पर्वतों, जंगलों-उद्यानों, शहरों-रेगिस्तानोंमें घूमते हैं और जिस दृश्यसे प्रभावित होते हैं, अपने शाइराना कमालसे मुँह बोलती तसवीर खींच देते हैं। साथ ही हुस्ने-इन्सानीको बेकसीकी स्थितिमें देखते हैं तो किशोरावस्थाके संस्कारोंवश कराह उठते हैं।

३. "नमाज़की सख़्तीसे पाबन्दी, पीरे-मुर्शिदकी शागिर्दी, दाढ़ी बढ़ाना, बात-बातपर आँसू निकल आना, फिर इन सबको यक-लख़्त तर्क कर देना" बा-आवाज़-बुलन्द कह रहे हैं कि जोशने शुरू-शुरूमें दूसरे दीनी भाइयोंके समान ख़ुद भी दीनका लेबिल चस्पाँ करना चाहा, ताकि मज़हबी बाज़ारमें अच्छी क़ीमत आँकी जा सके। लेकिन दूसरे बाज़ारोंको देखकर चश्मे-हक़ीक़त खुल गई। प्रतिक्रिया स्वरूप नमाज़ें तर्क हो गईं, दाढ़ी मुँड़ गई, और पीरोंके आलोचक और मज़हबके दुश्मन बन गये।

प्रतिक्रियामें यही होता है। रोगीको जिस खाद्य-पदार्थसे सबसे अधिक रोका जाता है, वह उसीको खानेके लिए लालायित हो उठता है। दरियामें

दरख्त आदिके गिरनेसे जितना गहरा गड्ढा होता है, चारों ओरका पानी उससे अधिक वेगसे उसे भरनेके लिए दौड़ पड़ता है।

४. कबीर-टैगोरकी शाइरीने दिव्य-दृष्टि दी तो हाफ़िज़की परस्तिशने जोशको इस युगका हाफ़िज़ और इमामे-मैखाना बनाया।

५. "मुहब्बतको जिन्सियातसे बरतर (इन्द्रिय-वासनाओंसे उच्च) एक मुक़द्दस (पवित्र) हयाते-इन्सानीमें खोये जानेको सबसे बड़ा कारनामा समझता था।" इसी किशोरावस्थाकी समझने जोशको दीने-आदमीयत (मानव-धर्म) की दीक्षा लेनेको बाध्य किया। विश्व-प्रेमी बनाया। मज़हबोंके तंग दाएरोंसे बाहर निकाला।

६. "खतरनाक कमानी खुलती गई" और वह जोशके हृदय-पटलकी तहोंको रोज-ब-रोज़ खोलती रही। नित नये मज़ामीन लिखती गई।

७ वालिदके नरमी-गरमीसे समझाने और जाएदादसे महरूम कर देने पर भी कुछ असर न हुआ। बग़ावत बढ़ती ही गई।"

असर होता भी क्या? बाँसकी खपच्ची तो इच्छानुसार झुकाई जा सकती है, पर फौलाद कैसे मोड़ी जाय?

टूट तो सकते हैं हम, लेकिन लचक सकते नहीं

जो किशोरावस्थामें बापसे बग़ावत कर सकता है, अपने इरादोंपै मज़बूतीसे क़ाएम रह सकता है; वह आगे चलकर बग़ावतके नारे न लगाये तो क्या कत्थक नृत्य करे? यही बग़ावत और विद्रोही स्वभाव जोशके रोम-रोममें आज भी विद्यमान है। यद्यपि वृद्धावस्थामें पाँव रखने और ज़मानेके उलट-फेरने अब जोशको इस तरहके नरम बोल बोलनेको मजबूर कर दिया है, मगर इन नरम बोलोंमें भी बकरीका मिमयाना नहीं, पिंजरेमें बन्द शेरकी गरज है—

ख़िज़ाँके[1] जौरसे[2] हरचन्द[3] ख़्वार[4] हैं, हम लोग
मगर अमानते-फ़स्ले-बहार[5] हैं, हम लोग
अ़याँ[6] है जिनपै तही-दस्तियाँ[7] सलातींकी[8]
लिबासे-फ़क़्रमें[9] वह शहरयार[10] हैं, हम लोग
फ़शुर्दए - ग़मे-हस्तीसे[11] खींचते हैं, शराब
बिसाते-ऐशपै[12] वोह बादा-ख़्वार[13] हैं, हम लोग
बुझे पड़े हैं, ज़मानेके हाथसे हरचन्द
मगर पयम्बरे-चर्क़ो-शरार[14] हैं, हम लोग
अदबसे आओ हमारे हुज़ूर अहले-नज़र[15]
जहाने-हुस्नके[16] परवर्दिगार[17] हैं हम लोग
बस इस ख़तापै कि हैं, महरमे[18]-रमूज़े-हयात[19]
शिकार कश-म-कशे-रोज़गार[20] हैं, हम लोग

—फ़िक्र-ओ-निशात

जोशके यहाँ मानव-प्रेम, देश-भक्ति, दीन-दुखियोंके प्रति सहानुभूति, कुछ कर गुज़रनेकी उमंगें, जितने ऊँचे स्तरपर दृष्टि-गोचर होती हैं। उतने ऊँचे स्तरपर उनका इश्क़ नज़र नहीं आता। प्रायः सर्वत्र कामुकता

---

१. पतझड़के, २. प्रकोपसे, ३. गोकि, लाख, ४. परेशान, बर्बाद, ५. बहार ऋतुकी धरोहर, ६. प्रकट, ज़ाहिर, ७-८. बादशाहोंकी दरिद्रता ९. भिक्षुक-वेषमें, १०. बादशाह, ११. निचोड़े हुए जीवनसे, १२. भोग-विलासके फ़र्शपर, १३. मद्यप, १४. बिजली और चिन्गारीके सन्देश देनेवाले, १५. दृष्टि रखनेवाले, १६. संसारकी सौन्दर्य-कलाके, १७. जनक, प्रभु, १८-१९. जीवनकी गुत्थियोंके ज्ञानी, २०. संसारकी बेचैनियोंके शिकार।

दिखाई देती हैं, और न उनकी शाइरीमें वह सोज़ो-गुदाज़ (तड़प-जलन) है जो उर्दू शाइरीका विशेष अंग है।

इस सम्बन्धमें जोशका वह वक्तव्य पढ़ने योग्य है जो कि आपने-अपने १८ इश्क़ लड़ानेके बारेमें दिया है—

"जीतो बेसाख्ता चाहता है कि मैं उस अव्वलीन वारदाते-मुहब्बत (प्रथम प्रेम) की और उसके साथ-साथ अपने तमाम दीगर वाक़ेआते-रंगीन (रंगरलियों) को इस दीबाचे (प्रस्तावना) में दर्ज कर दूँ, और दुनियाको यह बता दूँ कि हुस्नकी कितनी कमन्दोंने कितनी बेपायाँ नियाज़ मन्दियोंके बाद मेरे नाज़को गिरफ्तार करनेकी सआदत हासिल की थी (कितनी सुन्दरियोंने कितने प्रयत्नोंके बाद मुझे प्रेमजालमें फँसानेका गौरव प्राप्त किया था) लेकिन डरता हूँ। अपनी रुसवाई (बदनामी) से नहीं, अपने सैयादों (फाँसने वालियों) की रुसवाईसे डरता हूँ कि कहीं उनकी जबीने-नाज़पर शिकन (बे परवाह मस्तकपर बल) न पड़ जायें। बहरहाल मजमूई हैसियतसे इस मौक़ेपर मैं सिर्फ़ इस क़द्र कह देना मुनासिब समझता हूँ कि मैं मुहब्बतके मुआमिलेमें हमेशा खुश-क़िस्मत रहा।

और यही वजह है कि मेरी शाइरीमें आँसू, आहें और सीनाकोबियाँ (छाती कूटना) बहुत ही कम है। क्योंकि यह चीज़ें नाकामी और इनफ़े-आलियत (असफलता एवं शर्मिन्दगी) से पैदा होती हैं, और मैं इन चीज़ोंसे शाज़ (शायद) ही कभी दोचार (अभिज्ञ) हुआ हूँ?"[1]

जोश 'शाइरे-इन्क़िलाब'के खिताबसे मशहूर हैं। इससे आलोचकोंकी भ्रामक धारणाएँ बन गई हैं। वे उनकी शाइरीको इन्क़िलाबी नज़रिये-से परखते है और उस परखमें जब कुछ अन्तर पाते हैं तो चीं-ब-जबीं होते हैं। आजके युगमें इन्क़िलाबीका अर्थ है—साम्यवादी, मार्क्स या रूस-

१ रूहे-अदब पृ० १३।

वादी। लेकिन जोश न तो कम्युनिस्ट हैं, न राजनीतिज्ञ हैं न वे किसी और दलके अनुयायी हैं। वे केवल एक शरीफ़ इन्सान और पैदाइशी शाइर हैं।

अपने वतनके हक़में जो बेहतर और मुनासिब समझते हैं, कहते हैं। अपने वतनके कोहो-दरिया नख्लो-गुल, जंगलो-सेहरा, चश्मा-ओ-तालाब, मनको लुभाते हैं तो उन्हें नज़्म कर देते हैं। आँखोंके सामने ग़रीब-गुरबाको बिलखते देखते हैं तो उनके आँसू जोशके यहाँ नज़्म हो जाते हैं।

उर्दू-शाइरीमें जोशसे पहिले वतनियतका जज़्बा बहुत कम था। वतनियतका ज़ज्बा उभारनेमें ले-देकर 'इक़बाल', ज़फ़रअली, 'अकबर' इलाहाबादी, लालचन्द 'फ़लक' 'चकबस्त' हाथ पाँव मार रहे थे। उनमें भी इक़बाल वतनपर २-४ नज़्म कहकर मुस्लिम-लीगी हो गये। ज़फ़रअली भी शुरू-शुरूमें वतनी-नज़्म कहते रहे; फिर उनका रुख़ भी मज़हबी दीवानगीकी तरफ़ हो गया। अकबर वतन पर न लिखकर वतनपर हुकूमत करनेवाले अंग्रेजोंकी अंग्रेज़ियतका ज़रूर मज़ाक़ उड़ाते रहे। लेकिन उनके इस मज़ाहिया रंगसे वतनियतका जज़्बा न उभरकर अँग्रेज़ियत पर एक हँसी आकर रह जाती थी। फ़लक और चकबस्तने अलबत्ता कुछ देर रण-भेरी फूँकी। मगर हमारी बदक़िस्मतीसे चकबस्त स्वर्गस्थ हो गये और फ़लकको बुढ़ापेने घेर लिया। इसी दौरानमें जोशने आगे बढ़कर धौंसेपर चोट जमाई और अकेलेने समूचे उर्दू-समाजको झिंझोड़कर रख दिया।

जोशने देखा कि भारतमें कांग्रेस ही एक ऐसी संस्था है जो आज़ादीके लिए संघर्ष कर रही है और क़ुर्बानियाँ दे रही है। अतः उन्होंने अपनी नज़्मोंके लिए कांग्रेसी-कार्य्यक्रमोंको उपयुक्त समझा। आत्म-विभोर कर देनेवाली देश-भक्तिपूर्ण और देशपर मरमिटनेकी प्रेरणा दायक नज़्में ही नहीं कहीं, अपितु देश-द्रोहियोंकी भी ख़ूब ख़बर ली। परस्पर लड़ने और लड़ानेवालोंको भी ख़ूब आड़े हाथों लिया। अंग्रेज़ि-

यतके खिलाफ़ भी कहा। यहाँ तक कि अपना देश अंग्रेज़ी शासनके अधीन था, अतः आम जनताकी धारणानुसार, समूची अंग्रेज़-जनताको इसका ज़िम्मेवार समझकर द्वितीय महायुद्धके अवसरपर आपने—

सलाम ऐ ताजदारे-जर्मनी ऐ हिटलरे-आज़म !

आग उगलती नज़्म लिखी। जिसका आशय था कि 'ऐ हिटलर ! हमारे कहनेसे तू इंग्लैण्डपर गोलाबारी कर, ताकि हमको गुलाम रखने-वाले अंग्रेज़ मिट सकें। यह नज़्म तत्काल ज़ब्त कर ली गई। बादमें जोशने भी इसे अपने संकलनमें लगाना उचित नहीं समझा। क्योंकि भारतकी लड़ाई अंग्रेज़ी शासनसे थी, न कि समूची अंग्रेज़ क़ौमसे। आज़ादीकी लड़ाईमें बहुत-से इंसाफ़ पसन्द अंग्रेज़ दिलसे भारतके साथ थे।

जोश चूँकि बहुत जोशीले और तेज़-मिज़ाज हैं, अतः उन्होंने जंगे-आज़ादीके लिए इतने ओजपूर्ण ढंगसे कहा, जिसे आग उगलना कहा जा सकता है। इन्क़िलाब और बग़ावतके लिए भी जनताको उभारा।

जोशकी इस शाइरीसे सचमुच उर्दू-शाइरीमें इन्क़िलाब आ गया। इससे पूर्व यह सब उर्दू-शाइरोंको मुयस्सर कहाँ था ?

जोश अपनी इसी अभूत पूर्व देनके कारण शाइरे-इन्क़िलाब मशहूर हो गये, और सचमुच उर्दू-शाइरीमें वे बहुत बड़ा इन्क़िलाब लाये भी। जिसका परिणाम यह हुआ कि उनके बहुत-से समकालीन शाइरोंके विचारोंमें भी इन्क़िलाब आ गया और वे भी जोशका अनुकरण करने लगे और नई पीढ़ीने इस वातावरणमें होश सँभाला तो वे जोशके इस ख़ूने-दिलसे सींचे हुए चमनमें अपनी-अपनी पसन्दकी गुलकारियाँ कर रहे हैं।

आज भले ही कम्यूनिस्ट शाइर कहें कि " 'जोश' इन्क़िलाबका वास्त-विक उद्देश्य नहीं समझते हैं और उनकी किसान-मज़दूर—जैसी नज़्म इन्क़िलाबी न होकर केवल क़सीदे हैं। पहिले ज़मानेके शाइर, बादशाहों-

नवाबोंकी तारीफ़में क़सीदे कहा करते थे, जोशने मज़दूरकी शानमें क़सीदा कहा है।"

बेशक किसान-मज़दूरवाली नज़्म[1] किसानों-मज़दूरोंको तोड़-फोड़के लिए नहीं उभारती और न वह उस कसौटी पर पूरी उतरती है, जिसे आज कम्युनिस्टी परिभाषामें इन्क़िलाबी शाइरी कहा जाता है। ऐटमबमके युगमें तोप-बन्दूकके आविष्कारकका भले ही मज़ाक़ उड़ाया जाय, लेकिन लाठी, भालोंके युगमें तो वह बहुत बड़ी देन थी, यह न मानना कृतघ्नता होगी।

जोशको आज बहुत-से प्रगतिशील (कम्युनिस्ट) शाइर न तो इन्क़िलाबी शाइर मानते हैं न तरक्क़ी पसन्द शाइर, क्योंकि वे उनसे बहुत पहलेसे लिख रहे हैं और जिस दृष्टिकोणको तरक्क़ी-पसन्द-शाइरी कहा जाता है। वह दृष्टिकोण भी उनके यहाँ नहीं हैं।

अगर हर पुरानी चीज़का नई चीज़से मुक़ाबिला किया जायगा और वर्तमान विकसित बातोंसे पुरानी अविकसित बातोंको हेय समझा जायगा तो आजके वे तरक्क़ी-पसन्द अदीब, जो कलके अदीबोंका मज़ाक़ उड़ा रहे हैं। कल आनेवाले शाइर आजके शाइरोंका मज़ाक़ उड़ानेसे क्यों चूकेंगे ?

कुछ आलोचक 'जोश' को 'इक़बाल'के समकक्ष परखते है और उस परखमें जब जोश नहीं आ पाते तो उन्हें 'नज़ीर' अकबराबादीकी श्रेणीमें बिठानेका प्रयास करते हैं। नज़ीर अपने युगके क़ौमी शाइर थे, जोश आज अपने युगके क़ौमी शाइर हैं। यदि आलोचक इस दृष्टिकोणसे कहते तो बात जँचती भी, किन्तु शाइराना अज़मतके खयालसे जोशको नज़ीर समझना मोतीको घोंघा और मदिराको पानी समझना है।

जो लोग जोशकी शाइरीमें इक़बाल-जैसी दार्शनिकता और गहराई देखना चाहते हैं, आगमें कमल खिलते देखनेका स्वप्न देखते हैं। उन्हें

१. यह नज़्म 'शेरो-शाइरी' में प्रकाशित हो चुकी है।

यह खयाल नहीं रहता कि .गुलाम क़ौमको जूझ मरनेको उकसानेके लिए बिन्दू खाँको सारंगी और ठाकुर ओंकारनाथकी स्वर-लहरीके बजाय फ़ौजी बैण्डकी ज़रूरत होती है। .गुलाम क़ौमको बेदार करनेके लिए देशको जोशकी ही ज़रूरत थी। इक़बालके बसका यह काम न था। कहीं .खुदा-न-ख्वास्ता जोशके बजाय एक और इक़बाल हो गये होते तो न जाने भारतमें और कहाँ-कहाँ पाकिस्तान बन गये होते? जोश और इक़बालका तुलनात्मक विवेचन करना ही उपहासास्पद है। दोनोंमें कोई साम्य नहीं। प्रयत्न करनेपर भी दोनों एक-दूसरेके प्रतीक नहीं हो सकते थे। चाँद-सूरजमें जब कोई समानता नहीं तो इक़बाल और जोशमें साम्य देखना कहाँकी बुद्धिमानी है?

कुछ लोग आक्षेप करते हैं कि जोशकी कथनी कुछ और है करनी कुछ और। लेकिन एतराज़ करनेवाले यह भूल जाते हैं कि पड़ोसमें आग लगी देखकर शराबसे शग़ल फ़र्माते हुए रिन्दको भी यह हक़ हासिल है कि वह शोर मचाकर मकानवालोंको बेदार कर दे। यह माना कि शराब-नोशी बुरी चीज़ है, लेकिन उस वक़्त क्या रिन्दकी शराब-नोशी इतनी हिक़ारत-आमेज़ समझी जायगी कि सोनेवाले घरकी आग न बुझाकर उस रिन्दको झिड़कें कि 'कम्बख्त तूने शराब पीकर हमें क्यों जगाया? घर जलता था तो जलने दिया होता' हम एक शराबीके कहनेसे घरकी आग बुझानेको तैयार नहीं'।

जोश, मज़दूरों-किसानों, ग़रीबों और शोषित-वर्गके नेता या प्रतिनिधि नहीं। वे उनके ऐसे वकील हैं जो अपने मुवक्किलकी पैरवी तन-मनसे करते हैं। अपने तर्कों, क़ानूनी दाव-पेंचों, जोशीली स्पीचोंसे न्यायाधीशको हतप्रभ कर देते हैं और अपने व्यंग्यपूर्ण तीखे वाक्योंसे प्रतिवादीके वकीलको उखाड़ देते हैं। अदालतमें खड़े वादी-प्रतिवादी हैरतसे मुँह तकते रहते हैं। वकीलकी सूझ-बूझ और हाज़िरजवाबीके कचेहरीमें डाण्डे गड़ जाते हैं। मुवक्किल उन्हें वकील न समझकर अपना .खुदा समझने लगते हैं।

मगर अदालतके बाहर उनका यह वर्ग उनके समीप उसी तरह नहीं पहुँच पाता, जैसे मन्दिरोंमें हरिजन। अदालतसे निकलते ही प्रतिवादीके वकीलोंके साथ क्लबमें घुस जाते हैं, और दोनों वकीलोंको एक साथ शराब पीते देख, बाहरसे झाँकते हुए वादी-प्रतिवादी टुकर-टुकर देखते रहते हैं और कोई साहस बटोरकर कहे भी कि "ऐ हुज़ूर! आप तो हमारे लिए दिन-रात लड़ते-तड़पते हैं। आप तो हमारे हैं, यह आप कहाँ जा बैठे हैं? हम तो कई रोज़से भूके हैं, यह आप अकेले-अकेले क्या खा-पी रहे हैं?" तो जवाब मिलता है—

भूकोंका हवा-ख़्वाह[1] जो है ख़ुद भी न खाय?
गिरदाब-ज़दोंका दोस्त[2] किश्ती न चलाय?
इस मन्तिक़े-बेहूदाके[3] यह मानी हैं—
घोड़ोंका जो हमदर्द हो घोड़ा बन जाय

जब उन्हें कहा जाता है कि "वाह साहब वाह, आप तो हमारे हैं, हमीं में रहिए, हम आपको अपनेसे जुदा न होने देंगे" तो जवाब मिलता है—

तामीरपर[4] ख़ालिक़को[5] न मजबूर करो
तख़लीक़को[6] फिर कौन सँभालेगा कहो
शाइरको पुकारो न मशक़्क़तके लिए
भैंसे का जो काम है, वह घोड़े से न लो

हमारी इच्छा थी कि हम जोशकी शाइराना अज़मत और उनके शाइराना कमाल पर भी कुछ प्रकाश डालें, किन्तु मज़मून आवश्यकतासे

---

१. हितैषी, २. भँवरमें फँसे हुओंका मित्र, ३. बेहूदा दलीलके, ४. नव निर्माण करनेपर, ५. निर्माण करनेवालेको, ख़ुदाको, ६. सृष्टि-रचनाको।

अधिक बढ़ता जा रहा है। स्थानाभावके कारण क़लमको रोकना पड़ रहा है।

जोश १६२० ई० के बाद सर इक़बालके बाद दूसरी पीढ़ीके श्रेष्ठ और महान् शाइर हैं। उनकी शाइरीके मानवता, देश, इन्क़िलाब, बग़ावत, किसान, मज़दूर, पूँजीपति, ख़ुदा, मज़हब, अन्धविश्वास, हुस्न-इश्क, प्राकृतिक-सौन्दर्य, मदिरा विशेष मौज़ूँ हैं। वर्त्तमानयुगीन शाइरांमें सबसे अधिक उक्त विषयोंपर जोशने लिखा है।

जोश उपमाओं, उदाहरणों और अलंकारोंसे साधारण-सी बातमें भी चार चाँद लगा देते हैं। साफ़-सुथरी भाषाके साथ-साथ मुहावरोंका प्रयोग इस ख़ूबीसे करते हैं कि बेजान चीज़ भी मुँहबोलती मालूम होने लगती है। इन्क़िलाब और बग़ावतकी नज़्में पढ़ते-पढ़ते शेरकी गरजका-सा आभास होने लगता है। देश-द्रोहियों, पाखण्डियों, चोर-बाज़ारियोंपर बरसते हैं तो बिजलीकी कड़कका यक़ीन होने लगता है, और जब प्रेयसीके सौन्दर्यका प्रेम-विभोर शब्दोंमें वर्णन करते हैं तो मालूम होता है सावनकी रिम-झिम फुहारें मैख़ाने पर पड़ रही हैं।

जोश हमारे युगके अभिमान हैं।

जोश और पाकिस्तान

इतना खरा देशभक्त, इतना दृढ़ भारतीय, इतना बड़ा सम्प्रदायवादका शत्रु, अपना देश छोड़कर पाकिस्तान जा बसनेको मजबूर या प्रस्तुत हो गया? उस पाकिस्तानमें, जहाँ वह ज़िन्दा दरगौर है। जहाँ उसके चारों तरफ़ ईर्ष्यालुओंकी बहुत बड़ी भीड़ है। वह कैसे अपना वह प्यारा देश छोड़कर जा सका, जिसके लिए उसके हृदयमें अगाध प्रेम था। जिसकी आज़ादीके लिए वह दीवाना बना हुआ था। जब तक उसका चमन खिज़ाँ-नसीब था। खून-रो-रोकर उसे सींचता रहा, मगर बहार आते ही वह अपना आशियाँ उस बयाबाँमें बाँधने चला गया, जहाँ जाना शायाने-शान न था। हिटलर अंग्रेज़ोंसे मिल गया होता, स्टालिनने रूस अमेरिकन्सके हाथ बेच दिया होता तो शायद इतना आश्चर्य न होता, जितना जोशके पाकिस्तान जा बसनेसे हुआ। जोश पाकिस्तान क्या गये, बज़्मे-अदबको उजाड़ गये। मदिरालयोंमें ताले लगा गये। उर्दू-अदीबोंकी किश्ती भँवरमें छोड़कर चले गये। तूतिए-हिन्दने अपना आशियाँ बयाबाँमें बाँधा तो कौए और उल्लुओंने बग़लें बजाईं। हिन्दकी बज़्मे-अदबमें सफ़े-मातम बिछ गई। वयोवृद्ध हज़रत तिलोकचन्द 'महरूम' ने अपनी मनोव्यथा इस तरह व्यक्त की—

जोश साहब! अज़्मे-पाकिस्तान[1]?
हो गया दुश्मने - शिके - बाई[2]
आप दिल्लीको कर चले वीराँ
आजसे हम हुए हैं सहराई[3]

१. जोश और पाकिस्तान जाने का इरादा करें, २. अपने धैर्यका शत्रु, ३. रेगिस्तानवासी।

सब थे मौजूद आपके होते
'ग़ालिबो'-'ज़ौक़ो'-'दाग़ो'-'सहबाई'[1]
उनके जानेपै हैं मलूल[2] बहुत
हैं जो ज़ौक़े-अदबके शैदाई[3]

पाकिस्तान पहुँचनेके बाद

जोश साहब भी हुए आजसे पाकिस्तानी
अब वोह लाहोर-ओ-कराचीमें ग़ज़लख़्वाँ होंगे
सक्ता हो जायेगा गङ्ग और जमन पर तारी
रावी-ओ-सिन्धमें बरपा कई तूफ़ाँ होंगे
कुफ़्रो-इल्हादके दावे न रहेंगे बाक़ी[4]
माइले-पैरवि-ए-सुन्नतो-क़ुरआँ होंगे[5]
महफ़िले-वाज़ मिलेगी एवज़े-मैख़ाना[6]
घरसे बाहर जो पए-सैर ख़िरामाँ होंगे[7]
साक़ी-ओ-बादा-ओ-पैमाना-ओ-मीनाके एवज़
सौमो-सिज्दा-ओ-तसबीहके[8] सामाँ होंगे

—रियासत २ जनवरी १९५६

जगन्नाथ साहब 'आज़ाद' ने रुँधे कण्ठसे कहा—

जानेवाले तेरी बज़्मे-दोस्ताँ तेरे बग़ैर
एक किश्ती है कि है, बे-बादबाँ[9] तेरे बग़ैर

१. जोशमें—ग़ालिब, ज़ौक़, दाग़ और सहबाईकी खूबियाँ थीं, २. दुःखी, ३. साहित्यसेवी, ४. वहाँ यह काफ़िराना दावे न होंगे, ५. इस्लाम और क़ुरआनकी पैरवी करनी होगी ६. मैख़ानेके बदले वाइज़की महफ़िलें होंगी, ७. घरसे सैरको निकलनेपर, ८. रोज़े-नमाज़ और सुमरनीके, ९. बिना पालके किश्ती।

इस तरह महसूस होता है, कि है आई हुई
नग़मा-आराईके गुलशनमें ख़िज़ाँ तेरे बग़ैर
क्या कहूँ देहलीमें कितनी नामुकम्मल रह गई
महफ़िले-शेरो-सुख़नकी दास्ताँ तेरे बग़ैर
तेरे जानेसे दिले-शेरो-सुख़न अफ़सुर्दा[1] है
नस्रके[2] लबपर है, आवाज़े-फ़ुग़ाँ[3] तेरे बग़ैर
तू भुला बैठा हमें, हमको नहीं शिकवा मगर-
हम नहीं दिलशाद[4], यारे-महरबाँ[5] तेरे बग़ैर

यह नज़्म जब पाकिस्तानमें जोश साहबने पढ़ी तो उनके आँसू उमड़ आये और उसी आलममें ३४ शेरकी नज़्म लिखी—

जो कड़कती थी सरे-देवे शक़ावतपर[5] कभी
ऐ रफ़ीक़े-सरो-क़ामत[6]! उस कमाँको भूलजा
लरज़ा बर-अन्दाम[7] था जिससे ग़रूरे-ख़ुसरवी[8]
उस बहादुर शाइरे-हिन्दोस्ताँको भूलजा
जिसकी हर मौजे-नफ़स थी सद पयामे-इन्क़िलाब[9]
बन पड़े तो अब उस आशोबे-जहाँको[10] भूलजा
ऐ जगन्नाथ! ऐ जवाने-मुख़लिसो-आज़ाद[11]-रौ!
एक दूर-उफ़तादा पीरे-नातवाँको[12] भूल जा

१. मुर्झाया हुआ, २. गद्यके, ३. आह-रुदन, ४. प्रसन्न, ५. दुर्भाग्यपर, ६. सरो वृक्ष जैसे लम्बे क़दवाले मित्र, ७. काँपता था, ८. बादशाही घमण्ड, ९. श्वास-श्वाससे इन्क़िलाब ध्वनित, १०. संसारमें बग़ावत फैलानेवाले, संसारके फ़सादीको, ११. प्रेमपूर्ण व्यवहार वाले, स्वतन्त्र विचारक, १२. मुसीबतज़दा कमज़ोर वृद्धको।

ऐ गुले-शादाब[1] ! बर्गे-ज़र्दका[2] मातम न कर
ऐ बहार-आसूदा[3] ! पामाले-ख़िज़ाँको[4] भूलजा
शमए-ईवाने-तरबको गुल हुए[5] मुद्दत हुई
सोज़े-हर्फ़े-जश्नो-साज़े-गुलरुख़ाँको भूलजा
अब जिसे ठहरा चुका है जुर्म-अरबाबे-जफ़ा[6]
तुझसे मुमकिन हो तो उस उर्दू-ज़बाँको भूलजा
सीन-ए-हिन्दोस्ताँमें जो धड़कता था कभी
ऐ दिले-आफ़ाक़[7] ! उस क़ल्बे-तपाँको[8] भूलजा
अपने दीपकसे जलाता था जो काबेके चिराग़
दैरके[9] उस रूह-परवर नग़मा-ख़्वाँको[10] भूलजा
गोशबरआवाज़[11] रहता था ख़ुदा जिसके लिए
अपने उस आवार-ए-कूए-बुताँको[12] भूलजा
ताक़े-ज़र ! अपने चिराग़े-मुर्दाका मातम न कर
हिन्द ! अपने शाइरे-जादू-बयाँको भूलजा
अब जो गहवारा है तेरे दुश्मनाने-नुत्क़का[13]
'जोश' ! तू भी उस दयारे-दोस्ताँको[14] भूलजा

—रियासत १६ अप्रैल १९५६

१. प्रफुल्लित कुसुम, २. पीली पत्तीका, ३. बहार आनेसे सुखी, ४. पतझड़ द्वारा-मिटाये हुएको, ५. महलोंकी शमअको बुझे हुए, ६. अत्याचारी समूह, ७. आकाश-हृदय, ८. दहकते दिलको, ९. मन्दिरके, १०. प्राण-प्रेरक संगीतज्ञको ११. सुननेको बेचैन, १२. बुतोंके कूचेमें आवारा फिरनेवाला, १३. तेरी भाषा (उर्दू) के विरोधियोंका हिंडोला (केन्द्र) १४. मित्रोंके निवास स्थानको।

भारत-विभाजनके समय जो रक्तपात हुआ, उससे उनके मनको बहुत ठेस लगी। उनके रिश्तेदार और ऐसे दोस्त-अहबाब पाकिस्तान चले गये, जिनकी जुदाईमें जीना उन्हें मरनेसे बदतर मालूम होने लगा। २१ अशआरकी 'बेचारगी' नज़्ममें उनके दिलकी हालत घुटी-घुटी-सी मालूम देती है—

मेरा हिन्दोस्ताँ गुम हो चुका है
नया हिन्दोस्ताँ है, और मैं हूँ
नहीं आती अब आवाज़े - जरस भी
ग़ुबारे - कारवाँ है और मैं हूँ

हिन्दी राष्ट्रभाषाके पदपर अभिषिक्त हुई और उर्दूका वह स्थान भी नहीं रहा, जो परतन्त्र भारतमें था। जोशको इससे जो सद्मा पहुँचा, उसका आभास इस रुबाईसे मिलता है—

आगाही-ए-इल्मो-फ़न नहीं है, ऐ दोस्त !
अस्तबल है, अंजुमन नहीं है ऐ दोस्त !
होता है, वतन हर-इक बशरका लेकिन
मेरा कोई वतन नहीं है ऐ दोस्त !

इसी घुटनमें जब कि जोश भारतको अपना वतन नहीं समझ पा रहे थे। भारतमें रहते हुए भी अपनेको तनहा समझ रहे थे। यहाँकी बज़्मे-अदबको घुड़साल समझते थे। किसी कार्यवश १९५५ ई० में 'जोश' का पाकिस्तान जाना हुआ। वहाँ आपको २–३ माह रहना पड़ा। आपके रहनेके लिए पाकिस्तान सरकारने ५०० रु० मासिक किरायेकी कोठी और सवारीके लिए एक कारका प्रबन्ध किया। फिर आपके समक्ष यह प्रस्ताव भी रखा कि यदि आप भारतको छोड़कर पाकिस्तानको अपना वतन बना लें तो १९ हज़ार रु० मासिककी आयका स्थायी प्रबन्ध किया जा सकता

है, जो आपके बाद आपकी सन्तानको भी मिलती रहेगी। पाकिस्तान सरकार उर्दू के व्यापक प्रचारके लिए एक समिति स्थापित करना चाहती है, जिसकी अध्यक्षता आप स्वीकृत करलें[1]।

प्रस्ताव सुनकर जोश साहबने फ़र्माया कि अपने भारतीय इष्ट-मित्रोंसे परामर्श करनेके पश्चात् ही निश्चयात्मक उत्तर दिया जा सकेगा। अतः भारत आनेपर आपने पं० नेहरू, मौलाना आज़ाद आदि अपने हितैषी मित्रोंसे मशवरा लिया तो सभीने पाकिस्तान जा बसनेके लिए असहमति प्रकट की। लेकिन विधिकी विचित्र विडम्बना देखिए कि जो 'जोश' देशके अबतक चारण बने रहे, जो देश-हितमें सर्वोपरि लिखते रहे, जो 'गदाए-हिन्दोस्ताँ' होनेपर अभिमान करते रहे—

शाहोंसे 'जोश' लेके रहेगा जो कल ख़िराज।
हाँ वह गदाए-किश्वरे-हिन्दोस्ताँ हूँ मैं[2]॥

वही जोश इस बुढ़ापेमें पाकिस्तान जा बसे। उन्होंने अपने प्राणोंसे भी प्रिय इष्टमित्र और रात-दिनके उठने-बैठनेवाले सहयोगियोंसे बिछुड़नेकी भी चिन्ता नहीं की।

इष्ट-मित्रोंका परामर्श न माननेका कारण स्पष्ट है कि 'जोश' यहाँ अपनेको अजनबी और अकेला समझने लगे थे। उन्होंने इस सुवर्ण अवसरको गँवाना उचित नहीं समझा। जब कि पाकिस्तान सरकार स्वयं जोशको उर्दूके व्यापक प्रचारके लिए सर्वे-सर्वा बनानेका प्रस्ताव रखती है और आर्थिक-व्यवस्थाका भी स्थायी वोह प्रबन्ध करना चाहती है, जो अच्छे-अच्छे नव्वाबोंको मयस्सर नहीं और वह भी पीढ़ी-दर पीढ़ी!

---

१. रियासत १४ नवम्बर १९५५, २. जो बादशाहोंसे कर वसूल करनेकी क्षमता रखता है, वही 'जोश' भारतका भिखारी (सेवक) कहलानेमें गर्वका अनुभव करता है

यह बात दूसरी है कि जिन सत्ता-धारियोंने जोशसे यह वायदे किये, उनकी स्थिति कितनी डावाँडोल है, और वे अपने वादोंको कै रोज़ निभा सकेंगे ? बहरहाल जोश पाकिस्तान चले गये। जोश आर्थिक-प्रलोभनके वशीभूत होकर पाकिस्तान चले गये, यह खयाल उनके शत्रुओंका भी सम्भवतः नहीं होगा।

जोशके पाकिस्तान जा बसनेका केवल कारण है उनका उर्दू-मोह। जोश यह कभी गवारा नहीं कर सकते थे कि उनकी ५ पुश्तोंसे चली आई शाइरीका माहौल उनके जीतेजी समाप्त हो जाय और उनके सामने ही उनके बच्चे वह ज़बान पढ़नेको मजबूर हों, बक़ौल उन्हींके—

जिसको सुनते हैं, तो कानोंसे टपकता है लहू

इस सम्बन्धमें स्वयं जोश साहब अपने अनन्य मित्र श्री दीवानसिंह 'मफ्तूँ' सम्पादक 'रियासत' दिल्लीको करांचीसे २२ दिसम्बर १९५५ ई० के पत्रमें लिखते हैं—

"अरे भाई क्या पूछते हो, कैसी गुज़र रही है ? आपको याद होगा तक़सीमसे क़ब्ल मिसेज़ नायडूने मुझसे कहा था कि—'अगर मुल्क तक़सीम हो गया तो आपका बहुत बुरा हश्र होगा। हिन्दुस्तानी हिन्दु आपको मुसलमान समझकर क़ाबिले-नफ़रत समझेंगे और पाकिस्तानी मुसलमान आपको काफ़िर समझकर क़ाबिले-क़त्ल ख्याल करेंगे।' तो भाई एक-एक हरफ़ पूरा हुआ, इस पेशगोईका। शुक्र. खुदाका आज यह दोनों मुल्क मेरे खिलाफ़ शोर मचा रहे हैं—

कहाँ ले जाऊँ दिल, दोनों जहाँमें सख़्त मुश्किल है।
इधर परियोंका मज्मा है, उधर हूरोंकी महफ़िल है॥

जानते हैं हुज़ूरेवाला कि मेरा क़ुसूर क्या है, सिर्फ़ इस क़दर कि मेरे दिलमें यह खयाल क्यों आया कि मेरे इन्तिकाल फ़र्मा जानेके बाद, मेरी बेवा और मेरे बच्चोंका हश्र क्या होगा, और यह सब हिन्दुस्तानमें

ही रहेंगे तो उनकी ज़बान और उनकी कल्चर क्योंकर बाक़ी रह सकेगी[1]। बस ले-देकर मेरा एक यह जुर्म है, और इन अल्लाहके नेक बन्दोंकी निगाहमें यह एक इस क़दर संगीन जुर्म है कि उसे मुआफ़ ही नहीं किया जा सकता। काश मैं साहबे-अहलो-अयाल (बाल-बच्चों वाला) न होता। मुझ नामर्दको क्या मालूम था कि यह मेरे सरपर सेहरा नहीं बाँधा जा रहा है, मेरी शख्सियतकी क़ब्र पर चादर चढ़ाई जा रही है। अफ़सोस कि आसमान पर उड़नेवाला, ज़मीनकी ज़ंजीरमें जकड़ा पड़ा है।

अयालो-मालने[2] रोका है दमको आँखोंमें।
यह ठग हटें तो मुसाफ़िरको रास्ता मिल जाय ॥

ऐ मेरे पुराने दोस्त! आपकी खिदमतमें यह इल्तिजा (निवेदन) करता हूँ और शायद मेरी यही आखिरी इल्तिजा होगी कि आप कल सुबहके वक्त अल्लाहतआलासे यह दुआ करें कि वह मुझे इस दुनियासे उठाले।"[3]

जोश पाकिस्तान न जाना चाहते थे और न ही वहाँ जाकर उन्होंने सुख-चैन पाया। वहाँ वे ज़िन्दा दरगोर हैं। मगर होनीको कौन मेट सकता है? जब एवरेस्ट चोटी विजित हो सकती है, तब जोशके पाँव भी लग़ज़िश खा गये तो सिवा दुर्भाग्यके इसे और क्या कहा जा सकता है। जोश स्वयं यह बात जानते थे कि जो उनकी नाज़-बरदारियाँ यहाँ होती थीं, वहाँ न होंगी। वहाँ उनके हासिद (ईर्ष्यालु) उन्हें दिन-रात कचौटते रहेंगे। यहाँ पं० नेहरू और मौलाना आज़ाद–जैसी महान्

---

१. आश्चर्य है कि जोशको पाकिस्तानमें गये चन्द ही रोज़ हुए हैं कि उनकी शुस्ता और सलीस ज़बानमें अन्तर आने लगा। कलचरको पुलिंग के बजाय स्त्रीलिंग लिखते हैं, २. परिवारके मोहने ३. रियासत, २ जनवरी १६५६।

हस्तियोंका उन्हें स्नेह प्राप्त था। जोशकी बहुत-सी बातें दर-गुज़र कर दी जाती थीं। यह पं० नेहरूकी ही महानता, उदारता और जोशके प्रति स्नेहशीलता थी कि जश्ने-आज़ादीके उपलक्ष्में हुए बृहत् मुशाइरेमें शराबबन्दी क़ानून पास होनेके बावजूद भी उसके विरोधमें जोशसे यह सुनते हुए भी मुसकराते रहे और कलामकी दाद देते रहे—

यह हुक्म न बनजायें फ़साने तो सही
इस डाँटसे उभरें न तराने तो सही
मैख़ानोंको ऐ जेल बनानेवालो!
जेलें न बनें शराबख़ाने तो सही

इतनी उदारता-सहृदयताकी जोशको मौलवियोंके पाकिस्तानसे आशा नहीं थी। अभी वे वहाँ पहुँचे भी नहीं थे, केवल इरादा किया था कि वहाँ हलचल मच गई। पाकिस्तानी समर्थक साहित्यकोंने विरोध करना प्रारम्भ कर दिया। लाहोरके 'नवाएवक़्त' ने लिखा—

"जोश साहबकी अचानक हिजरतका मसला एक अच्छा खासा मुअम्मा बन गया है। जोश साहब भारतके क़ौमी शाइर तसव्वुर किये जाते हैं। जिन्हें उनकी ख़िदमतके सिलसिलेमें ख़िताब (पद्म-विभूषण) भी दिया गया। वे पं० नेहरूके क़रीबी दोस्त होनेके मुद्दई भी हैं, और माहनामा 'आजकल' के मुदीर भी हैं। उन्हें पाकिस्तान हिजरत करनेकी ज़रूरत क्यों लाहक़ हुई? हुकूमत पाकिस्तानके किस फ़र्द, किस वज़ीर, या किस शुअबेने उन्हें पाकिस्तानमें जागीर और माली इमदाद देनेकी पेशकश की, और किस सिलेमें? तक़सीमसे क़ब्ल आख़िर जनाब जोशने पाकिस्तानकी क्या ख़िदमत अंजाम दी। जिनके एतराफ़ (उपलक्ष) में उनपर नवाज़िशाते-बेपायाँ (अपरिमित कृपाओं) की यह बारिश हो रही है। 'जोश' एक बुलन्द-पाया शाइर ज़रूर हैं। अगर हुकूमत शुअरा-नवाज़ीपर उतर आई है तो आख़िर ऐसे शुअरा भी उन नवाज़िशातसे क्यों महरूम रहें, जिनकी क़ौमी नज़्में पाकिस्तानकी तहरीकको आगे